Economics Education und Human Resource Management

Herausgegeben von
O. Zlatkin-Troitschanskaia, Berlin, Deutschland
C. Dormann, Mainz, Deutschland

D1672787

3D -

In dieser Schriftenreihe stehen insbesondere empirische Studien in der Wirtschaftspädagogik und der Wirtschaftspsychologie im Mittelpunkt, die sich auf Lernen und Lehren in allen Bildungsbereichen und Institutionen erstrecken. Dies umfasst die schulische, akademische, nicht-akademische und betriebliche Bildung sowie deren Kontextfaktoren auf verschiedenen Ebenen. Ein besonderer Fokus liegt dabei auf der Erfassung und Erklärung von Bildungsprozessen und Lernergebnissen. Publiziert werden nationale und internationale wissenschaftliche Arbeiten. Die Reihe *Economics Education und Human Resource Management* wird von Christian Dormann und Olga Zlatkin-Troitschanskaia herausgegeben.

Weitere Bände in dieser Reihe http://www.springer.com/series/15631

Franziska Schmidt

Burnout und Arbeitsengagement bei Hochschullehrenden

Der direkte und interagierende
Einfluss von Arbeitsbelastungen
und -ressourcen

Mit einem Geleitwort von Prof. Dr. Christian Dormann

Springer

Franziska Schmidt
Mainz, Deutschland

„D77"

Dissertation am Fachbereich Rechts- und Wirtschaftswissenschaften der Johannes Gutenberg-Universität Mainz, 2016

Gefördert wurde das Projekt/die Arbeit durch eine Anschubsfinanzierung des Zentrums für Bildungs- und Hochschulforschung der Universität Mainz

Economics Education und Human Resource Management
ISBN 978-3-658-18881-8   ISBN 978-3-658-18882-5   (eBook)
DOI 10.1007/978-3-658-18882-5

Die Deutsche Nationalbibliothek verzeichnet diese Publikation in der Deutschen National-bibliografie; detaillierte bibliografische Daten sind im Internet über http://dnb.d-nb.de abrufbar.

Gedruckt auf säurefreiem und chlorfrei gebleichtem Papier

Springer ist Teil von Springer Nature
Die eingetragene Gesellschaft ist Springer Fachmedien Wiesbaden GmbH
Die Anschrift der Gesellschaft ist: Abraham-Lincoln-Str. 46, 65189 Wiesbaden, Germany

Geleitwort

Die Dissertation von Franziska Schmidt befasst sich mit einem hochaktuellen Thema der Hochschulforschung. In den letzten 15 Jahren nahm die Zahl der Studierenden in Deutschland um fast 50%, so dass die Hochschulen der Bundesrepublik sich gerade im Bereich Lehre in einer angespannten Lage befinden. Gleichzeitig fand eine Intensivierung des nationalen und internationalen Wettbewerbs im Bereich der Forschung statt. Franziska Schmidt stellt konsequenter weise die Frage, ob sich für Hochschullehrende verschlechterte Arbeitsbedingungen und damit gesundheitliche und motivationale Konsequenzen eingestellt haben. Tatsächlich öffnet sie mit dieser Frage ein hochgradig relevantes Forschungsfeld, denn bislang existieren nur wenige wissenschaftliche Studien, die sich mit den Auswirkungen der aktuellen Arbeitsbedingungen an Universitäten auf die Hochschullehrenden befassen. Insbesondere zur Entstehung von Burnout und – als potentielle positive Entwicklung – von Arbeitsengagement bei Hochschullehrenden ist bislang kaum etwas bekannt. Franziska Schmidt betritt mit ihrer Dissertation, sowohl inhaltlich als auch methodisch betrachtet, wissenschaftliches Neuland.

Insgesamt existieren bis heute kaum mehr als ein Dutzend qualitativ gute Studien zur Entwicklung von Burnout bei Hochschullehrenden. Zur Entwicklung von Arbeitsengagement liegen nochmals substantiell weniger Forschungsarbeiten vor. Zur Identifikation potentieller Ursachen von Burnout und Engagement orientiert sich Franziska Schmidt daher an den Ergebnissen von Studien zu Stress im weiten Sinne. In einen Zusammenhang mit allgemeinen Stresssymptomen bei Hochschullehrenden wurden bislang vor allem soziale Stressoren – mit Bezug zu Studierenden oder zu anderen Hochschulbeschäftigten – und Zeitdruck gebracht. Selten untersucht aber, aufgrund der Entwicklungen der letzten Jahre, hochgradig relevant ist auch die potentielle Unvereinbarkeit von Forschungs- und Lehraufgaben. Neben diesen Belastungen bezieht Franziska Schmidt zudem Ressourcen in ihre Analysen mit ein, die einen stresspuffernden und zusätzlich einen motivierenden Einfluss ausüben können. Dazu konzentriert sie sich auf Studierende als Quelle sozialer Unterstützung, den studierendenorientierten Handlungsspielraum der Hochschullehrenden, und die von ihnen wahrgenommene organisationale Unterstützung.

Nicht nur die vergleichsweise geringe Anzahl an Studien zur Burnout und Engagement wird von Franziska Schmidt als Forschungsdefizit identifiziert. Darüber hinaus weisen die meisten Studien substantielle methodische Mängel auf. Die gefundenen Zusammenhänge zwischen Arbeitsbelastungen und -ressourcen auf der einen sowie Burnout und Engagement auf der anderen Seite, lassen sich nur unter starkem Vorbehalt im Sinne einer Ursache-Wirkungs-Beziehung interpretieren. Ein solcher Vorbehalt berührt den Einfluss von persönlichen Merkmalen der Hochschullehrer. Eine Vielzahl von Persönlichkeitsmerkmalen könnte potentiell sowohl dazu führen, dass bestimmte Personen das Ausmaß an Belastungen überschätzen, als auch, dass diese Personen erhöhte Burnoutwerte berichten. Damit wäre der Zusammenhang zwischen Arbeitsbelastungen und Burnout – Analoges gilt für Ressourcen und Engagement – als „Scheinkorrelation" anzusehen und ein kausaler Effekt nicht belegt.

Ein großes Verdienst der Dissertation von Franziska Schmidt liegt nun darin, diese Problematik durch die Wahl eines Tagebuchdesigns für ihre empirische Studie in den Griff bekommen zu haben. Das Tagebuchdesign hat ihr durch entsprechende statistische Analysen ermöglicht, den Einfluss von Persönlichkeitsmerkmalen und anderen stabilen Unterschieden zwischen den Hochschullehrende als Quelle von Scheinkorrelationen auszuschließen. Dazu musste sie solche Merkmale tatsächlich nicht einmal empirisch erfassen, so dass eine Kausalinterpretation der Befunde von Franziska Schmidt sehr viel besser möglich ist als bei nahezu allen bisher durchgeführten Studien. Dies wird weiterhin durch die zusätzliche Anwendung eines Längsschnittdesigns gestützt, welches den „äußeren Rahmen" des Tagebuchdesigns darstellt. Auch mit ihren Längsschnittanalysen geht Franziska Schmidt über frühere Studien hinaus, die meist eine rein querschnittliche Betrachtung vorgenommen haben. Dadurch wird es ihr möglich, bei den gefundenen Zusammenhängen auszuschließen, dass Burnout lediglich zur Wahrnehmung verschlechterter Arbeitsbedingungen führt. So machen ihre Befunde nochmals sehr viel plausibler, dass ungünstige Belastung-Ressourcen Kombinationen tatsächlich für erhöhtes Burnout und verringerter Engagement verantwortlich sind. Für die Hochschulforschung i.A. mag ein solch komplexes Design gepaart mit modernen statistischen Analyseverfahren bislang noch selten sein, aber Franziska Schmidt ist damit konsequent dem Ruf nach valideren Studien gefolgt.

Insgesamt belegen Ergebnisse, dass Stress in Interaktionen mit Studierenden und der Konflikt zwischen Lehr- und Forschungsaufgaben zu Burnout bei Hochschullehrenden führen können. Es fand sich weiterhin eine Reihe sogenannter "Puffereffekte" die zeigen, dass Arbeitsressourcen diese negativen Effekte abmildern können. Weiterhin konnte Franziska Schmidt Evidenz dafür liefern, dass Arbeitsressourcen tatsächliche als Ursache von Arbeitsengagement in Frage kommen. Sie identifizierte allerdings auch einige unerwartete, negative Effekte von Ressourcen. Diese zu replizieren, genauer zu untersuchen, und besser zu verstehen wird Aufgabe weiterer Forschungsarbeiten sein. Franziska Schmidt hat dazu einen ersten Schritt gemacht, und mit ihrem komplexen Forschungsdesign und den sophistizierten Auswertungsmethoden in der Hochschulforschung einen sichtbaren Fußabdruck hinterlassen.

Vorwort der Autorin

Die vorliegende Arbeit entstand während meiner Tätigkeit als wissenschaftliche Mitarbeiterin am Zentrum für Qualitätssicherung und -entwicklung (ZQ) der Johannes Gutenberg-Universität Mainz (JGU). Die Dissertation wurde am Fachbereich für Rechts- und Wirtschaftswissenschaften, insbesondere dem Lehrstuhl für Wirtschaftspädagogik, der JGU im April 2016 angenommen.

Die Anfertigung dieser Arbeit war eine Herausforderung, die mich persönlich bereicherte. Der Weg war lang und durch manche Unterbrechung gezeichnet. Einige Personen haben diesen Weg im Ganzen, andere nur ein Stück begleitet. Von allen wurde ich in vielfältiger Art und Weise unterstützt und vorangebracht. Ich möchte mich an dieser Stelle ganz herzlich bei allen bedanken.

Zu allererst und mit ganz besonderem Dank wende ich mich an meinen Doktorvater, Herrn Professor Dr. Christian Dormann. Seine hervorragende Unterstützung und sein persönliches Engagement bei der Betreuung dieser Arbeit haben den Erstellungsprozess immer wieder von neuem beschleunigt. Durch seine konstruktiven Anmerkungen und Hinweise sowie nicht zuletzt seine jederzeitige Diskussionsbereitschaft hat er entscheidend zum Gelingen meiner Arbeit beigetragen. Ebenfalls herzlich bedanken möchte ich mich bei Frau Professorin Dr. Olga Zlatkin-Troitschanskaia für die Übernahme des Zweitgutachtens sowie bei Frau Professorin Dr. Margarete Imhof für ihr Mitwirken in der Prüfungskommission.

Mein weiterer Dank gilt dem Zentrum für Bildungs- und Hochschulforschung, dass durch seine finanzielle Unterstützung wesentlich zum Gelingen dieser Arbeit beitragen hat. Ebenso möchte ich dem Leiter des ZQ, Herrn Professor Dr. Uwe Schmidt, meinen Dank dafür aussprechen, dass ich Sachmittel und Räumlichkeiten des ZQ jeder Zeit nutzen konnte.

Auch meinen ehemaligen und jetzigen Kolleginnen am ZQ, die mich an unterschiedlichen Stellen meines Weges unterstützt haben, gilt ein herzlicher Dank. Zu erwähnen sind hier Julia Ludwig und Jette Horstmeyer, die mir genügend

Freiraum schafften, um meine Daten zu erheben. Von ganzem Herzen möchte ich Nicole Becker danken, deren Gesellschaft ich an Sonn- und Feiertagen im Büro nicht missen wollte. Ich danke ihr zudem von Herzen, dass sie die ganze Arbeit gelesen und konstruktiv kommentiert hat. Auch die studentischen Hilfskräfte, vor allem Rebecca Patyi und Katrin Pekar, die unzählige Fragebögen austeilten und einsammelten und tagelang Daten erfassten, möchte von ganzem Herzen danken.

All den Lehrenden, die sich bereitwillig an dem Projekt beteiligten und mich zudem mit viel konstruktiver Kritik unterstützten möchte ich ein großes Dankeschön aussprechen. Ihr Engagement hat mich überwältigt.

Meinen Eltern, Gabriele und Volker Schmidt danke ich von Herzen, dass sie mir diese Ausbildung ermöglicht und viele Freiräume gelassen haben. Mein größter Dank gilt jedoch Dominique Wiebe. Durch seinen steten Rückhalt, seinen Zuspruch und seine Liebe hat er im wesentlichen Maße zum Gelingen der Arbeit beigetragen. Ich danke für die vielen freien Stunden und widme ihm daher diese Arbeit.

Inhaltsverzeichnis

Abbildungsverzeichnis

Tabellenverzeichnis

Zusammenfassung

Tiefgreifende Veränderungen im europäischen und damit auch im deutschen Hochschulsystem haben zur Folge, dass sich in den letzten Jahrzehnten die Arbeitsbedingungen von Hochschullehrenden verändert haben. So sind Universitäten nicht länger belastungsarme Arbeitsumgebungen. Im Gegenteil müssen Hochschulwissenschaftler heutzutage komplexe Aufgaben in Wissenschaft und Lehre unter zunehmend belastenden Arbeitsbedingungen wahrnehmen. Wie sich die Arbeitsbedingungen auf das arbeitsbezogene Wohlbefinden der Hochschullehrenden auswirken, steht zwar bereits im Fokus der Hochschulforschung, jedoch werden dabei meist nur negative Folgen betrachtet. Es zeigte sich, dass Burnout ein durchaus relevantes Thema im Hochschulbereich ist. Studien, die Auswirkungen der Arbeitsbelastungen und -ressourcen auf ein positives Wohlbefinden, wie das Arbeitsengagement untersuchten, sind selten. Aus diesen Studien lässt sich schließen, dass auch Arbeitsengagement von Bedeutung ist und Dozierende an Hochschulen auch unter belastenden Bedingungen durchaus motiviert und engagiert lehren. Ziel meiner Dissertation ist es beide Konzepte in Bezug auf Hochschullehrende zu untersuchen und zu eruieren, welche Arbeitsbelastungen, aber auch Arbeitsressourcen für beide Phänomene im Hochschulkontext ursächlich sind. Aus dem hier verwendete Rahmenmodell, dem Job Demands-Resources Modell, in welchem Burnout und Arbeitsengagement eine Schlüsselposition einnehmen, und bereits erfolgten Studien auf der Grundlage dieses Modells lassen sich potentielle kausalwirkende Arbeitsbelastungen und -ressourcen ableiten. Das Modell postuliert ebenfalls, dass Interaktionen beider Arbeitsmerkmale einen Einfluss auf Burnout und Arbeitsengagement haben können. Im Kontext von Hochschullehrenden wurden solche Effekte bisher selten bis gar nicht betrachtet. Ziel meiner Arbeit ist es daher bestehende Forschungslücken in Bezug auf Burnout und vor allem Arbeitsengagement im Hochschulkontext zu schließen. Dabei werden die Wirkungen von Arbeitsbelastungen und -ressourcen untersucht, welche unter Berücksichtigung verschiedener Ursachen- und Quellebenen ausgewählt und damit umfassend abgebildet werden. Gleichzeitig werden Interaktionseffekte beider Arbeitsmerkmale betrachtet.

Bisherige Studien betrachteten die Ursachen von Burnout und Arbeitsengagement bei Hochschulwissenschaftlern nicht nur isoliert, sie wählten dafür fast ausschließlich Querschnittsdesigns. Um die damit verbundenen Einschränkungen zu überwinden und ein fundiertes Wissen zu Belastungs- und Motivationswirkungen zu erlangen, setze ich sowohl ein Längsschnitt-, als auch ein Tagebuchdesign ein. Durch die Längsschnittstudie können Kausalaussagen zu den Wirkungen der Belastungen und Ressourcen getroffen werden. Gleichzeitig können, durch die in die Längsschnitterhebung eingebettete Tagebuchstudie, Informationen zu kurzzeitigen Wirkungen abgeleitet werden.

Studie 1 widmet sich den sozialen Interaktionen zwischen Hochschullehrenden ($N = 64$; 302 Tagebuchdatensätze) und Studierenden. Dabei wurden die Studierenden sowohl als Stressoren als auch als Ressourcen in den Fokus genommen. Ergänzend wurden die Wirkungen von Zeitdruck bei der Vorbereitung der Lehre, studentenorientiertem Handlungsspielraum und organisationaler Unterstützung untersucht. Die Ergebnisse bestätigen, dass Arbeitsbelastungen und ein Mangel an Ressourcen sowohl zeitverzögert, als auch kurzzeitig zu höheren Burnout-Werten führen. Gleichzeitig haben Arbeitsressourcen sowohl zeitverzögert, als auch kurzzeitig eine positive Wirkung auf das Arbeitsengagement. Neben diesen Haupteffekten wurden interagierende Effekte zwischen den Arbeitsmerkmalen betrachtet. Hierbei zeigten sich neben theoriekonformen Puffer- und effektverstärkenden Wirkungen der Ressourcen und Belastungen auch Enhancer-Effekte, die auftreten können, wenn Arbeitsressourcen nicht zur Beschaffenheit der Arbeitsbelastungen passen. Enhancer-Effekte äußern sich darin, dass die Ressourcen die negativen Wirkungen der Belastungen verstärken, somit also mehr Burnout und weniger Arbeitsengagement auftritt.

In Studie 2 wurden die Einflüsse der Unvereinbarkeit von Forschung und Lehre in der Tätigkeit von Universitätswissenschaftlern eruiert. Dabei stand im Fokus, inwiefern sich diese als Rollenkonflikt ausgefasste Belastung auf Burnout und

Arbeitsengagement auswirkt, ob Ressourcen die negative Wirkung puffern oder ob die Unvereinbarkeit von Forschung und Lehre die Wirkung der Ressourcen verstärken kann. Insgesamt wurden die Daten von 59 Hochschullehrenden zu Beginn einer Vorlesungszeit, zu fünf aufeinanderfolgenden Wochen (280 Tagebuchdatensätze) in der Vorlesungszeit und zum Ende der Vorlesungszeit erhoben. Insbesondere auf Ebene der Tagebuch-Studien zeigte sich, dass sich überwiegend der Lehre-Forschung-Konflikt positiv auf Burnout und der Forschung-Lehre-Konflikt negativ auf das Arbeitsengagement auswirken. Es konnten einige Interaktionseffekte zwischen den Arbeitsbelastungen und Ressourcen gefunden werden. Teilweise stellen diese Interaktionen Evidenzen für die im JD-R postulierten Interaktionsmechanismen dar. Gleichzeitig fanden sich jedoch auch hier Wechselwirkungen die konträr zu den JD-R Modellannahmen waren und als Enhancer-Effekte beschrieben werden können.

Insgesamt zeigen beide Studien der vorliegenden Arbeit, dass Hochschulwissenschaftler Belastungen aus verschiedenen Quellen ausgesetzt sind und diese Belastungen negative Auswirkungen auf das arbeitsbezogene Wohlbefinden haben. Arbeitsressourcen wirkten sich positiv auf das Arbeitsengagement und die Minderung von Burnout aus. Interaktionen zwischen beiden Arbeitsmerkmalen lassen sich derart aufzeigen, dass Ressourcen die Wirkung von Belastungen puffern, bzw. die Belastungen die Effekte der Ressourcen verstärken. Aber auch Enhancer-Effekte, in denen die Ressourcen die Wirkung der Belastungen potenzieren, spielen eine Rolle. Dies zeigte sich über verschiedene Zeiträume, Untersuchungsperspektiven und -designs, so dass die Befunde über eine Vielzahl an inhaltlichen und methodischen Aspekten generalisiert werden können. Insgesamt bedeutet dies, dass Belastungen und Ressourcen, sowie deren interagierende Wirkungen wichtige Einflüsse auf Burnout und Arbeitsengagement von Hochschullehrenden darstellen. Infolgedessen ist es wichtig, diese zwecks verbundener negativer wie positiver gesundheitlicher wie arbeitsbezogener Folgen im Zentrum der Präventionsarbeit zu behalten.

1. Einleitung und Gliederung der Arbeit

In den letzten Jahrzehnten gab es tiefgreifende Veränderungen im europäischen Hochschulsystem. Durch die Bologna-Erklärung[1] wurde ein gemeinsamer europäischer Hochschulraum definiert, der den Zweck hat, eine vergleichbare, wettbewerbsfähige Hochschulausbildung sowie eine angepasste Hochschulforschung in ganz Europa zu ermöglichen. Dies hatte eine durchgreifende Umstellung des Hochschulsystems zur Folge, was sich sowohl auf das Universitätswesen als Ganzes, als auch auf die Praxis für Hochschulehre auswirkte (Bollenbeck, 2007). War Lehre bisher ein Kuppelprodukt der Forschung („die Erziehung partizipiert am Prestige der wissenschaftlichen Forschung"; Luhmann, 1987, S. 205), so verlangt die Implementierung der der Bologna-Reform von den Universitäten, Zeit und Energie in einen Bereich zu investieren, der für sie erst an zweiter Stelle kommt (Nickel, 2011). Durch die Reform werden neue Anforderungen an eine spezifische Lehr- und Lernkultur gestellt: „An die Stelle einer vornehmlich angebotsorientierten Lehre soll eine Lehre rücken, die sich stärker an den Bedürfnissen der Studierenden orientiert. Das bedeutet, die Lehre soll Studierende aktivieren, Lernziele sollen klar und nachvollziehbar offengelegt werden, die Zusammenfassung einzelner Lehrveranstaltungen zu Modulen soll größere Zusammenhänge deutlich machen, in Seminaren und Vorlesungen soll statt reiner Wissens- ebenso eine Kompetenzvermittlung stattfinden. Für die meisten Hochschulen bedeutet die Umsetzung dieser Punkte nicht weniger als einen didaktischen Paradigmenwechsel. Dafür ist ein immenser Aufwand nötig, der aus Sicht von Lehrenden die verfügbaren zeitlichen und personellen Ressourcen oft immens übersteigt" (Nickel, 2011, S. 10). Und tatsächlich gehören zu den oftmals festgestellten gravierenden Defiziten des Umstellungsprozesses eine unzureichende personelle sowie Sachmittel- und räumliche Ausstattung (Suchanek, Pietzonka, Künzel & Futterer, 2012).

---

[1] Der Begriff geht zurück auf eine 1999 von 29 europäischen Bildungsministern im italienischen Bologna unterzeichnete politisch-programmatische Erklärung.

In der Frage, wie und ob sich diese Veränderungen auf die psychische Gesundheit der Hochschullehrenden[2] auswirkt, gehen Avargues Navarro und Borda Mas
(2010) davon aus, dass „decreasing resources, increasing demand and lack of
political support have turned the university system into a favourable occupational environment for psychological risk such as job stress and burnout syndrome"
(S.67). Auch andere Autoren zogen aus ihren Studien den Schluss, dass Universitäten auf Grund der eingeführten Reformen nicht länger als belastungsarme
Arbeitsumgebungen gelten dürfen (Tytherleigh, Webb, Cooper & Ricketts, 2005;
Vera, Salanova & Martin, 2010). Hochschullehrende müssen heutzutage komplexe Aufgaben in Wissenschaft und Lehre unter zunehmend belastenden Arbeitsbedingungen erfüllen (Houston, Meyer & Paewai, 2006). Vor dem Hinter-
grund der zunehmenden Arbeitsbelastungen an Universitäten rückten auch die
Themen Burnout und Arbeitsengagement immer mehr in den Fokus (Kinman &
Jones, 2003; Watts & Robertson, 2011). Jedoch sind hierzu bisweilen nur wenige
Studien zu finden (Watts & Robertson, 2011). Diese Studien beziehen sich meist
auf die Untersuchung wie stark Burnout - weniger wie sehr das Arbeitsengagement - im Hochschulkontext ausgeprägt ist und nehmen nicht immer potentielle
Prädiktoren beider Phänomene mit in die Betrachtung (vgl. Azeem & Nazir,
2008; Bayram, Gursakal & Bilgel, 2010; Bilici, Mete, Soylu, Bakaroğlu & Ka-
vakçi, 1998; Byrne, 1992; Johnson, 1989; Toker, 2011). Ebenso finden sich Arbeiten, in denen potentielle Prädiktoren erfasst werden, jedoch die Auswirkung
auf Burnout und Arbeitsengagement außer Acht gelassen wird (vgl. Archibong,
Bassey & Effiom, 2010; Bradley & Eachus, 1995; Chalmers & Boyd, 1998;
Gmelch, Lovrich, Jr. & Wilke, 1984; Gmelch, Wilke & Lovrich, Jr., 1986; Jacobs
& Winslow, 2004; Tytherleigh et al., 2005; Winefield & Jarrett, 2001). Wird die
Auswirkung der Arbeitsbelastungen und -ressourcen der Hochschullehrenden auf
die psychische Gesundheit untersucht, beschränken sich die Autoren entweder
auf belastende Arbeitsmerkmale *oder* auf Arbeitsressourcen (Anbar & Eker,

---

[2]   Im Folgenden auch als Hochschul- oder Universitätswissenschaftler sowie Hochschulmitarbeiter
      bezeichnet.

2008; Karabıyık, Eker & Anbar, 2008; Lackritz, 2004; Taris, Schreurs & Van Iersel-Van Silfhout, 2001; Zhong et al., 2009). Interaktionen von Belastungen und Ressourcen werden dabei außer Acht gelassen. Zudem wurde den Ursachen von Burnout und Arbeitsengagement von Hochschulwissenschaftlern fast ausschließlich in Querschnittsstudien nachgegangen (Watts & Robertson, 2011)[3]. Das Ziel meiner Dissertation ist es daher diese Forschungslücken zu schließen, indem Arbeitsbelastungen und Ressourcen sowie deren Interaktionen betrachtet werden. Gleichzeitig werden sowohl Burnout, als auch das im Hochschulkontext weniger untersuchte Konzept des Arbeitsengagements in den Fokus genommen. Zudem kommen komplexe Datenerhebungsdesigns und Auswertungsmethoden zum Einsatz, welche die im weiteren Text erläuterten Einschränkungen durch Querschnittsanalysen überwinden sollen.

Im Folgenden wird zuerst das dieser Arbeit zugrundeliegende Rahmenmodell, das Job Demands-Resources Modell, vorgestellt (Kapitel 2). In diesem Modell nehmen Burnout und Arbeitsengagement Schlüsselpositionen ein. Daher werden in Kapitel 3 beide Konstrukte definiert und die wesentlichsten Ursachen besprochen. Das Kapitel schließt mit einer Zusammenfassung der Befunde zu Burnout und Arbeitsengagement bei Hochschullehrenden ab (Kapitel 3.3). Im Anschluss stelle ich diejenigen Arbeitsmerkmale der Hochschulwissenschaftler vor, die als Prädiktoren in meiner Studie untersucht werden sollen (Kapitel 4). Zusammengefasst werden an dieser Stelle generelle Befunde und spezielle Ergebnisse aus Studien, die Hochschullehrer als Untersuchungsgruppe fokussierten. Ausgehend von den aufgezeigten theoretischen und empirischen Befunden werde ich meine übergeordneten Arbeitshypothesen ableiten und meine Forschungsziele vorstellen (Kapitel 5). Meine Dissertationsarbeit umfasst weiterhin zwei unabhängige Studien, die sich mit den Arbeitsbelastungen und Arbeitsressourcen von Hochschulwissenschaftlern und deren Wirkung auf das arbeitsbezogene Wohlbefinden

---

[3] Eine Ausnahme bildet die Studie von Boyd et al. (2011), in der in einem dreijährigen Längsschnitt die Auswirkungen von Zeitdruck und akademischer Arbeitsbelastung sowie Fairness und Handlungsspielraum auf die psychologische Belastung untersucht wurden.

beschäftigen. Um die Einschränkung älterer Studien, die häufig Daten nur im Querschnitt erfassten, zu überwinden, kommt in beiden Studien sowohl ein Längsschnitt-, als auch ein Tagebuchdesign zum Einsatz. Beide Erhebungsmethoden, die Verfahren zur Auswertung solcher Daten und die Vorteile der Analysemethoden sind in Kapitel 6 zusammengefasst. Die erste Studie nimmt die soziale Interaktion der Hochschullehrenden mit den Studierenden in den Fokus. Dabei werden die Studierenden sowohl als Stressoren als auch Ressourcen aufgefasst (Kapitel 7). In der zweiten Studie wird die Unvereinbarkeit der beiden Arbeitsaufgaben Forschung und Lehre sowie deren Auswirkung auf Burnout und Arbeitsengagement untersucht (Kapitel 8). Jede meiner Studien kann unabhängig voneinander gelesen werden, da sie jeweils eine eigenständige Einleitung und Diskussion der Ergebnisse beinhalten. Im letzten Kapitel fasse ich meine Befunde zusammen und diskutiere die Ergebnisse. Darüber hinaus bespreche ich den Beitrag zum aktuellen Forschungsstand und zeige Stärken und Einschränkungen der gesamten Arbeit auf. Es folgen die Implikationen für zukünftige Forschung und Praxis. Abschließen werde ich die Arbeit mit einer generellen Schlussfolgerung.

2. Job Demands-Resources Modell

Das Job Demands-Resources (JD-R) Modell stellt ein heuristisches Rahmenmodell dar, das der vorliegenden Arbeit zugrunde gelegt wird. Es kann auf jede Arbeitstätigkeit angewendet werden und beinhaltet drei zentrale Annahmen (vgl. Bakker & Demerouti, 2014; eine graphische Darstellung der Annahmen findet sich in Abbildung 1): Erstens, die Merkmale aller Arbeitstätigkeiten lassen sich in zwei Kategorien einordnen. Dies sind Arbeitsbelastungen (Job Demands) und Arbeitsressourcen (Job Resources). Eine detaillierte Darlegung findet sich in Kapitel 2.1. Zweitens, jede Kategorie stößt einen eigenen Prozess an. Im Falle der Arbeitsbelastungen ist dies der Prozess der Gesundheitsbeeinträchtigung (health impairment process). Arbeitsressourcen hingegen bedingen einen motivationalen Prozess (motivational process). Beide Prozesse werden in Kapitel 2.2 erörtert. Drittens, beide Arbeitsmerkmal-Kategorien haben nicht nur eigenständige Effekte auf das Wohlbefinden, sondern interagieren miteinander (siehe Kapitel 2.3).

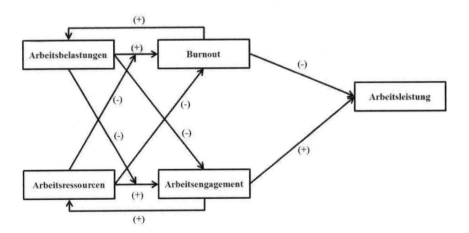

Abbildung 1 Graphische Aufbereitung des JD-R Modells (in Anlehnung an Bakker & Demerouti, 2007)

2.1   Kategorisierung von Arbeitsmerkmalen

Alle Merkmale einer Beschäftigung, also auch die eines Hochschullehrenden, können in die zwei Kategorien Arbeitsbelastungen und Arbeitsressourcen unterteilt werden (Bakker & Demerouti, 2014; Demerouti, Bakker, Nachreiner & Schaufeli, 2001). Arbeitsbelastungen werden definiert als "those physical, social, or organizational aspects of the job that require sustained physical and psychological (i.e., cognitive or emotional) effort, and are therefore associated with certain physiological and psychological costs" (Demerouti, Bakker, Nachreiner et al., 2001, S. 501). Arbeitsbelastungen sind negativer Natur und wirken belastend, wenn die Bewältigung von Arbeitsanforderungen großer Anstrengung bedarf und sich Arbeitnehmer nicht mehr ausreichend davon erholen können (Meijman & Mulder, 1998; Sonnentag & Zijlstra, 2006). Karasek (1979) fasste zum Beispiel Arbeitsauslastung (workload) und Zeitdruck, Belastungen, die mit unerwarteten Aufgaben einhergehen sowie die Anzahl persönlicher Konflikte in Bezug auf die Arbeit als „job demands" auf. Diese Konzeption ist jedoch sehr restriktiv, da Karaseks Beispiele hauptsächlich quantitativer Natur sind (Schaufeli, Bakker & van Rhenen, 2009). Nach der Definition von Demerouti, Bakker, Nachreiner et al. sind ebenfalls qualitative Belastungen wie emotionale Belastungen (etwa Kontakte zu anspruchsvollen „Kunden", bei denen ein stets professionelles Auftreten erforderlich ist) oder Inner- und Inter-Rollenkonflikte (beispielsweise zwischen Lehr- und Forschungsaufgaben) zu beachten.

Die zweite Kategorie, die Arbeitsressourcen, werden definiert als körperliche, psychologische, soziale oder organisationale Aspekte der Arbeit, die (1) funktionell sind für das Erreichen von arbeitsbezogenen Zielen; (2) die Arbeitsbelastungen und die damit verbundenen körperlichen und psychologischen Kosten minimieren und (3) die persönliche Entwicklung und Lernen stimulieren (Demerouti, Bakker, Nachreiner et al., 2001, S. 501). Arbeitsressourcen sind somit in Zusammenhang mit Arbeitsbelastungen bedeutsam (Punkt 2), zeigen jedoch auch eigenständige Wirkungen (Punkt 1 und 3). Dies stimmt mit den Annahmen eines, dem JD-R Modell zu Grunde liegenden Modell, dem Job Characteristics-Modell überein, welches auf die potentiell motivationalen Effekte der Arbeitsressourcen eingeht (Hackman & Oldham, 1980). In diesem Modell werden Autonomie, Bedeutsamkeit der und Rückmeldungen zu den Arbeitsaufgaben als Ressourcen genannt. Eine weitere Theorie, welche die eigenständigen Wirkungen von Arbeitsressourcen betont und ebenfalls dem JD-R Modell zu Grunde liegt, ist die Theorie der Ressourcenerhaltung (engl. „Conversation of resources" (COR)-Theorie; Hobfoll & Shirom, 2000). Dieses ressourcenorientierte Modell geht davon aus, dass Menschen dazu neigen die eigenen Ressourcen zu schützen und danach streben, neue aufzubauen. Das Streben danach neue Ressourcen aufzubauen und vorhandene zu wahren kann Individuen in Stresssituationen versetzen. Hobfoll und Buchwald (2004) definieren Stress daher "als Reaktion auf die Umwelt, in der der Verlust von Ressourcen droht, der tatsächliche Verlust von Ressourcen eintritt oder der adäquate Zugewinn von Ressourcen nach einer Ressourceninvestition versagt bleibt" (S. 13). Dementsprechend werden Arbeitsressourcen in ihrer souveränen Wirkung und weil sie Mittel zur Erreichung oder zum Schutz anderer Ressourcen sind, geschätzt.

Die Quelle der jeweiligen Ressource kann dabei auf verschiedenen Ebenen lokalisiert sein (Bakker & Demerouti, 2007). Auf der untersten Ebene finden sich Ressourcen, die aus der Aufgabe an sich hervorgehen. Dies sind zum Beispiel die Anforderungsvielfalt, die Bedeutsamkeit und Ganzheitlichkeit der Arbeitsaufgaben; Ressourcen wie sie im Job Characteristics-Modell genannten werden. Es folgt die Ebene der „Organisation der Aufgabe". Beispiele sind Partizipation an Entscheidungsprozessen und Rollenklarheit. Auf den nächsthöheren Ebenen finden sich Ressourcen, die aus zwischenmenschlichen Beziehungen resultieren. Dies sind zum Beispiel Unterstützung durch Vorgesetze, Kollegen und Kunden, Coaching und die kollegiale Atmosphäre. Die Organisation als Ganzes bildet die oberste Ebene. Hier lassen sich Karrieremöglichkeiten, Bezahlung und Arbeitsplatzsicherheit einordnen (vgl. Bakker & Demerouti, 2007; Demerouti, Bakker, Nachreiner et al., 2001; Schaufeli & Bakker, 2004).

2.2   Zwei Prozesse: Gesundheitsbeeinträchtigungs- und Motivationsprozess

Zusätzlich zu der beschriebenen Kategorisierung aller potentiell denkbaren Arbeitsmerkmale, postuliert das JD-R Modell zwei zentrale, weitestgehend unabhängige Prozesse (Bakker & Demerouti, 2007; Schaufeli & Bakker, 2004): (1) einen Gesundheitsbeeinträchtigungsprozess (health impairment process) in dem Burnout[4] eine Schlüsselposition einnimmt, welches wiederum zu Gesundheitsbeschwerden führen kann (Bakker, Demerouti & Schaufeli, 2003; Hakanen, Bakker & Schaufeli, 2006); (2) einen Motivationsprozess (motivational process), der durch die Anwesenheit von Ressourcen gesteuert wird und in dem Arbeitsengagement[5] eine Schlüsselposition einnimmt (Bakker, Hakanen, Demerouti & Xanthopoulou, 2007; Bakker & Leiter, 2010). Um diese Prozesse zu beschreiben und zu erklären, werden verschiedene Theorien herangezogen.

Im Gesundheitsbeeinträchtigungsprozess sind Arbeitsbelastungen via Burnout mit Gesundheitsbeschwerden verknüpft. Diese Verbindung kann durch das Kontrollmodell zum Belastungsmanagement (engl. state regulation model of compensatory control; Hockey, 1995, 1997) erklärt werden. Das Modell nutzt zur Erklärung der menschlichen Leistungsfähigkeit unter Stress einen kognitiv-emotionalen Rahmen. Hockey (1995) beobachtete, dass Menschen Belastungen im Allgemeinen nicht passiv erdulden, sondern versuchen ihre Arbeitsziele auch unter stark beanspruchenden Bedingungen zu erreichen. Dem Modell nach sind mögliche Strategien der Zielerreichung (1) die Aufwandssteigerung („direct control"), bei der kognitive und physische Reserven mobilisiert werden (work harder, for longer, to get the work completed). Die Belastungs-Bewältigungsstrategie (strain coping mode), die dabei angewandt wird, sieht vor, dass das Arbeitsziel unverändert bleibt. Kurzfristig können Arbeitnehmer mit dieser Strategie überaus erfolgreich sein. Auf längere Sicht verursacht die Aufwandssteigerung jedoch sowohl psychologische (z. B. Erschöpfung und Irritati-

---

4   Eine ausführliche Beschreibung des Konstrukts Burnout findet sich in Kapitel 3.1.
5   Eine ausführliche Beschreibung des Konstrukts Arbeitsengagement findet sich in Kapitel 3.2.

on; Lee & Ashforth, 1996; Xanthopoulou et al., 2007) als auch physiologische Kosten (z. B. erhöhte Kortisolausschüttung; Hockey, 1997). Unter normalen Umständen sind diese Veränderungen der biologischen Parameter reversibel und damit für die betroffene Person unproblematisch. Fehlbeanspruchungen entstehen möglicherweise dann, wenn aufgrund zu starker oder zu lange andauernder Belastungen eine Verzögerung der Rückbildung auf den Ruhewert zu verzeichnen ist (de Lange, Taris, Kompier, Houtman & Bongers, 2005; Schaufeli & van Rhenen, 2006). Eine alternative Strategie zur Aufwandssteigerung ist (2) die Anpassung des Arbeitszieles („indirect control"). Hierbei werden Ziele verschoben oder das Anspruchsniveau gesenkt. Diese passive Bewältigungsstrategie (passive coping mode) führt dazu, dass die Anstrengung auf einem normalen Niveau gehalten wird und damit weitere psychologische und physiologische Kosten verhindert werden. Dies geht jedoch auf Kosten der Leistungsziele. In extremen Fällen kann ein vollständiger Rückzug von der Zielverfolgung beobachtet werden. Meist werden Arbeitsziele jedoch extern vorgegeben, so dass eine Reduktion des Anspruchsniveaus oder eine Zieländerung nicht möglich ist (Hockey, 1997).

Zur Erklärung des motivationalen Prozesses werden ebenfalls verschiedene Theorien herangezogen. Die COR-Theorie (Hobfoll, 1989; Hobfoll & Shirom, 2000) geht von einer direkten Wirkung der Arbeitsressourcen auf das Engagement und die Motivation aus, welche sich wiederum positiv auf die Arbeitsleistung auswirken. „Job Resources play an intrinsic motivational role because they foster employees' growth, learning, and development [...]" (Hakanen et al., 2006, S. 499). Andere, nachfolgend anführte Theorien gehen von einer indirekten Wirkung aus. "[Job Resources] may play an extrinsic motivational role because they are instrumental in achieving work goals" (Hakanen et al., 2006, S. 499). Beispielsweise können Ressourcen dazu anregen, dass Ziele gesetzt und erreicht werden (Zielsetzungstheorie; Locke & Latham, 2002). Dabei beeinflussen hohe spezifische Ziele die Leistung durch ihre Wirkung auf die Anstrengung (effort), die Ausdauer (persistence), die Richtung (direction) und die (Problemlösungs-)Strategien. Arbeitsressourcen erhöhen zudem die Selbstwirksamkeitserwartung des Arbeitnehmers (Reis & Gable, 2000). Dieses Gefühl einer Person bezüglich ihrer Möglichkeit des eigenen Wirkens und Bewirkens beeinflusst ihre Wahrnehmung, ihre Motivation und ihre Leistungen (Bandura, 1986). Llorens, Schaufeli, Bakker und Salanova (2007) konnten in ihrer Studie nachweisen, dass die Selbstwirksamkeitserwartung den Zusammenhang zwischen Arbeitsressourcen und Arbeitsengagement mediiert. Ein weiteres Modell, das den Zusammenhang zwischen Arbeitsressourcen und Arbeitsengagement zu erklären versucht, ist das „Effort-Recovery model" (Meijman & Mulder, 1998). Dieses Modell postuliert, dass eine Arbeitsumgebung, die viele Ressourcen bereithält, die Bereitschaft fördert, sich anzustrengen, um eine Arbeitsaufgabe zu erledigen. In diesem Fall ist es wahrscheinlich, dass die Aufgabe erfolgreich abgeschlossen und das Arbeitsziel erreicht wird (Schaufeli & Bakker, 2004).

Die Selbstbestimmungstheorie der Motivation (self-determination theory of motivation; Deci & Ryan, 2000) wiederum geht davon aus, dass es drei psychologische Grundbedürfnisse und die angeborenen Tendenz, diese zu befriedigen, gibt, um so persönliche Entwicklung und psychisches Wohlbefinden zu erreichen. Arbeitsressourcen erfüllen diese drei Bedürfnisse (Bakker, 2011; Nahrgang, Morgeson & Hofmann, 2011), nämlich Autonomie (wahrgenommene Selbstbestimmtheit des eigenen Handelns), Kompetenz (individuell wahrgenommene Wirksamkeit bei der Ausübung bestimmter Verhaltensweisen) und menschliche Nähe (individuelle Wahrnehmung der sozialen Eingebundenheit). Empirische Evidenz, dass die Bedürfnisbefriedigung ein zugrunde liegender Mechanismus für die Verbindung zwischen Arbeitsressourcen und Arbeitsengagement ist, liefert eine belgische Studie (van den Broeck, Vansteenkiste, Witte & Lens, 2008). Die Autoren konnten anhand von Strukturgleichungsmodellen und einer heterogenen Stichprobe von 745 Mitarbeitern zeigen, dass die Befriedigung der grundlegenden psychologischen Bedürfnisse teilweise die Zusammenhänge von Arbeitsressourcen mit Vitalität und zudem auch zwischen Arbeitsbelastungen und Erschöpfung erklären.

In den letzten zehn Jahren stieg die Anzahl an Studien, die diese Zwei-Prozess-Annahme empirisch nachweisen konnten, kontinuierlich an. Das JD-R Modell wurde dabei an die unterschiedlichsten Branchen adaptiert; es wurden viele verschiedene Arbeitsbelastungen, Arbeitsressourcen und psychologische Variablen betrachtet (für einen kurzen Überblick siehe Bakker & Demerouti, 2014). In einer Meta-Analyse von 203 unabhängigen Studien aus dem Jahr 2011 konnten beide Prozesse als Mechanismen nachgewiesen werden, durch die Arbeitsbelastungen und -ressourcen über Burnout und Arbeitsengagement mit Sicherheitsverhalten verknüpft sind (Nahrgang et al., 2011). In die Analyse gingen Studien aus den vier großen Arbeitsgebieten Bauindustrie, Gesundheitswesen, Herstellung und Verarbeitung sowie Transport ein. Aber auch in anderen Bereichen ließen sich der Gesundheitsbeeinträchtigungs- und der Motivationsprozess nachweisen. In einer Studie mit Call-Center-Mitarbeitern einer niederländischen Telefongesellschaft fand sich zum einen, dass Gesundheitsbeeinträchtigungen eine Schlüsselposition zwischen Arbeitsbelastungen, wie zum Beispiel Arbeitsdruck, Computerprobleme, Aufgabenwechsel oder emotionale Belastungen, und der Fehlzeiten durch Krankheit einnehmen. In dieser Studie konnte der motivationale Prozess dadurch gezeigt werden, dass soziale Unterstützung, Kontrolle über die Arbeitszeit sowie Feedback zu persönlichen Leistungen und ein Training durch Führungskräfte mit der Arbeitshingabe und organisationaler Verbundenheit korrelierten, welche wiederum mit Intentionen zum Arbeitsplatzwechsel zusammenhingen (Bakker et al., 2003). In Bezug auf Hochschullehrende untermauern die Ergebnisse einer südafrikanischen Studie die Existenz beider Prozesse (Barkhuizen, Rothmann & van de Vijver, 2014). Die Autoren untersuchten den Zusammenhang zwischen veranlagtem Optimismus, Arbeitsbelastungen und Arbeitsressourcen, Burnout und Arbeitsengagement, organisationale Verbundenheit und Beeinträchtigungen der Gesundheit in einer Stichprobe von 595 Akademikern. Die Ergebnisse deuten darauf hin, dass auch bei Hochschullehrenden Arbeitsbelastungen (und fehlende Arbeitsressourcen) zu mehr Burnout und Arbeitsressourcen zu mehr Arbeitsengagement führen.

2.3 Interaktionen zwischen Arbeitsbelastungen und Arbeitsressourcen

Die Interaktion von Arbeitsbelastungen und -ressourcen zur Vorhersage von Burnout und Arbeitsengagement bildet die dritte Grundannahme des JD-R Modells. „The energetical and the motivational processes may also intertwine, since job resources and job demands are unlikely to exist completely independently (Hakanen et al., 2006, S. 508). Dabei können beide Merkmals-kategorien auf zwei Weisen miteinander interagieren. Die erste Form wird als „Puffer-Effekt" beschrieben (Schaufeli & Bakker, 2004, S. 299). Hierbei dämpfen Arbeitsressourcen den Einfluss von Arbeitsbelastungen auf das Wohlbefinden und die Gesundheit. Arbeitnehmer, die viele Ressourcen, beispielsweise soziale Unterstützung, Handlungsspielraum, Feedback zu persönlichen Leistungen oder andere Entwicklungsmöglichkeiten haben, können besser auf Arbeitsbelastungen, wie Zeitdruck oder emotionale Belastungen, reagieren und diese bewältigen. In verschiedenen Studien konnte der Puffer-Effekt belegt werden (Bakker, Demerouti & Euwema, 2005; Bakker, Hakanen et al., 2007; Hakanen, Bakker & Demerouti, 2005; Xanthopoulou et al., 2007).

Bakker, Demerouti und Euwema (2005) konnten in ihrer Untersuchung herausarbeiten, dass Arbeitsressourcen den Einfluss von Arbeitsbelastungen auf Burnout mindern. Sie erhoben die Arbeitsüberlastung, emotionale Belastungen, physische Belastungen wie zum Beispiel fehlende technische Unterstützung und die Beeinträchtigung des Arbeits- auf das Privatleben von 1.012 Akademikern. Gleichzeitig betrachteten sie die soziale Unterstützung, den Handlungsspielraum, die Beziehung zu Vorgesetzten und die Leistungsrückmeldungen. 18 der 32 (56,2 %) möglichen Interaktionen konnten als signifikant nachgewiesen werden. In diesen Fällen führten die hohen Arbeitsbelastungen nicht zu einem ausgeprägten Burnout, da den Arbeitnehmern viele Ressourcen zur Verfügung standen. Die Ressourcen wirken dabei auf unterschiedliche Weise. Ein großer Handlungsspielraum zum Beispiel lässt Raum zu entscheiden, wann und wie mit den Belastungen umgegangen wird. Soziale Unterstützung und eine gute Beziehung zum Vorgesetzten wiederum können dadurch puffernde Auswirkungen haben, dass durch sie instrumentelle Hilfe und emotionale Unterstützung bereitgehalten werden. „Because employees never experience work overload isolated without having some kind of support or interaction with their supervisor, it is prudent to examine combinations of work characteristics when explaining the experience of job stress (Bakker, Demerouti & Euwema, 2005, S. 178).

Bei der zweiten Interaktionsform ist der positive Einfluss von Arbeitsressourcen auf das Arbeitsengagement am höchsten, wenn die Arbeitsbelastungen hoch sind (Bakker, Hakanen et al., 2007). Bakker et al. führten eine Studie unter finnischen Lehrern durch. Sie fanden heraus, dass Arbeitsressourcen insbesondere dann das Arbeitsengagement der Lehrenden beeinflussten, wenn diese mit einem häufigen Fehlverhalten ihrer Schüler konfrontiert wurden. „Job resources may be of less concern to individuals not experiencing a significant amount of stress" (Bakker, Hakanen et al., 2007, S. 280). Eine Erklärung für diese Art der Interaktion liefert die Theorie der Ressourcenerhaltung. Hobfoll (2002) argumentiert, dass Ressourcen besonders dann salient werden und ein motivierendes Potential entwickeln, wenn sie hohen Arbeitsbelastungen gegenüberstehen; Verhalten zur Ressourcengewinnung wird erst dann initiiert, wenn Ressourcen verbraucht werden. Hakanen et al. (2005) testeten diese Interaktionshypothese. Ihre Stichprobe bestand aus finnischen Zahnärzten, die in zwei randomisierte Gruppen eingeteilt wurden, um die jeweiligen Befunde mittels Kreuzvalidierung (Boot Strapping) zu prüfen. Eine Arbeitsbelastung war beispielsweise eine ungünstige Arbeitsumgebung. Als Ressourcen wurden etwa Variabilität in den erforderlichen Fachkenntnissen und Peer-Kontakte erhoben. Es zeigte sich, dass 40 % aller Interaktionen signifikant waren. So förderten viele Fachkenntnisse das Arbeitsengagement der Zahnärzte vor allem dann, wenn die qualitative Arbeitsbelastung als hoch empfunden wurde (Hakanen et al., 2005). Zusammenfassend zeigen verschiedene Studien, dass Arbeitsbelastungen und Arbeitsressourcen miteinander interagieren und multiplikative Effekte auf das Wohlbefinden der Arbeitnehmer haben (Bakker & Demerouti, 2014).

Das JD-R Modell stellt für die vorliegende Dissertation ein Rahmenmodell dar, dessen Annahmen in Bezug auf die Lehrtätigkeit und das Wohlbefinden von Hochschullehrenden geprüft werden sollen. Die Arbeitsmerkmale der Lehrenden sollen anhand der Kategorisierung in Arbeitsbelastungen und Arbeitsressourcen systematisch erfasst werden. Ausgewählte Belastungen und Ressourcen werden dann in Analyse-Modelle aufgenommen und sowohl der Prozess der Gesundheitsbeeinträchtigung, als auch der motivationale Prozess untersucht. Da Burnout und Arbeitsengagement in beiden Prozessen eine Rolle spielen, werden diese als abhängige Variable in die Analyse-Modelle aufgenommen. Eine Definition beider Konstrukte erfolgt im nachstehenden Kapitel 3. Neben den eigenständigen Effekten werden die Interaktionen der Belastungen und Ressourcen betrachtet. Einen Überblick zu den Arbeitsmerkmalen der Hochschullehrenden findet sich in Kapitel 4. In Kapitel 5 sind die meine aus dem JD-R Modell abgeleiteten Forschungsfragen graphisch aufbereitet und zusammenfassend skizziert.

3.   Burnout und Arbeitsengagement

In meiner Arbeit werden Burnout und Arbeitsengagement aufgegriffen und in das Zentrum der durchgeführten Untersuchungen gestellt. Die Begründung dieser Fokussierung liegt in der Bedeutsamkeit beider Konstrukte für das in der vorliegenden Arbeit verwendete Rahmenmodell. Wie in Kapitel 2.2 beschrieben, nehmen Burnout und Arbeitsengagement eine Schlüsselfunktion in den durch das Modell postulierten Prozessen ein. Im Folgenden werden beide Konstrukte ausführlicher dargestellt. Begonnen wird mit Burnout in Kapitel 3.1. Es folgt ein Überblick zu Arbeitsengagement (Kapitel 3.2). Dabei werden jeweils die Begrifflichkeiten und die Messung erläutert. Im Anschluss erfolgt eine Zusammenfassung bisheriger Forschungsbefunde zu den Ursachen von Burnout und Arbeitsengagement. Zum Abschluss soll ein Überblick zu den bisherigen Forschungsbefunden speziell im Rahmen der Hochschule geben werden (Kapitel 3.3).

3.1   Burnout

In alltagspsychologischen Konversationen ist Burnout zurzeit ein Modebegriff, was dem regen Interesse der Massenmedien zugeschrieben werden kann. Aber auch im wissenschaftlichen Kontext erfährt das Konstrukt viel Aufmerksamkeit. Aus dem Englischen übersetzt bedeutet das Wort „Durchbrennen" oder „Ausbrennen". In meiner Arbeit wird die Auffassung vertreten, dass es sich bei Burnout um einen schleichenden Prozess handelt (Leiter & Maslach, 2008). Damit fällt bei genauerem Betrachten der Metapher des Durchbrennens auf, dass diese nicht treffend gewählt ist. „Durchbrennen" können Sicherungen oder Stromleitungen. Beides geschieht jedoch abrupt und das Ergebnis ist sofortiger Stillstand. Prägnanter wäre eine Metapher, die eine zu hohe Energieabgabe bei ungenügendem Energienachschub wiedergibt (z. B. eine Autobatterie, die nur unregelmäßig und zu kurz oder nicht mehr nachgeladen wird, aber Höchstleistungen erbringen soll; vgl. Burisch, 2014, S. 10). Diese vorweggenommene Verbildlichung des Konstruktes Burnouts wird in den folgenden Kapiteln weiter ausgearbeitet, wobei die wissenschaftlichen Definitionen (Abschnitt 3.1.1) und die Ursachen (Abschnitt 3.1.2) von Burnout beleuchtet werden.

3.1.1   Definition von und theoretische Ansätze zu Burnout

Bis dato liegt keine einheitliche, allgemein anerkannte, wissenschaftliche Begriffsbestimmung von Burnout[6] vor. Bis 1998 waren über 130 mögliche Symptome beschrieben worden (Schaufeli & Enzmann, 1998). Zudem können fünf verschiedene Bedeutungen in der Verwendung des Begriffes Burnout unterschieden werden: Burnout als (1) emotional-konatives Symptom-Cluster, als (2) psychische Erkrankung im Sinne des Endzustandes eines Burnout-Prozesses, als (3) Prozess mit regelhaften Phasen, als (4) Burnout-Faktoren, womit alle Komponenten gemeint sind, die zu Burnout beitragen oder als (5) Folgewirkung auf der Organisationsebene (Paine, 1982). Je nach implizierter Bedeutung ergibt sich eine andere Definition von Burnout[7], wodurch die Menge und Vielfalt existierender Definitionen erklärt werden kann. Im Folgenden wird Burnout als Zustand auffasst und exemplarisch Begriffsbestimmungen und theoretische Ansätze in diesem Sinne dargestellt.

Burnout als Zustand wird häufig in Form eines emotional-konativen Symptom-Clusters beschrieben. Es fallen hierunter eine Vielzahl an Definitionen, die jedoch fünf Charakteristika gemeinsam haben (Maslach & Schaufeli, 1993): (1) dysphorische Symptome, wobei emotionale Erschöpfung am häufigsten genannt wird; (2) der Fokus liegt auf mentalen und verhaltensbezogenen, seltener auf physischen Symptomen; (3) Burnout wird generell als arbeitsbezogen angesehen; (4) die Symptome werden bei „normalen" Personen beobachtet; (5) die

---

[6]   Ein Abgrenzung des Konstruktes Burnout zu ähnlichen psychologischen Konstrukten wie berufsbezogene Fehlbeanspruchung (engl. stress), Chronische Ermüdung und Depression findet sich bei Schaufeli und Buunk (2003).
[7]   Eine Zusammenstellung aller bis 1998 verwendeten Definitionen findet sich bei Rook (1998). Dabei ist jedoch anzumerken, dass eine Vielzahl an Definitionen aus einer Zusammenstellung von beobachteten Symptomen besteht. Kleiber und Enzmann kritisieren daran, dass dadurch „fast alle beobachtbaren negativen Reaktionen von Mitarbeitern in Dienstleistungsinstitutionen Eingang in irgendeine Burnoutdefinition" finden (1990, S. 13).

Betroffenen arbeiten weniger effektiv und sind gegenüber ihren Arbeitsaufgaben negativ eingestellt.

Die in diesem Sinne wohl meist genutzte Begriffsbestimmung ist die Definition nach Maslach und Jackson (1986): „Burnout is a syndrome of emotional exhaustion, depersonalization, and reduced personal accomplishment [...]" (S. 1). *Emotionale Erschöpfung* spielt eine zentrale Rolle im angeführten Symptom-Cluster und bezieht sich auf das Aufbrauchen emotionaler Ressourcen. Verursacht wird dieser Zustand erschöpfter Reserven durch zwischenmenschliche Belastungen im berufsbedingten (intensiven) Kontakt mit Klienten. Dies drückt sich in der gefühlsmäßigen Überforderung in der Zusammenarbeit mit anderen Menschen aus. Die Betroffenen erleben sich als energielos und als ob sie nichts mehr in und für ihre Arbeit geben könnten. Sie sind hoffnungsarm, hilflos und haben jegliche Unbekümmertheit im Umgang mit Klienten verloren. *Depersonalisation* ist eine weitere zentrale Komponente der Definition von Maslach und Jackson. Sie charakterisiert die Qualität der Beziehung, die die Betroffenen zu ihrer Arbeit haben und umfasst die Entwicklung einer negativen, gefühllosen und zynischen Haltung gegenüber den Empfängern der eigenen Dienstleistungen. Diese Haltung äußert sich in einem unwilligen, gleichgültigen, erniedrigenden oder aggressiven Verhalten gegenüber den eigenen Kunden. Die harte, objekthafte, nicht-mitfühlende und ablehnende Wahrnehmung der Klienten, Patienten oder Schüler kann entstehen, um mit der Überforderung und der emotionalen Erschöpfung zu Recht zu kommen. Durch die Depersonalisation werden den Dienstleistungsempfängern alle menschlichen Eigenschaften abgesprochen. Die Belastungen durch diese können so besser gehandhabt werden. Als dritte Komponente wird das *Gefühl der reduzierten Leistungsfähigkeit* genannt. Hierunter verstehen die Autoren die Tendenz, die eigene Arbeit negativ zu bewerten. Betroffene glauben, dass sie ihre Ziele nicht erreichen können, was mit Gefühlen der Unzulänglichkeit und einem niedrigen Selbstwertgefühl einhergeht.

Die drei Komponenten von Burnout können anhand des Maslach Burnout Inventory (MBI; Maslach & Jackson, 1981) erhoben werden. Im letzten Jahrzehnt haben diese und andere Versionen des MBI große Aufmerksamkeit hinsichtlich ihrer psychometrischen Eigenschaften erfahren. Dabei wurde vor allem die dreifaktorielle Struktur des MBI in verschiedenen Berufsfeldern und Nationalitäten untersucht und weitestgehend bestätigt (vgl. Byrne, 1992; Demerouti & Nachreiner, 1996; Schaufeli, Bakker, Hoogduin, Schaap & Kladler, 2001; Schutte, Toppinen-Tanner, Kalimo & Schaufeli, 2000; Taris, Schreurs & Schaufeli, 1999). Es gibt allerdings Befunde, die zeigen, dass die Komponente „Gefühle reduzierter Leistungsfähigkeit" eine unbedeutendere Rolle als die anderen beiden Komponenten spielt (Maslach, Schaufeli & Leiter, 2001). Neben oftmals gefunden geringen Korrelationen der Komponente „Gefühle reduzierter Leistungsfähigkeit" mit den beiden anderen Symptomen von Burnout, fanden sich im Vergleich zu emotionaler Erschöpfung und Depersonalisation geringere Zusammenhänge mit Antezedenzien und organisationalen Ergebnissen (vgl. Lee & Ashforth, 1996; Leiter, 1993; Schaufeli et al., 2001; Schaufeli & Salanova, 2007). Leiter zeigte auf, dass Depersonalisation eine Folge der emotionalen Erschöpfung sein kann, während das Gefühl reduzierter Leistungsfähigkeit unabhängig von den beiden Komponenten entsteht. Andere Autoren argumentieren, dass das Gefühl der reduzierten Leistungsfähigkeit eher ein Persönlichkeitsmerkmal als ein Symptom von Burnout sei (Cordes & Dougherty, 1993; Shirom, 2003). Aus methodischen und theoretischen Überlegungen heraus scheint ein zweifaktorielles Modell, das ausschließlich Erschöpfung und Depersonalisation umfasst, angemessener um verschiedene Untersuchungsergebnisse adäquat zu interpretieren (Kalliath, 2000; Shirom, 2003). Aufgrund dieser Befunde sprechen viele Autoren von Erschöpfung und Depersonalisation als „Kern" oder „Wesen" des Burnout-Syndroms (Schaufeli & Taris, 2005).

Da die multidimensionale Definition von Maslach und Kollegen den vorherrschenden theoretischen Rahmen im Forschungsfeld Burnout darstellt (Maslach et al., 2001), wird dieses Verständnis von Burnout dem empirischen Teil dieser vorliegenden Arbeit zugrunde gelegt. Dabei werden jedoch nur die Kernkomponenten des Burnout-Konzeptes, also emotionale Erschöpfung und Depersonalisation, betrachtet, da im Erachten der Autorin genügend Evidenz für ein zweidimensionales Burnout-Syndroms besteht (vgl. vorheriger Absatz).

In den überwiegenden Fällen der Forschungsarbeiten wurde Burnout als chronisches, stabiles Merkmal behandelt. Dabei werden die Unterschiede zwischen den Personen in den Fokus genommen. Neuere Studien zeigen jedoch, dass Burnout auch als Zustand aufgefasst werden kann, dessen Ausprägungen von Tag zu Tag schwanken (Simbula, 2010). Hier wird der Forschungsschwerpunkt auf intraindividuelle Veränderungen gelegt. Es können somit Fragen, wie warum sich Personen an bestimmten Tagen emotional erschöpft fühlen und eine ablehnende und gefühllose Haltung zu ihren Kunden etc. einnehmen, beantwortet werden. Nach Bakker, Demerouti und Sanz Vergel (2014) ermöglicht dieser Forschungsansatz eine zusätzliche Einsicht in die Art der Prädiktoren von Burnout. Neben den langfristig vorhandenen Ressourcen oder andauernden Arbeitsbelastungen, wie sie das JD-R Modell spezifiziert, können weitere situationsspezifische Faktoren aufgezeigt werden. Die Autoren konstatieren:

> [...] burnout scholars should examine questions such as which situational features of a specific day elicit increased burnout symptoms, how people with high general levels of burnout react to and cope with daily stressful situations or a lack of resources, and whether there is an accumulation of burnout symptoms during the week. Such research questions deserve attention in future research, as they would enhance our insight into burnout [...]." (S. 403)

Dem wird in der vorliegenden Arbeit entsprochen, da Burnout, zwar wöchentlich erhoben, aber trotzdem in einer intra-individuellen Veränderungsanalyse untersucht wird. Im Folgenden werden nun die bisherigen Befunde zu den Ursachen von Burnout zusammengefasst. Dieser Überblick umfasst überwiegend Ergebnisse basierend auf Studien, die Burnout als stabiles Merkmal begreifen. Studien, die tägliche oder wöchentliche Schwankungen in der Burnout-Ausprägung erhoben, sind rar. Die Befunde dieser Untersuchungen werden an den passenden Stellen erwähnt.

3.1.2   Ursachen des Burnouts

Traditionell werden die Ursachen von Burnout in die zwei Kategorien „personenbezogene Faktoren" und „situationsbezogene Faktoren" eingeteilt (vgl. Bakker, Demerouti und Sanz Vergel, 2014 und Maslach et al., 2001). Dabei zählen
zu den wichtigsten *personenbezogenen* Faktoren demographische Variablen wie
Alter und Bildung sowie zeitlich stabile Merkmale wie Geschlecht und Persönlichkeit. Die Zusammenhänge zwischen den personenbezogenen Faktoren und
Burnout sind jedoch weniger stark ausgeprägt als die Zusammenhänge zwischen
Burnout und situationsbezogenen Faktoren (Maslach et al., 2001). Dies könnte
darauf hinweisen, dass Burnout eher ein soziales, als ein individuelles Phänomen
ist (Maslach et al., 2001). Daher werden in meiner Arbeit vor allem situationsbezogene Ursachen von Burnout bei Hochschullehrenden untersucht. Dennoch sei
zu bedenken, dass Beschäftigte bestimmte Personenmerkmale wie ihr Geschlecht
und ihre Persönlichkeit in die Arbeitssituation mitbringen und unterschiedlich
auf gegebene Arbeitsbedingungen agieren bzw. reagieren.

Situationsbezogene Faktoren können im Kontext der Beschäftigung in Arbeitsbelastungen und Arbeitsressourcen unterteilt werden. Generell zeigte die bisherige
Forschung, dass Arbeitsbelastungen und das Fehlen von Arbeitsressourcen die
primären Prädiktoren des Konstrukts Burnout sind. Dabei haben Arbeitsbelastungen einen stärkeren Einfluss auf die Entstehung von Burnout als das Fehlen
von Arbeitsressourcen (Alarcon, 2011; Lee & Ashforth, 1996). Anhand des Ge-
sundheitsbeeinträchtigungsprozesses, wie ihn das JD-R Modell postuliert, kann
die Wirkung von Arbeitsbelastungen und das Fehlen von Arbeitsressourcen als
Ursache von Burnout erklärt werden: „The model of burnout [...] assumes that
burnout develops irrespectiv of the type of occupation when job demands are
high and when job ressources are limited because such negative working conditions lead to energy depletion and undermine employees motivation"
(Demerouti, Bakker, Nachreiner et al., 2001, S. 499; für eine ausführliche Beschreibung siehe ebenfalls Kapitel 2.2). Nach der Metaanalyse von Alarcon sind
die bedeutsamsten Arbeitsbelastungen zur Vorhersage von Burnout quantitative

Merkmale wie Zeitdruck und qualitative Merkmale wie Rollenambiguität und Rollenkonflikte. Diese neueren Befunde unterstützen die Ergebnisse der Metaanalyse von Lee und Ashforth aus dem Jahr 1996. Die Autoren zeigen hier auf, dass die erlebte Arbeitsauslastung 42 % und der Zeitdruck 25 % der Variation an emotionaler Erschöpfung erklären können. Die Zusammenhänge mit den anderen beiden Burnout-Komponenten waren von geringerer Größe. Da jedoch Zeitdruck und Arbeitsauslastung häufig als erlebte Anstrengung und Belastung operationalisiert wurden, scheint eine Überlappung der Item-Inhalte vor allem zur Skala „emotionale Erschöpfung" zu bestehen. Dadurch muss der hohe Zusammenhang dieser beiden Konstrukte relativiert werden. Insgesamt zeigt sich jedoch, dass Zeitdruck eine wichtige Ursache für Burnout darstellt und wird daher in meine Arbeit einbezogen.

Nach Schaufeli und Buunk (2003) sind die Zusammenhänge zwischen Rollenkonflikten und Rollenambiguität auf der einen und Burnout auf der anderen Seite moderat bis hoch. Rollenkonflikte im Berufsleben entstehen, wenn die Anforderungen an den Beruf widersprüchlich sind, was zu gegensätzlichen Zielen und Verhaltensweisen führen kann. Bei der Betrachtung der Aufgaben Forschung und Lehre, die Universitätswissenschaftler zu erfüllen haben, kann aufgrund der verschiedenartigen Zielsetzungen und Wertigkeiten beider Aufgabenfelder von solchen Konflikten ausgegangen werden. Insgesamt zeigen die Ergebnisse von Alarcon (2011) Korrelationen von $\rho = 0{,}53$ (emotionale Erschöpfung) und $\rho = 0{,}40$ (Depersonalisation).

In Studien mit Tagebuch-Design wurden bisher häufig nur Anforderungen und Belastungen außerhalb des Arbeitsplatzes untersucht. Beispiele sind Beruf-Familie- bzw. Familie-Beruf-Konflikte (Derks & Bakker, 2014; Haar, Roche & Ten Brummelhuis, 2011; Simbula, 2010) sowie fehlendes Abschalten und mangelnde Erholung von der Arbeit (Demerouti, Bakker, Sonnentag & Fullagar, 2012; Derks, van Mierlo & Schmitz, 2014; Mäkikangas et al., 2014). Meine Arbeit konzentriert sich hingegen auf Belastungen am Arbeitsplatz und untersucht, ob wöchentliche Schwankungen des Burnouts von Hochschullehrenden durch hochschulspezifische arbeitsbezogene Stressoren erklärt werden können.

Neben den Arbeitsbelastungen trägt auch das Fehlen von Ressourcen zu höheren Burnout-Werten bei. Die bisherigen Forschungsbefunde zeigen ein konsistent negatives Korrelationsmuster zwischen verschiedenen Arbeitsressourcen und Burnout, insbesondere mit der Komponente Depersonalisation (Bakker, Demerouti & Sanz Vergel, 2014). Wenn also arbeitsbezogene Ziele nicht erreicht, Arbeitsbelastungen und die damit verbundenen körperlichen und psychologischen Kosten nicht minimiert und persönliche Entwicklung und Lernen nicht stimuliert werden, berichten Betroffene mehr Depersonalisation (Demerouti, Bakker, Nachreiner et al., 2001; siehe auch Kapitel 2.1). Theoretische Annahmen zur direkten Wirkung von Arbeitsressourcen liefern das Job Characteristics-Modell und die COR-Theorie. Beide wurden in Kapitel 2.1 genauer beschrieben.

Zwei Beispiele für die Wirkung fehlender Ressourcen sind ein Mangel an sozialer Unterstützung und ein zu geringer Handlungsspielraum. Besonders in Bezug auf die Erforschung der Rolle von mangelnder sozialer Unterstützung zur Entstehung von Burnout gab es eine Flut an Forschungsarbeiten (Halbesleben & Buckley, 2004). Diese Studien betrachteten die Unterstützung durch die Organisation, in der die betroffene Person arbeitet, durch Vorgesetzte, Arbeitskollegen und Mitarbeiter, durch Freunde und Familie, und durch viele andere mehr. Lee und Ashforth (1996) fanden in ihrer Metaanalyse, dass eine fehlende Unterstützung durch den Vorgesetzten 14 % Variation mit emotionaler Erschöpfung und 6 % der Variation mit Depersonalisation gemein hat. Im Vergleich dazu teilt die fehlende Unterstützung durch Arbeitskollegen jeweils nur 5 % seiner Varianz mit den Kernkomponenten von Burnout. Converso, Loera, Viotti und Martini (2015) konnten in ihrer Studie einen Zusammenhang zwischen fehlender Unterstützung von Patienten und Burnout nachweisen.

Auch der Handlungsspielraum scheint eine größere Bedeutung bei der Entstehung von Burnout zu haben. Leiter und Maslach (1999) betrachten den Handlungsspielraum als einen der sechs größten Einflüsse auf Burnout. In ihrer Metaanalyse zeigte Alarcon (2011), dass der Handlungsspielraum negativ mit beiden Burnout-Kernkomponenten assoziiert ist. Die Höhe der Korrelationen rangierte zwischen ρ = -0,24 (emotionale Erschöpfung) und ρ = -0,31 (Depersonalisation). Haar et al. (2011) untersuchten die Wirkung geringer Zufriedenheit mit dem Handlungsspielraum am Arbeitsplatz auf Burnout mithilfe eines Tagebuch-Designs. 113 Personen füllten über vier Tage hinweg Fragebögen zu ihrem täglichen Befinden und der Zufriedenheit mit verschiedenen Ressourcen aus. Dabei reduzierte vor allem die Zufriedenheit mit dem täglichen Handlungsspielraum Burnout.

Sowohl Handlungsspielraum als auch soziale Unterstützung können neben dem direkten Einfluss auch indirekt, d. h. zwischen Arbeitsbelastungen und Burnout moderierend, wirken (Bakker, Demerouti & Sanz Vergel, 2014; Cohen & Wills, 1985; Schaufeli & Buunk, 2003). In einer Studie zum psychologischen Wohlbefinden von Hochschullehrenden konnten Bakker, Demerouti und Euwema (2005) vorweisen, dass das Kreuzprodukt von hohen Arbeitsbelastungen und hoch ausgeprägten Arbeitsressourcen signifikant die Varianz der Burnout-Kernelemente aufklärt. So führten hoher Zeitdruck und eine ausgeprägte emotionale und physische Belastung nicht zu Burnout, wenn die Beschäftigten einen großen Handlungsspielraum hatten, Feedback erhielten und/oder ausreichend sozial unterstützt wurden. Die einzelnen Interaktionseffekte können unterschiedlich erklärt werden. Ein großer Handlungsspielraum zum Beispiel lässt Raum für Entscheidungen, wann und wie mit den Belastungen umgegangen wird. Soziale Unterstützung wiederum kann dadurch eine puffernde Wirkung haben, dass durch sie instrumentelle Hilfe und emotionale Unterstützung bereitgehalten werden. Arbeitsressourcen können demnach die Entwicklung von negativen Einstellungen verhindern und spielen eine puffernde Rolle in der Beziehung zwischen Arbeitsbelastungen und Burnout. Aufgrund der weitreichenden Kenntnisse zur Wirkung von sozialer Unterstützung und Handlungsspielraum auf Burnout in unterschiedlichen Berufsbrachen werden in meiner Forschungsarbeit beide Ressourcen speziell im Rahmen der Hochschullehre untersucht.

Zusammengenommen gibt es eine Vielzahl an situativen Faktoren, die sich auf Burnout auswirken. Dabei ist eine Einteilung in Arbeitsbelastungen und -ressourcen sinnvoll. Insgesamt konnte in den bisherigen Forschungsarbeiten nachgewiesen werden, dass sich Arbeitsbelastungen wie Zeitdruck und Rollen-konflikte stärker auf Burnout auswirken, als das Fehlen von Ressourcen. Hand-lungsspielraum und soziale Unterstützung haben einen direkten und einen mode-rierenden Einfluss. Zum einen führt ein Fehlen von Handlungsspielraum und sozialer Unterstützung zu höheren Burnout-Werten. Zum anderen können Res-sourcen puffernd für die Wirkung von Arbeitsbelastungen sein. Auf Grundlage dieser Befunde werden Zeitdruck und Rollenkonflikte auf Seite der Stressoren sowie Handlungsspielraum und soziale Unterstützung auf Seite der Ressourcen in das empirische Analysemodell der vorliegenden Arbeit aufgenommen. Da Erkenntnisse auf Basis von Tagebuch-Daten rar sind, ist es eine wesentliche Aufgabe der hier beschriebenen Arbeit dar, diese Forschungslücke zu schließen. Eine Beschreibung der in meiner Arbeit betrachteten Prädiktoren von Burnout findet sich in Kapitel 4.

Neben Burnout als negativer Aspekt des arbeitsbezogenen Wohlbefindens soll in meiner Arbeit als affirmatives Gegenstück das Arbeitsengagement der Hoch-schullehrenden betrachtet werden. Erste Untersuchungsbefunde zeigen, dass Hochschullehrende engagiert sind, sich durch ihre Aufgaben heraus-gefordert, aber auch motiviert fühlen und sich mit ihrer Arbeit identifizieren (Kinman & Jones, 2003). Daher wird im Folgenden dieses Konstrukt definiert und seine wichtigsten Prädiktoren vorgestellt.

3.2   Arbeitsengagement

Arbeitsengagement wird im alltäglichen Gebrauch häufig mit Einsatz, Interesse, Begeisterung und Enthusiasmus in Verbindung gebracht. Zu trennen sind dabei zweierlei Perspektiven auf den Begriff des Engagements. Nach Schaufeli (2013) kann ein rein wissenschaftlicher Blickwinkel eingenommen werden, in dem Engagement eine psychologische Empfindung (zum Beispiel ein Zustand) ist. In der Praxis wird Engagement häufig mit bestimmten Verhaltensweisen in Verbindung gebracht, die kongruent zu den organisationalen Zielen sind. Durch die praxisorientierte Sicht wird der Begriff sehr schwammig und lässt sich kaum von anderen Konstrukten wie organisationaler Verbundenheit und „Extra-role performance" abgrenzen. In der vorliegenden Arbeit wird Arbeitsengagement als ein positiver psychologischer *Erlebniszustand* aufgefasst, der sowohl auf Seiten der Lehrenden, als auch auf Seiten der Universität als Arbeitgeber erwünscht ist. Der Fokus liegt dabei auf der Lehre an einer Universität und dem Gefühl des Engagements in der Lehrtätigkeit. Des Weiteren wird Arbeitsengagement als Teil des motivationalen Prozesses im JD-R Modell verstanden, der den Einfluss von Arbeitsressourcen und persönlichen Ressourcen auf Organisationsergebnisse moderiert. Dadurch wird das Erleben von Arbeitsengagement von seinen wahrnehmbaren Ursachen und Folgen abgegrenzt, so dass diese nicht Teil der Definition sein können. Eine Definition, die Arbeitsengagement als Zustand beschreibt, wird im folgenden Kapitel gegeben (Abschnitt 3.2.1). Einen Überblick zu Befunden aus der Ursachenforschung zu Arbeitsengagement findet sich im Abschnitt 3.2.2.

3.2.1   Definition von Arbeitsengagement

Die wohl am häufigsten genutzte Definition von Arbeitsengagement ist das dreidimensionale Konzept von Schaufeli, Salanova, González-Romá und Bakker (2002). Die Autoren beschreiben Arbeitsengagement als „a positive, fulfilling, work-related state of mind that is characterized by vigor, dedication, and absorption. Engagement refers to a more persistent and persuasive affective-cognitive state that is not focused on any particular object, event, individual or behaviour" (S. 74). *Vitalität* (vigor) ist charakterisiert durch ein hohes Energie-niveau sowie mentale Widerstandsfähigkeit während der Arbeit. Dies äußert sich in der Bereitschaft, Anstrengung in die Arbeit zu investieren und auch bei Schwierigkeiten durchzuhalten. Für *Hingabe* (dedication) ist eine äußerst starke Beteiligung an der Arbeit und das Erleben von Bedeutsamkeit, Begeisterung, Inspiration und

Herausforderung kennzeichnend. Hingabe umfasst sowohl kognitive, als auch affektive Anteile, wodurch sie sich von dem Konzept der Einbindung (engl. involvement) abgegrenzt (Schaufeli, Salanova et al., 2002). Obwohl Einbindung ebenfalls als Identifikation mit der eigenen Arbeit oder dem eigenen Beruf definiert wird (Kanungo, 1982; Lawler & Hall, 1970), kann Hingabe in quantitativer Hinsicht durch eine besonders starke Beteiligung abgegrenzt werden. Qualitativ gesehen besitzt Hingabe im Gegensatz zu Einbindung eine größere Spannweite, da sie nicht nur auf einen bestimmten kognitiven Zustand oder eine Überzeugung bezogen ist, sondern auch affektive Dimensionen mit einschließt. *Absorption* (im Sinne von vertieft sein, sich verausgaben) bezieht sich auf die vollkommene Konzentration auf die Arbeit. Dabei vergeht die Zeit sehr schnell und es entstehen Schwierigkeiten, sich von der Arbeit zu lösen. Dieses völlige Vertieft-Sein kommt dem Zustand des Flow sehr nahe. Das Flow-Erleben ist ein mentaler Zustand völliger Konzentration und Vertiefung in einer Aufgabe einhergehend mit dem restlosen Aufgehen in diese Aufgabe (Absorption). Dieser Zustand tritt mit einem als beglückend erlebten Gefühl auf. Flow bedeutet so viel wie „Fließen, Rinnen, Strömen" und ist in etwa mit Schaffens- bzw. Tätigkeitsrausch oder auch Funktionslust übersetzbar (Csikszentmihalyi, 1990). Schaufeli, Salanova et al. (2002) grenzen Absorption und Flow voneinander ab, da sie unter Flow ein komplexeres Konzept verstehen, welches viele verschiedene Aspekte berücksichtigt, eher auf spezielle, kurzzeitige Hoch-Erlebnisse gerichtet ist und nicht so sehr auf einen überdauernden Zustand wie Engagement.

Operationalisiert wurden die drei Dimensionen des Arbeitsengagements als Subskalen in der Utrecht Work Engagement Scale (UWES) von Schaufeli und Bakker (2003). Den aktuellen Entwicklungsstatus dieses Instrumentes zusammenfassend kann die UWES als ein valides Messinstrument angesehen werden, das die nach Schaufeli, Salanova et al. (2002) postulierten Elemente von Arbeitsengagement reliabel erfasst (vgl. Balducci, Fraccaroli & Schaufeli, 2010; Mauno, Kinnunen & Ruokolainen, 2007; Schaufeli & Bakker, 2003; Schaufeli, Bakker & Salanova, 2006). Die dreifaktorielle Struktur konnte in mehreren Studien über verschiedene Berufszweige, Nationalitäten und Versionen des UWES auch anhand von komplexeren statistischen Methoden nachgewiesen werden (vgl. Balducci et al., 2010; Fong & Ng, 2012; Hakanen, 2002; Hallberg & Schaufeli, 2006; Naudé, 2003; Nerstad, Richardsen & Martinussen, 2010; Schaufeli & Bakker, 2003; Schaufeli, Martínez, Marques Pinto, Salanova & Bakker, 2002; Xanthopoulou, Bakker, Kantas & Demerouti, 2012). Es ist bis heute *das* Inventar, um Arbeitsengagement zu messen.

Im Gegensatz zu Burnout können mehr Studien aufgelistet werden, die Arbeitsengagement als kurzzeitig schwankenden Zustand auffassen. Trotzdem wurde auch Arbeitsengagement in vielen Forschungsarbeiten als chronisches, stabiles Merkmal behandelt (Bakker, Demerouti & Sanz Vergel, 2014). Nach Bakker und Leiter (2010a) besteht jedoch ein verstärktes Interesse Engagement als Zustand zu erheben. Ihrer Argumentation folgend gibt es unterschiedliche Arbeitssituationen, in denen ein erhöhtes Engagement wünschenswert und vorteilhaft wäre. Beispielhaft sind das Halten wichtiger Präsentationen oder das Meistern von neuen und herausfordernden Arbeitsaufgaben zu nennen. Sonnentag, Dormann und Demerouti (2010) fassen Studienergebnisse zusammen, die Evidenzen für das Zustandspostulat liefern. Nach diesen Autoren können in typischen Tagebuchstudien 30 - 40 % der Varianz des Arbeitsengagements auf der Tagebuchebene, 60 - 70 % der Variation auf dem Personen-Level gefunden werden. Sie schlussfolgern, dass, will man das gesamte Erlebensspektrum von Arbeitsengagement erforschen, auch Arbeitsengagement als fluktuierenden Zustand betrachtet werden muss. Bakker, Demerouti und Sanz Vergel (2014) fügen hinzu, dass dieser Forschungsansatz eine zusätzliche Einsicht in die Art der Prädiktoren von Arbeitsengagement bietet. Die Beantwortung von Fragen, warum sich Personen an bestimmten Tagen oder in bestimmten Wochen vital, hingebungsvoll fühlen und sich von der Arbeit vollständig einnehmen lassen, ist so möglich. Neben den langfristig vorhandenen Ressourcen oder andauernden Arbeitsbelastungen, wie sie das JD-R Modell spezifiziert, können weitere situationsspezifische Faktoren aufgezeigt werden, die das Engagement beeinflussen. In der Tat berichten Xanthopoulou, Bakker, Heuven, Demerouti und Schaufeli (2008) sowie Xanthopoulou, Bakker, Demerouti und Schaufeli (2009) spezifische Einflüsse von sozialer Unterstützung, deren Ausmaß sich täglich änderte, auf das Engagement. Der Ansatz einer intra-individuellen Perspektive birgt zudem den Vorteil, dass die Beziehung zwischen Arbeitsengagement und dem daraus resultierende Verhalten situationsgetreuer erhoben werden kann (Sonnentag et al., 2010). So untersuchten Bakker und Bal (2010) den Einfluss von Arbeitsengagement auf die Arbeitsleistung anhand einer Tagebuchstudie, bei der die wöchentlichen Schwankungen erfasst wurden. Sie konnten mittels dieses Ansatzes erklären, warum Personen mit einem hohen Engagement als stabile Merkmalsausprägung auch Wochen haben, in denen sie wenig leisten.

Im Folgenden werden nun die bisherigen Befunde zu den Ursachen von Arbeitsengagement zusammengefasst. Dieser Überblick umfasst überwiegend Ergebnisse basierend auf Studien, die Arbeitsengagement als stabiles Merkmal begreifen. Zusätzlich werden auch Studien angebracht, die sich mit den täglichen oder wöchentlichen Schwankungen des Arbeitsengagements beschäftigten.

3.2.2   Ursachen des Arbeitsengagements

Wie bei Burnout lassen sich auch die Ursachen des Arbeitsengagement in personen- und situationsbezogene Faktoren einteilen (vgl. Bakker & Demerouti, 2008 und Bakker, Demerouti & Sanz Vergel, 2014). Zusammenfassend kann gesagt werden, dass die Forschung zum Zusammenhang von Arbeitsengagement und *personenbezogenen* Faktoren vornehmlich auf die Beziehung zwischen Engagement und Persönlichkeit fokussiert. Studien zu Alter und Geschlecht sind rar und in Bezug auf das Geschlecht sind die Ergebnisse dieser Studien inkonsistent. Die empirische Forschungsbasis zu situationsspezifischen Faktoren ist deutlich besser ausgeprägt. Wiederholt replizierte und damit gesicherte Befunde werden im Folgenden ausführlicher dargestellt. Festzuhalten bleibt, dass in meiner Arbeit nur die situationsbezogenen Ursachen von Arbeitsengagement bei Hochschullehrenden untersucht, jedoch Geschlecht und Alter dabei kontrolliert werden.

Situationsbezogene Faktoren als Ursache von Arbeitsengagement können ebenfalls in Arbeitsbelastungen und Arbeitsressourcen unterteilt werden, wobei hauptsächlich Arbeitsressourcen im Fokus stehen. In Übereinstimmung mit den Annahmen zu den Effekten von Arbeitsressourcen gibt es eine Vielzahl an Studien und auch Metastudien, die eine positive Wirkung von Arbeitsressourcen auf das Arbeitsengagement nachweisen. Christian, Garza und Slaughter (2011) fassen die Befunde von ca. 90 Studien, die im Zeitraum von 1990 bis 2010 veröffentlicht wurden, zusammen. Die Ergebnisse dieser Analysen bestätigen, dass Arbeitsressourcen die bedeutsamsten Prädiktoren des Arbeitsengagements sind. Die Ergebnisse dieser Studie spiegeln die Befunde einer früheren Metaanalyse wider. Halbesleben (2010) dokumentierte ebenfalls einen positiven Zusammenhang zwischen Arbeitsengagement und Arbeitsressourcen. Dieser Autor berichtete darüber hinaus einen negativen Zusammenhang zwischen Arbeitsbelastungen und Arbeitsengagement, der jedoch schwächer als jener zu den Arbeitsressourcen ist. Nach Schaufeli (2013) beruht eine Beziehung zu Arbeitsbelastungen auf der herausfordernden Eigenschaft dieser Arbeitsmerkmale: „[...] job demands might increase work engagement [...] [this] is only true for the so-called challenge demands that have the potential to promote mastery, personal growth, and future gains (e.g. time pressure, high workload and high job responsibility). In contrast, hindrances that have the potential to thwart personal growth, learning and goal attainment (e.g. role conflict, red tape, and hassles) do not have an impact on work engagement" (S. 31). Diese Aussage wird durch die Ergebnisse der Metaanalyse nach Crawford, LePine und Rich (2010) unterstützt. Die Autoren fanden, dass hindernde Arbeitsmerkmale negativ, herausfordernde Arbeitsbelastungen jedoch positiv mit Arbeitsengagement zusammenhängen. Bakker und Sanz Vergel (2013) führten diesbezüglich eine Tagebuchstudie durch und konnten anhand ihrer Ergebnisse aus intra-individuellen Veränderungsanalysen die Annahme der unterschiedlichen Wirkung von herausfordernden und hindernden Arbeitsbelastungen unterstützen.

Der Befund, dass Arbeitsressourcen positiv mit Arbeitsengagement in Verbindung stehen, wurde ebenfalls in Längsschnittstudien empirisch belegt. Mauno et al. (2007) begleiteten finnisches Pflegepersonal über einen Zeitraum von zwei Jahren. Sie erhoben zu Beginn dieser Zeitspanne den Handlungsspielraum und zum Ende das Arbeitsengagement der Studienteilnehmer. Die Analyse bestätigte einen positiven Zusammenhang zwischen diesen beiden Faktoren. Das bedeutet, dass Beschäftigte, die zu Beginn der Studie ein hohes Maß an Handlungsspielraum berichteten, zwei Jahre später vitaler, hingebungs-voller und mehr vereinnahmt durch ihre Arbeit waren. In einer ähnlichen Studie mit niederländischen Probanden fanden Schaufeli, Bakker und van Rhenen (2009) heraus, dass Arbeitsressourcen das Ausmaß des Arbeitsengagements ein Jahr später vorhersagen können. Insbesondere soziale Unterstützung und Handlungsspielraum waren positive Prädiktoren für das Arbeitsengagement zum späteren Zeitpunkt. Weitere Längsschnittstudien, die zu gleichen Ergebnissen wie die bereits beschriebenen Analysen kommen, wurden von Hakanen, Schaufeli und Ahola (2008) sowie Boyd et al. (2011) veröffentlicht. Sie sind bei Schaufeli (2013) beschrieben. In ihrem Review kommt diese Autorin zu dem Schluss, dass Ressourcen einen Einfluss über die Zeit haben.

Neben den Kausalitätsaussagen, wie sie durch Längsschnittstudien möglich sind, lässt sich anhand von Tagebuchstudien die Frage beantwortet werden, inwiefern sich die tägliche (wöchentliche) Schwankung an Ressourcen auf die tägliche (wöchentliche) Vitalität, Hingabe und Absorption auswirken. Hierzu gibt es in jüngster Zeit eine Vielzahl an Studien, die eine große Vielfalt an Ressourcen in den Fokus nahmen. So untersuchten Kuehnel, Sonnentag und Bledow (2012) die tagesspezifischen Arbeitsressourcen von 114 Probanden. Die Studienteilnehmer füllten dreimal täglich über eine Woche hinweg einen elektronischen Fragebogen aus. Mittels hierarchisch linearer Modelle zeigten die Autoren, dass sich das täglich wahrgenommene Maß an psychologischem Klima, Arbeitskontrolle und Erholung zum nächsten Morgen hin positiv auf das Arbeitsengagement auswirkten. Breevaart, Bakker und Demerouti (2014) beleuchteten den Zusammenhang zwischen dem täglichen Einsatz von Selbstmanagement-Strategien und dem täglich empfundenen Arbeitsengagement. Sie befragten 72 Krankenschwestern an fünf Tagen (360 Messzeitpunkte). Die gefundenen Ergebnisse bestätigten die postulierten Hypothesen. Der Einsatz von Selbstmanagement-Strategien führt zu einer ressourcenreichen Arbeitsumgebung (mehr Fertigkeiten, mehr Feedback, mehr Entwicklungsmöglichkeiten) und korreliert folglich mit dem täglichen Arbeitsengagement. Sowohl Sonnentag, Mojza, Demerouti und Bakker (2012), als auch Demerouti, Bakker, Sonnentag et al. (2012) beschäftigten sich mit dem Zusammenhang zwischen täglicher Erholung und Arbeitsengagement. In beiden Studien fanden sich positive Beziehungen zwischen der Erholung am Morgen und Vitalität, Hingabe und Absorption am gleichen Tag. Abschließend sei noch auf die Studie von Ten Brummelhuis, Bakker, Hetland und Keulemans (2012) verwiesen. Die Autoren nahmen das Konzept der „new ways of working" in den Blickpunkt. Dieses Konzept umfasst neue Arbeitsstile wie die freie Entscheidung zu welcher Zeit und an welchem Ort gearbeitet wird, die Unterstützung der Arbeit durch neuste Medien und eine stärkere Kommunikation bzw. Verbindung zu den Arbeitskollegen. Dabei fanden die Autoren, dass vor allem die elektronische Unterstützung der Kommunikation eine Ressource darstellt, die das Arbeitsengagement fördert. Dieser Überblick an Studien im Tagebuch-Design zeigt auf, dass die täglichen Schwankungen von Arbeitsengagement durch den Einfluss von Arbeitsressourcen erklärt werden können. Offen bleiben diesbezüglich allerdings Befunde aus dem Kontext der Hochschullehre.

Nach Bakker und Demerouti (2008) entfalten Arbeitsressourcen vor allem dann ihre positive Wirkung, wenn sie für die Arbeitnehmer von besonderer Bedeutung sind. Dies ist der Fall, wenn Beschäftigte vermehrt mit Arbeitsbelastungen konfrontiert werden. Die Autoren folgen damit den Annahmen Hobfolls (2002). Die Annahmen dieses Autors sind in Kapitel 2.2 erläutert. Zusammenfassend kann gesagt werden, je größer die Arbeitsbelastungen der Beschäftigten sind, desto mehr Ressourcen müssen sie einsetzen, um ihre Arbeitsziele zu erreichen. Je mehr die vorhandenen Arbeitsressourcen aus-geschöpft werden, desto eher wird ein Verhalten zur Ressourcengewinnung initiiert. Je mehr Ressourcen gewonnen werden, desto höher ist das damit verbundene Arbeitsengagement. Hakanen et al. (2005) testeten diese Interaktionshypothese. Ihre Stichprobe bestand aus finnischen Zahnärzten. Es zeigte sich, dass 40 % aller Interaktionen zwischen Arbeitsbelastungen und -ressourcen signifikant waren. So förderten zum Beispiel viele Fachkenntnisse das Arbeitsengagement der Zahnärzte vor allem dann, wenn die qualitative Arbeitsbelastung als hoch empfunden wurde. In ähnlicher Weise führten Bakker, Hakanen et al. (2007) eine Studie an finnischen Lehrern durch. Sie fanden, dass Arbeitsressourcen insbesondere dann das Arbeitsengagement der Lehrenden positiv beeinflussten, wenn diese mit einem häufigen Fehlverhalten ihrer Schüler konfrontiert waren. Kuehnel et al. (2012) untersuchten die Interaktionshypothese mittels eines Tagebuchstudiendesigns. Ihre Probanden berichteten an Tagen mit viel Handlungsspielraum einen positiven Einfluss von Zeitdruck auf das empfundene Arbeitsengagement. An Tagen mit wenig Handlungsspielraum hatte Zeitdruck einen diametralen Effekt. Der Nachweis solcher Interaktionen zwischen Arbeitsbelastungen und -ressourcen soll auch im Kontext der Tätigkeit von Hochschullehrenden erbracht werden. Daher werden neben den Haupteffekten zu den Arbeitsmerkmalen an der Hochschule auch die Interaktionen dieser Merkmale auf das Arbeitsengagement untersucht.

Graphisch zusammengefasst sind die situationsbezogenen Faktoren in Abbildung 2. Wie dort ersichtlich haben Arbeitsressourcen einen positiven Effekt auf das Arbeitsengagement. Diese Wirkung wurde sowohl in Querschnitts-, als auch Längsschnitts- und Tagebuchstudien gefunden. Arbeitsbelastungen haben selten direkte Effekte. Eher zeigen Studienergebnisse, dass diese Arbeitsmerkmale den Zusammenhang zwischen Arbeitsressourcen und Arbeitsengagement moderieren. Dabei können zwei unterschiedliche Wirkungsweisen aufgezeigt werden. Während herausfordernde Belastungen den Effekt verstärken, mindern hindernde Belastungen den Einfluss der Ressourcen. Auch diese Befunde können aufgrund der Verwendung von verschiedenen Studiendesigns als stabil betrachtet werden.

Im bisherigen Verlauf des gesamten Kapitels wurden Burnout und Arbeitsengagement unabhängig von der Art der Arbeitstätigkeit reflektiert, Definitionen und Ursachen wurden im Allgemeinen beschrieben. Da sich diese Arbeit auf die Zielgruppe der Hochschullehrenden konzentriert, soll im Folgenden der Frage nachgegangen werden, inwiefern Burnout und Arbeitsengagement Phänomene sind, die im Kontext der Hochschule auftreten.

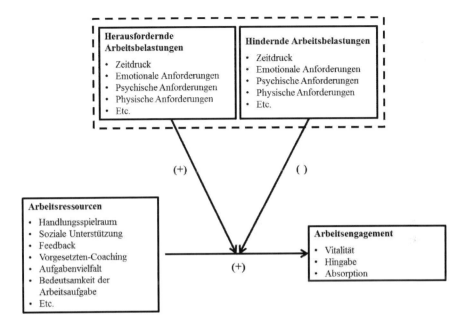

Abbildung 2 JD-R Modell des Arbeitsengagements (adaptiert nach Bakker und Demerouti, 2007, 2008)

3.3 Burnout und Arbeitsengagement bei Hochschullehrenden

Insgesamt ist die empirische Lage zum Thema *Burnout* bei Hochschullehrenden sehr dürftig (Watts & Robertson, 2011). Eine systematische Literatursuche dieser Autoren ergab 610 Artikel, die zwischen 1988 und Mai 2010 veröffentlicht wurden und Stichworte wie Burnout und „university, academics, teaching staff, lectures, research staff ans faculty" (S. 37) in Titel oder Abstrakt beinhalteten. Die Anwendung eher konservativer Einschlusskriterien wie Publikation in Englisch, Publikation in einer Zeitschrift mit Kreuzgutachten, empirische Studie, Stichprobe mit ausschließlich Hochschullehrenden in Vollzeit führte zu zwölf verwertbaren Studien.

Um die berichteten Burnout-Werte dieser zwölf und weiterer Untersuchungen in ihrer Ausprägung besser einschätzen zu können, wird eine Kategorisierung der Summenwerte für emotionale Erschöpfung und Depersonalisation in gering, moderat und hoch nach Schaufeli und van Dierendonck (1995) herangezogen. Die Autoren betrachteten die Burnout-Werte einer normativen niederländischen Stichprobe (N = 3.892) und geben folgende Cut-off Punkte an: Geringe emotionale Erschöpfung (0 - 12), moderate emotionale Erschöpfung (13 - 20) und hohe emotionale Erschöpfung (> 20). Für Depersonalisation ergaben sich folgende Cut-off Punkte: ≤ 5 (gering), 5 – 8 (moderat) und ≥ 8 (hoch). In Tabelle 1 findet sich ein Überblick zu Untersuchungen, die zum Erheben von emotionaler Erschöpfung und Depersonalisation das MBI nutzten. In Bezug auf die berichteten Studien lagen die mittleren Summenscores der MBI-Kernskalen zwischen 8,87 und 25,06 für emotionale Erschöpfung sowie 2,93 und 7,13 für Depersonalisation. Wurden diese Daten gewichtet gemittelt, so ergaben sich Werte von 17,82 für emotionale Erschöpfung und 5,58 für Depersonalisation. Ordnet man die bisherigen Befunde den Kategorien von Schaufeli und van Dierendonck zu, so berichteten Hochschulwissenschaftler im Schnitt moderate Werte für die beiden Kernskalen des MBI. Gleiches referierten Watts und Robertson in ihrem Review. Im Vergleich zu weiteren normativen Daten (Maslach, Jackson & Leiter, 1996) waren die in Tabelle 1 zusammengefassten Werte ähnlich hoch, wie die Werte von pädagogischem und medizinischem Fachpersonal. Studien, die andere Instrumente zur Erhebung von Burnout nutzten, stuften gefundene Werte ebenfalls als niedrig bis moderat ein (Barraca Mairal, 2010; Bayram et al., 2010; Singh, Mishra & Kim, 1998).

Watts und Robertson (2011) kommen zu dem Schluss, dass Burnout ein Phänomen ist, das im Hochschulkontext auftritt: „The review found evidence of burnout within this occupational group with student interactions, youth and gender established as significant predictive factors. The review revealed that the extent of burnout in university teaching staff is comparable with other education and medical professionals" (S. 46). Autoren, die aus dem Review ausgeschlossen wurden oder neuere Studien verfassten, teilen diese Ansicht (vgl. beispielsweise

Avargues Navarro, Borda Mas & López Jiménez, 2010; Barraca Mairal, 2010; Blix, Cruise, Mitchell & Blix, 1994; Johnson, 1989). Somit kann festgehalten werden, dass Universitätswissenschaftler moderat von Burnout betroffen sind und dies damit genügend Relevanz besitzt um in wissenschaftlichen Arbeiten untersucht zu werden. Inwiefern Arbeitsengagement in diesem Berufsfeld auftritt und untersucht wurde, wird im nachfolgenden Abschnitt zusammengefasst.

Tabelle 1 Studien zu Burnout bei Hochschullehrenden[4]: mittlere Summenwerte der Kernskalen

Studie	Stichprobe	Land	EE	DE
[1,3]Anbar & Eker, 2008	160 UW	Türkei	10,20	2,93
[3]Avargues Navarro et al., 2010	193 Professoren	Spanien	18,38	5,06
[3]Azeem & Nazir, 2008	300 Hochschullehrende	Indien	10,22	4,31
[2]Bakker, Demerouti & Euwema, 2005	1.012 UW	Niederlande	1,90	1,58
[2]Barkhuizen et al., 2014	595 UW	Südafrika	2,91	1,75
[3]Bezuidenhout & Cilliers, 2010	187 UW	Südafrika	14,74	3,33
*[3]Bilge, 2006	194 UW	Türkei	8,87	4,38
*[3]Blix et al., 1994	158 Hochschullehrende	USA	18,51	5,39
*[3]Byrne, 1991	219 Hochschullehrende	Kanada	17,80	7,01
[3]Crosmer, 2009	411 Professoren	USA	20,11	6,34
*[3]Doyle & Hind, 1998	582 UW	England	22,31	6,92
*[1,3]Ghorpade, Lackritz & Singh, 2007	265 Hochschullehrende	USA	19,36	6,14
[1]Karabıyık et al., 2008	160 UW	Türkei	10,20	2,93
*[1]Lackritz, 2004	265 Hochschullehrende	USA	19,36	6,14
*[2]McClenahan, Giles & Mallett, 2007	166 Hochschullehrende	England	2,73	2,46
*[3]Otero-López, Mariño & Bolaño, 2008	813 Hochschullehrende	Spanien	25,06	7,13
Ozdemir, Coskun, Ozdemir & Cinar, 1999	52 Lehrende einer zahnärztlichen Fakultät	Türkei	11,93	4,11
Ozdemir et al., 1999	67 WiWi	Türkei	12,78	5,26
*[2]Siegall & McDonald, 2004	135 Hochschullehrende	USA	4,30	2,60
[2]Taris et al., 2001	131 UW	Niederlande	1,93	1,75
[3]Toker, 2011	648 UW	Türkei	12,24	3,84
[2]Vera et al., 2010	170 Universitätsmitarbeiter	Spanien	2,00	0,68
Gesamt[3]			17,82	5,58

Anmerkungen:

EE=Emotionale Erschöpfung; DE=Depersonalisation; UW=Universitätswissenschaftler; WiWi = Wirtschaftswissenschaftler; berichtet werden gemittelte Skalenwerte

*Diese Studien gingen in das Review von Watts und Robertson (2011) ein.

[1] Anbar und Eker (2008) und Karabıyık et al. (2008) sowie Lackritz (2004) und Ghorpade et al. (2007) griffen für ihre Analysen auf die gleiche Stichprobe zurück. Die berichteten Werte werden nur einmal in die Berechnung des Gesamtwertes aufgenommen.

[2] In diesen Studien wurden anstatt Summenwerte Mittelwerte berichtet. Diese Werte werden nicht in die Berechnung des Gesamtwertes aufgenommen.

[3] Die mittleren Werte für EE und DE wurden anhand eines gewichteten Mittels berechnet. In die Berechnung gingen die Werte der Studien ein, die mit [3] gekennzeichnet sind.

[4] Die Übersicht in erhebt keinen Anspruch auf Vollständigkeit.

Eine Literatursuche[8] zu Untersuchungen, die ihren Fokus auf Arbeitsengagement von Hochschullehrenden legten, führte zu sieben Treffern. Um die berichteten Werte dieser Studien in ihren Ausprägungen vergleichend einordnen zu können, werden sie mit Normwerten aus dem Manual von Schaufeli und Bakker (2003) verglichen. Die Autoren führen Normwerte zu allen drei UWES-Versionen auf. Sie teilten die Daten von 2.313 (UWES-17) bzw. 9.679 (UWES-15 und UWES-9)[9] Personen auf fünf Perzentile auf, die sie mit den Labels „sehr gering", „gering", „durchschnittlich", „hoch" und „sehr hoch" versahen. In Tabelle 2 werden diese Werte wiedergeben.

Tabelle 2 Einteilung der UWES-Normwerte nach Schaufeli und Bakker (2003)

Skala	Labels der Perzentile	Vitalität	Hingabe	Absorption	Gesamtwert
UWES-17	sehr gering	$\leq 2,17$	$\leq 1,60$	$\leq 1,60$	$\leq 1,93$
	gering	$2,18 - 3,20$	$1,61 - 3,00$	$1,61 - 2,75$	$1,94 - 3,06$
	durchschnittlich	$3,21 - 4,80$	$3,01 - 4,90$	$2,76 - 4,40$	$3,07 - 4,66$
	hoch	$4,81 - 5,60$	$4,91 - 5,79$	$4,41 - 5,35$	$4,67 - 5,53$
	sehr hoch	$\geq 5,61$	$\geq 5,80$	$\geq 5,36$	$\geq 5,54$
UWES-15	sehr gering	$\leq 2,00$	$\leq 1,60$	$\leq 1,60$	$\leq 1,93$
	gering	$2,01 - 3,25$	$1,61 - 3,00$	$1,61 - 2,75$	$1,94 - 3,06$
	durchschnittlich	$3,26 - 4,80$	$3,01 - 4,90$	$2,76 - 4,40$	$3,07 - 4,66$
	hoch	$4,81 - 5,65$	$4,91 - 5,79$	$4,41 - 5,40$	$4,67 - 5,53$
	sehr hoch	$\geq 5,66$	$\geq 5,80$	$\geq 5,41$	$\geq 5,54$
UWES-9	sehr gering	$\leq 2,00$	$\leq 1,33$	$\leq 1,17$	$\leq 1,77$
	gering	$2,01 - 3,25$	$1,34 - 2,90$	$1,18 - 2,33$	$1,78 - 2,88$
	durchschnittlich	$3,26 - 4,80$	$2,91 - 4,70$	$2,34 - 4,20$	$2,89 - 4,66$
	hoch	$4,81 - 5,65$	$4,71 - 5,69$	$4,21 - 5,33$	$4,67 - 5,50$
	sehr hoch	$\geq 5,66$	$\geq 5,70$	$\geq 5,34$	$\geq 5,51$

---

[8]   Durchgeführt im September 2015 in einschlägigen Literaturdatenbanken.

[9]   Anfänglich umfasste die Utrecht Work Engagement Scale 24 Aussagen (UWES-24), die jedoch auf Grund von psychometrischen Analysen zu 17 (UWES-17; Schaufeli, Salanova, González-Romá und Bakker (2002)) bzw. 15 Items reduziert wurden (UWES-15; Demerouti, Bakker, Jonge, Janssen und Schaufeli (2001); Xanthopoulou, Bakker, Kantas und Demerouti (2012)).

Alzyoud, Othman und Isa (2014) betrachteten die Rolle von Arbeitsressourcen als Prädiktoren für das Arbeitsengagement von 532 jordanischen Hochschulwissenschaftlern. Sie verwendeten zur Messung von Arbeitsengagement die UWES-17 und nutzten einen zusammengefassten Wert aller drei Subskalen. Im Mittel lag die Ausprägung $M = 3,17$ ($SD = 0,43$). Nach Schaufeli und Bakker (2003) entspricht dies einer durchschnittlichen Arbeitsengagement-Ausprägung. Ähnliche Werte finden sich auch in den Studien von Bezuidenhout und Cilliers (2010) sowie Takawira, Coetzee und Schreuder (2014). Beide Untersuchungen wurden unter Wissenschaftlern an südafrikanischen Hoch-schulen ebenfalls mittels U-WES-17 durchgeführt. Während Bezuidenhout und Cilliers 187 Frauen befragten, hatten Takawira et al. einen Rücklauf von 153 sowohl weiblichen als auch männlichen Beschäftigten. Die mittleren Gesamtscores lagen bei $M = 4,11$ ($SD = 0,98$; Bezuidenhout und Cilliers) und $M = 4,37$ ($SD = 0,90$; Takawira et al.). Beide Autorengruppen gaben ebenfalls Mittelwerte zu den Subskalen an, welche ebenfalls in die Kategorie „durchschnittlich" einzuordnen sind. Barkhuizen et al. (2014) nutzten für eine Befragung von 595 südafrikanischen Universitätswissenschaftlern (91,9 % waren aktiv in der Lehre tätig) lediglich vier Items der Skala Vitalität und vier Items der Skala Hingabe. Alle Antworten auf diese acht Fragen wurden zu einem Wert zusammengefasst. Dieser lag mit $M = 4,37$ ($SD = 1,12$) ebenfalls im „Durchschnitt", unabhängig davon welche Vergleichsnorm herangezogen wird. Eine weitere südafrikanische Forschungsarbeit stammt von Rothmann und Jordaan (2006). Sie befragten 471 Hochschulwissenschaftler der Universitäten ihres Landes. Ihrer Veröffentlichung können keine Mittelwerte entnommen werden. Die Autoren geben aber an, dass „compared to a national norm, 25.6 % of educators in universities had low levels of vigour and 25.4 % had low dedication. Twenty-six per cent showed high levels of vigour and 22.8 % showed high levels of dedication" (S. 91).

Auch für den europäischen Raum liegen die Ergebnisse zweier Untersuchungen vor. In Spanien waren die Werte der UWES-17 von 170 Universitätsangestellten mit $M = 4,65$ (Vitalität; $SD = 0,88$), $M = 4,54$ (Hingabe; $SD = 0,96$) sowie $M = 3,98$ (Absorption; $SD = 0,98$) durchschnittlich (Vera et al., 2010). Silman (2014) verwendete eine türkische Version der UWES, deren Items mit einer fünfstufigen Antwortskala erfasst wurden. Diese Antwortskala entspricht nicht dem Original mit sieben Antwortmöglichkeiten und kann daher nicht mit den Normwerten von Schaufeli und Bakker (2003) verglichen werden. Der von Silman berichtete Mittelwert von $M = 4{,}01$ spricht jedoch für eine durchschnittlich hohe Ausprägung an Arbeitsengagement, da die Skala von 1 = niedrig bis 5 = hoch reichte. In dieser Studie fanden die Antworten von 203 türkischen Akademikern Eingang.

Zusammenfassend wird deutlich, dass Arbeitsengagement durchaus ein Phänomen ist, das im Hochschulbereich auftritt. Die Ausprägungen sind im Vergleich zu anderen Branchen durchschnittlich hoch. Dies spricht für die Relevanz dieses Konstruktes und die Aufnahme in meine Arbeit.

Insgesamt lässt sich festhalten, dass Burnout und Arbeitsengagement für meine Dissertation herausgegriffen werden, da sie eine hohe Bedeutsamkeit für das verwendete Rahmenmodell haben und durchaus Phänomene darstellen, die im Hochschulkontext Relevanz besitzen. Studien zu den Ursachen von Burnout in diesem Bereich sind bisweilen wenige zu finden (Watts & Robertson, 2011), den Ursachen des Arbeitsengagements wurde noch seltener nachgegangen. Im Folgenden sollen daher das Aufgabenspektrum und die Berufsmerkmale von Hochschullehrenden systematisch erfasst werden (Kapitel 4). Die Auswahl der in der vorliegenden Arbeit untersuchten Prädiktoren für Burnout und Arbeitsengagement erfolgt unter Berücksichtigung der verschiedenen Ursachen- und Quellebenen, so dass diese umfassend abgebildet werden. Als theoretischer Rahmen dient das JD-R Modell, das eine Einteilung von Arbeitsmerkmalen nach Arbeitsbelastungen und -ressourcen vornimmt. Es wird daher genauer spezifiziert, welche Aspekte der Lehrtätigkeit an Hochschulen in die Kategorie „Belastung" (Kapitel 4.1) und welche unter dem Aspekt „Ressource" (Kapitel 4.2) einzuordnen sind.

4. Belastungen und Ressourcen von Hochschullehrenden

Das Aufgabenspektrum von Hochschullehrenden umfasst komplexe Aufgaben im Bereich Forschung und Lehre. Neben diesen Aufgaben müssen sie die Rolle als Vorgesetzte wahrnehmen, sich an Aufgaben der Qualitätssicherung, der Studienreform und Studienberatung beteiligen, persönliche Sprechstunden abhalten, in der Hochschulverwaltung tätig sein, Hochschulprüfungen abnehmen, sich an Staatsprüfungen beteiligen, Aufgaben im Bereich Material-prüfung und weiterer technischer Prüfungen sowie der Berufsausbildung wahrnehmen. Hochschullehrende sind zudem verpflichtet, Lehrveranstaltungen ihrer Fächer in allen Studiengängen abzuhalten und die zur Sicherstellung des Lehrangebots gefassten Beschlüsse der Hochschulorgane zu verwirklichen. Diese Aufgaben bergen, wie sicherlich jede berufliche Tätigkeit, Belastungen, aber auch Ressourcen zur Bewältigung der Arbeitsaufgaben. Das JD-R Modell nimmt eben genau diese Einteilung von Arbeitsmerkmalen vor (Demerouti, Bakker, Nachreiner et al., 2001) und ist in seinen Annahmen Grundlage für meine Forschungsarbeit. Daher wird im Folgenden genauer spezifiziert, welche Aspekte der Lehrtätigkeit an Hochschulen in die Kategorie „Belastungen" (Kapitel 4.1) und welche unter dem Aspekt „Ressource" (Kapitel 4.2) einzuordnen sind.

4.1   Arbeitsbelastungen

Traditionell wurde der Beruf des Hochschullehrenden als wenig belastend aufgefasst (Hogan, Carlson & Dua, 2002; Winefield, 2000). Nach Vera et al. (2010) änderte sich dies in den letzten Dekaden. Die Autoren schlussfolgern, dass „nowadays, there are more and more university faculty members holding an insecure post and have a greater workload" (S. 584). Auch Tytherleigh et al. (2005) schließen aus ihren Ergebnissen, dass Universitäten nicht länger belastungsarme Arbeitsumgebungen darstellen. Die Autoren befragten Beschäftigte an 14 Hochschulen in Großbritannien. Nach Angaben der Hochschulmitarbeiter stellte die Unsicherheit des Arbeitsplatzes die größte Belastung dar. Bereits 1984 gingen Gmelch et al. der Frage nach, welches die hauptsächlichen Quellen der

Belastung von Hochschullehrenden sind. Sie entwickelten den Faculty Stress Index (FSI), ein Instrument, das möglichst umfassend die Arbeitsbereiche und Aufgaben von Beschäftigten an Hochschulen abbilden sollte. Sie ließen 1.221 Studienteilnehmer 45 Items zu verschiedenen Anforderungen auf einer Skala von „kaum belastend" bis „übermäßig belastend" einstufen. Die Autoren bildeten hieraus eine Liste der TOP TEN der Arbeitsbelastungen. Die Mehrheit der Belastungen stand in einem direkten Zusammenhang mit Zeit- und Ressourcenbeschränkungen. Die Hochschul-lehrenden aller Fächer berichteten einen ähnlich hohen Grad an Belastungen in Bezug auf Lehre, Forschung und administrative Aufgaben. In allen Fällen wurde die Lehre als am meisten belastende Aufgabe wahrgenommen. In Übereinstimmung mit diesen Angaben, fanden Taris et al. (2001), dass Belastungen durch Lehraufgaben negative Auswirkungen auf die körperliche und psychische Gesundheit haben können. Belastungen durch Verpflichtungen in der Forschung blieben ohne Effekt.

In Tabelle 3 wird ein Überblick zu weiteren Forschungsbefunden gegeben. Anhand dieser Zusammenstellung wird deutlich, dass insbesondere Zeitdruck häufig als Stressor untersucht und dessen gesundheitliche Auswirkung nachgewiesen wurde. In Studien, in der Hochschullehrende nach belastenden Arbeitsmerkmalen gefragt wurden, rangiert Zeitdruck und insbesondere die Zeit zur Lehrvorbereitung unter den TOP TEN der Arbeitsbelastungen (Byrne, 1991; Doyle & Hind, 1998; Hogan et al., 2002). Dieses Arbeitsmerkmal wird daher und aufgrund der Tatsache, dass es sich hierbei um eine Belastung handelt, die regelmäßig in Untersuchungen zu oder mittels JD-R Modell aufgenommen wird (Demerouti, Bakker & Bulters, 2004; Geurts, Kompier, Roxburgh & Houtman, 2003) in meiner Arbeit als Prädiktor für Burnout und Arbeitsengagement genauer betrachtet. Eine ausführlichere Darstellung dieses Arbeitsmerkmales findet sich in Kapitel 4.1.1.

Neben Zeitdruck spielen soziale Aspekte der Arbeit an Hochschulen eine Rolle. Aus Tabelle 3 wird ersichtlich, dass vor allem die Interaktion mit den Studierenden als Arbeitsbelastung untersucht wurde. Mehrfach wurden hierbei Auswirkungen auf die Gesundheit nachgewiesen. Häufig wurde jedoch nur der quantitative Aspekt, also die Kursgröße und die Betreuungsrelation, betrachtet (Lackritz, 2004; Taris et al., 2001). Dass die Qualität der Interaktion mit den Studierenden ebenso eine wichtige Rolle zu spielen scheint, wird durch einige wenige Studien angedeutet. So schätzten insbesondere die Hochschullehrenden „undankbare" Studierende als Problem ein (Todd-Mancillas & Johnson, 1987). Auch in der Studie von Archibong et al. (2010) wurde die Interaktion mit Studierenden subjektiv als die meist belastende soziale Wechselbeziehung in der Tätigkeit von Hochschullehrenden eingeschätzt. In ihrem Review zu Burnout bei Hochschullehrenden geben Watts und Robertson (2010) an: „Students themselves may also have the potential to moderate the experience of burnout, not merely because of the pastoral relationship or their collective numbers, but by the way commit to task and educational process" (S. 36). Durch die Auffassung des Studierenden als Kunden (Pohlenz, 2008) wird ein Übertrag der Ergebnisse von Studien aus anderen Dienstleitungsbranchen möglich. In diesen Studien konnte bisher anhand von komplexen statistischen Analysen nachgewiesen werden, dass negative Interaktionen mit Kunden bzw. Patienten zu Burnout führen können (Ben-Zur & Yagil, 2005; Evers, Tomic & Brouwers, 2002; Grandey, Dickter & Sin, 2004; Winstanley & Whittington, 2002). Auf Grund dieser Befunde wird das Konzept der studentischen sozialen Stressoren in meiner Arbeit genauer betrachtet. Eine weiterführende Erklärung findet sich in Kapitel 4.1.2.

Eine weitere Belastung, die in der vorliegenden Arbeit aufgegriffen wird, ist der Konflikt zwischen den verschiedenen Aufgaben der wissenschaftlichen Universitätsangestellten. Diese haben neben der Lehre auch Forschungsarbeit zu leisten. In einer repräsentativen Befragung des wissenschaftlichen Personals an Hochschulen in Deutschland gaben die Hochschulwissenschaftler an, dass sie großen Wert auf die Verbindung von Forschung und Lehre legen, das Verhältnis jedoch nicht unproblematisch sehen. Sie berichteten mehrfach eine Beein-trächtigung der Forschungsarbeit durch die Menge an Kursen, die sie geben müssen und die Menge an Studierenden, die betreut werden wollen (Enders & Teichler, 1995). Auch in der Studie von Byrne (1991) wird die Anforderung, dass im Beruf des wissenschaftlichen Mitarbeiters unterschiedlichste Aufgaben wahrgenommen werden müssen, als Belastung angegeben. Ebenso leiten Taris et al. (2001) aus bisherigen Forschungsbefunden die Hypothese ab, dass „the combination of research-related and teaching tasks will be an important source of job stress" (S. 285). In meiner Arbeit wird im Gegensatz dazu angenommen, dass ein Konflikt sowohl dahingehend besteht, dass die Lehre die Forschung - als auch umgekehrt - die Forschung die Lehre beeinträchtigt. Inwiefern die Obstruktion beider Bereiche eine Arbeitsbelastung darstellt, die sich auf das arbeitsbezogene Wohlbefinden auswirkt, soll in meiner Arbeit nachgegangen werden. Befunde aus der bisher veröffentlichten Literatur werden in Kapitel 4.1.3 beschrieben.

Tabelle 3 Studienüberblick zu Belastungen von Hochschullehrenden (wird auf den nachfolgenden Seiten fortgesetzt)

Belastung	Studie[4]	Studien-design	Auswirkungen	Stichprobe
Gesamtscore *Belastungen*[1]	Hogan et al., 2002	QS	Emotionale Erschöpfung emotionale und physische Stressreaktionen	309 Hochschullehrende
	Zhong et al., 2009	QS	Burnout, Depression, körperliche Gesundheitsprobleme	300 Hochschullehrende
Belastende Arbeitsumgebung	Anbar & Eker, 2008	QS	Erhöhte MBI-Werte	160 Hochschullehrende
	Avargues Navarro et al., 2010	QS	Erhöhte MBI-Werte	193 Professoren
	Bradley & Eachus, 1995	QS	Psychische und physische Gesundheitsprobleme	306 wissenschaftliche und nicht-wissenschaft. Mitarbeiter einer Hochschule
	Dua, 1994	QS	Physische und emotionale Belastungen; Arbeitsunzufriedenheit	1.028 Hochschullehrende
	Gillespie, Walsh, Winefield, Dua & Stough, 2001	QS	Weniger Arbeitsleistung und Wohlbefinden	173 Hochschullehrende
	Karabıyık et al., 2008	QS	Erhöhte MBI-Werte	160 Hochschullehrende
	Khan, Yusoff & Khan, 2014	Review	Burnout	---
	Richard & Krieshok, 1989	QS	Psychische und physische Belastung	83 Hochschullehrende
Karrierebezogene Stressoren	Anbar & Eker, 2008	QS	Erhöhte MBI-Werte	160 Hochschullehrende
	Avargues Navarro et al., 2010	QS	Erhöhte MBI-Werte	193 Professoren
	Bradley & Eachus, 1995	QS	Psychische und physische Gesundheitsprobleme	306 wissenschaftliche und nicht-wissenschaft. Mitarbeiter einer Hochschule
	Khan et al., 2014	Review	Burnout	---

Belastung	Studie[4]	Studien-design	Auswirkungen	Stichprobe
Zeitdruck	Anbar & Eker, 2008	QS	Erhöhte MBI-Werte	160 Hochschullehrende
	Avargues Navarro et al., 2010	QS	Erhöhte MBI-Werte	193 Professoren
	Bakker, Demerouti & Euwema, 2005	QS	Burnout	1.012 Universitätsmitarbeiter
	Blix et al., 1994	QS	Intention den Arbeitsplatz zu wechseln	158 Hochschullehrende
	Boyd et al., 2011	LS (2W in 3J)	Organisationale Verbundenheit und psychol. Belastungen	296 Hochschullehrende
	Bradley & Eachus, 1995	QS	Psychische und physische Gesundheitsprobleme	306 wissenschaftliche und nicht-wissenschaft. Mitarbeiter einer Hochschule
	Chalmers & Boyd, 1998	QS	Arbeitsbezogene Belastungen	1.155 Hochschulmitarbeiter
	Dua, 1994	QS	Physische und emotionale Belastungen; Arbeitsunzufriedenheit	1.028 Hochschullehrende
	Gillespie et al., 2001	QS	Arbeitsleistung und Wohlbefinden	173 Hochschullehrende
	Karabıyık et al., 2008	QS	Erhöhte MBI-Werte	160 Hochschullehrende
	Khan et al., 2014	Review	Burnout	---
	Kinman, 2001	Review	Psycholog.Gesundheit	---
	Lackritz, 2004[2]	QS	Burnout	265 Hochschullehrende
	McClenahan et al., 2007	QS	Burnout, Psycholog.Gesundheit	166 Hochschullehrende
	Pandey & Tripathi, 2001	QS	Burnout	56 Lehrende (College für Ingenieur-wissenschaften)
	Rothmann & Jordaan, 2006	QS	Arbeitsengagement	471 Hochschullehrende
	Taris et al., 2001	QS	EE, gesundheitliche Probleme, Rückzugsverhalten	131 Hochschullehrende (Rechtswissenschaften)
	Todd-Mancillas & Johnson, 1987[2]	Review	Burnout	---

Belastung	Studie[4]	Studien-design	Auswirkungen	Stichprobe
Rollenambiguität und -konflikte	Avargues Navarro et al., 2010	QS	Erhöhte MBI-Werte	193 Professoren
	Bradley & Eachus, 1995	QS	Psychische und physische Gesundheitsprobleme	306 wissenschaftliche und nicht-wissenschaft. Mitarbeiter einer Hochschule
	Khan et al., 2014	Review	Burnout	---
	Lease, 1999	QS	Psychische und physische Belastungen	131 Hochschullehrende
	Pandey & Tripathi, 2001	QS	Burnout	56 Lehrende an einem College für Ingenieurwissenschaften
	Richard & Krieshok, 1989	QS	Psychische und physische Belastung	83 Hochschullehrende
Studentische soziale Stressoren	Archibong et al., 2010	QS	---	279 Hochschullehrende
	Byrne, 1991	QS	Burnout	172 Hochschullehrende
	Lackritz, 2004	QS	Burnout	265 Hochschullehrende
	Taris et al., 2001	QS	Emotionale Erschöpfung, gesundheitliche Probleme, Rückzugsverhalten	131 Hochschullehrende (Rechtswissenschaften)
	Todd-Mancillas & Johnson, 1987	Review	Burnout	---
Andere soziale Stressoren	Bakker, Demerouti & Euwema, 2005	QS	Burnout	1.012 Mitarbeiter einer Universität
	Bradley & Eachus, 1995	QS	Psychische und physische Gesundheitsprobleme	306 wissenschaftliche und nicht-wissenschaft. Mitarbeiter einer Hochschule
	Dua, 1994	QS	Physische und emo. Belastungen; Arbeitsunzufriedenheit	1.028 Hochschullehrende
	Khan et al., 2014	Review	Burnout	---
	Taris et al., 2001	QS	Emotionale Erschöpfung, gesundheitliche Probleme, Rückzugsverhalten	131 Hochschullehrende (Rechtswissenschaften)

Anmerkungen zu Tabelle 3:

QS = Querschnitt; LS (2W in 3J) = Längsschnitt in zwei Wellen mit einem Intervall von drei Jahren
[1]Die Übersicht in Tabelle 3 erhebt keinen Anspruch auf Vollständigkeit.

[2]Zusammenfassung von Belastungen zu einem Gesamtwert „Belastung" (beispielsweise Daniels und Guppy (1992): Rollenambiguität, Rollenkonflikte, quantitative und qualitative Überlastung, Angemessenheit von Ressourcen).

[3]In den Studien von Lackritz (2004) und Todd-Mancillas und Johnson (1987) wurde insbesondere die Auslastung durch Lehraufgaben betrachtet.

[4]Da die Belastungen nach verschiedenen Formen aufgeschlüsselt sind, werden Studien, die mehrere Belastungen untersuchten, mehrfach aufgezählt.

4.1.1 Zeitdruck

Nach Kinicki und Vecchio (1994) ist Zeitdruck das Ausmaß, in dem Beschäftigte zu wenig Zeit haben oder schneller arbeiten müssen, um ihre Aufgaben erfüllen zu können. In Bezug auf Hochschullehrende zeigen Untersuchungsergebnisse, dass die Menge an Arbeitsaufgaben hoch und eine Bewältigung nur unter Zeitdruck oder Ausweitung der Arbeitszeit möglich ist. In der Befragung von Lübeck (2009) gaben die Universitätswissenschaftler an, dass sie ein umfangreiches Stundenpensum haben, das deutlich über dem einer 38/40h-Woche liegt. Dies bestätigt die Befunde einer älteren Studie, in denen Vielforscher und Lehrengagierte an eine 60 bis 70 Stundenwoche herankommen, während weniger engagierte Personen immer noch etwas mehr als 40 Stunden arbeiten (Enders & Teichler, 1995). Häufig werden diese langen Arbeitszeiten als unbefriedigend erlebt (Jacobs & Winslow, 2004). Auch Krimmer, Stallmann, Behr und Zimmer (2003) fanden in ihrer Befragung von Professoren, dass diese sich subjektiv durch die langen Arbeitszeiten belastet fühlen. Neben Kommissionsarbeit und administrativen Aufgaben waren es vor allem die Lehraufgaben, die diese Einschätzung hervorriefen. Laut Leidenfrost, Strassnig, Schabmann und Carbon (2009) ist ein Grund für die hohen Belastungen von Hochschullehrenden die ungünstige Betreuungsrelationen und der damit verbundene (zeitliche) Aufwand für Lehre und Studierenden-Administration, die sich zum Beispiel durch mehr

Unterricht oder die Betreuung und Bewertung der Arbeiten der Studierenden äußert.

In Tabelle 3 findet sich ein Überblick zu Studien, die sich mit den Auswirkungen von Zeitdruck bei Hochschullehrenden beschäftigten. Die in der Mehrheit als Querschnitt angelegten Untersuchungen wiesen Zusammenhänge mit psychischen und physischen Gesundheitsfolgen nach. Zudem konnten Korrelationen in Bezug auf eine geringere Verbundenheit mit der Organisation (Boyd et al., 2011) und der Intention, den Arbeitsplatz zu wechseln, gefunden werden (Blix et al., 1994). Eine erste Längsschnittstudie zur Wirkung des Zeitdrucks bei Hochschullehrenden wurde von Boyd et al. veröffentlicht. Die Autoren legten ihren Untersuchungen das JD-R Modell zugrunde. Sie werteten die Daten von 296 australischen Hochschullehrenden mithilfe von Strukturgleichungsmodelle aus. Die Ergebnisse zeigen, dass sich Zeitdruck auf das psychologische Belastungsniveau der Akademiker auswirkt. Die Autoren konstatieren aber:

> „A novel finding of this study, however, is the mediated relationship between demands, resources, and strain. This mediated path suggests that perceived high workload and work pressure at Time 1 fuels a sense of injustice and erodes perceptions of autonomy (also at Time 1), leading over time to increased psychological strain." (S. 132)

In der vorliegenden Arbeit wird Zeitdruck ebenfalls als Prädiktor in die Analysemodelle aufgenommen. Neben den inter-individuellen Einflüssen werden auch die Auswirkungen wöchentlicher intra-individueller Veränderungen betrachtet. Dieses bisher im Zusammenhang mit einer Stichprobe von Universitätswissenschaftlern nicht genutzte Untersuchungsdesign soll einen weiteren Aufschluss über die Wirkungen von Zeitdruck auf Burnout und Arbeitsengagement liefern. Eine genaue Beschreibung der im Analysemodell untersuchten Hypothesen zu diesem Prädiktor findet sich in Kapitel 7.2.

4.1.2   Studentische soziale Stressoren

Der Dozent erbringt nach Pohlenz (2008) eine Dienstleistung vor dem Hinter-
grund eines gesellschaftlichen Bildungsauftrages, nämlich dem Lehrangebot und
dem Lehrverhalten gegenüber den Studierenden. Studierende können somit als
Kunden angesehen werden. Die Interaktion zwischen Lehrendem und Studierenden kann aufgrund dieser Parallelität mit der Interaktion zwischen Dienstleister
und Kunde in anderen Branchen verglichen werden. Aus psychologischer Sicht
ist ein besonderes Merkmal der Dienstleistungsarbeit, dass direkte Interaktionen
mit beispielsweise Kunden, Patienten, Schülern oder auch Studenten einen wich-
tigen, wenn nicht den größten Teil der Arbeit ausmachen (Bradley, McColl-
Kennedy, Sparks, Jimmieson & Zapf, 2010). Gleichzeitig tragen Dienstleister die
volle Verantwortung für die Qualität ihrer Arbeit, da Korrekturen im Prozess nur
begrenzt oder nicht möglich sind. Dies ist bedingt durch die Tatsache, dass in
Dienstleistungen die Produktion eines Guts (z. B. Lehre) untrennbar mit dem
Konsum des Guts verbunden ist (Parasuraman, Zeithaml & Berry, 1985) und
wird als „uno-actu-Prinzip" beschrieben (Herder-Dorneich & Kötz, 1972). Dieses Prinzip impliziert zudem, dass Kunden nicht nur Konsumenten, sondern
gleichzeitig auch Produzenten im Dienstleistungsprozess sind. Sie gestalten die
soziale Interaktion mit dem Dienstleister gemeinsam. Das Halten einer Lehrveranstaltung oder der direkte Kontakt mit Studierenden in Beratungs- und Prü-
fungssituationen kann also als Kernbestandteil des Gesamtprozesses Lehre aufgefasst werden, in dem Studierende direkt mit dem Dozenten interagieren bzw.
zusammenarbeiten.

In Bezug auf Dienstleistungsinteraktionen kann zwischen funktionalen und per-
sonalen Kunden (Studenten) unterschieden werden. Voswinkel und Korzekwa
(2005) definieren funktionale Kunden als Kunden, die sich in den Dienstleis-
tungsablauf einfügen und „die von ihnen erwarteten Arbeitsschritte zügig, ohne
Diskussion und persönliches Gespräch vollziehen" (S. 166). Personale Kunden
hingegen sind Kunden, die aufgrund ihrer charakterlichen Eigenschaften in Er-
scheinung treten. Diese Kunden artikulieren soziale, über eine funktionale Be-

handlung hinausgehende Ansprüche. Interaktionen mit diesen Kunden können negative Auswirkungen haben. Querschnittstudien zeigen einen Zusammenhang zwischen emotionaler Erschöpfung und Depersonalisation auf der einen sowie negativem Kundenverhalten (Ben-Zur & Yagil, 2005), Anfeindungen und Beschimpfungen von Kunden (Deery, Iverson & Walsh, 2002) und verbaler Aggressivität der Kunden (Grandey et al., 2004) auf der anderen Seite.

Typologien und Klassifikationen von negativem Kundenverhalten wurden durch verschiedene Autoren aufgestellt (Bitner, Booms & Mohr, 1994; Dormann & Zapf, 2004; Fullerton & Punj, 2004; Harris & Reynolds, 2004; Lovelock, 1994; Lovelock & Wirtz, 2011; Zemke & Anderson, 1990). Einen ausführlichen Überblick zu diesen Ansätzen gibt Dudenhöffer (2011). Dormann und Zapf (2004) fassten in ihrer Veröffentlichung bisherige Konzepte und Forschungsergebnisse zu problematischem Kundenverhalten zusammen. Dabei identifizierten sie eine Reihe an Situationen und Verhaltensweisen, die als potentiell belastend in sozialen Interaktionen mit Kunden gelten. Drei theoretische Konzepte können diesen Situationen und Verhaltensweisen zugrunde gelegt werden: (1) soziale Konflikte, (2) Ungerechtigkeit, unfaire Behandlung und nicht-reziprokes Verhalten sowie (3) antisoziales Verhalten, das in absichtlich und unabsichtlich unterteilt werden kann. Ausgehend von diesen Konzepten entwickeln die Autoren das „costumer-related social stressors" (CSS) Konstrukt, um problematisches Kundenverhalten zu erklären. Sie subsummierten die vier Dimensionen (1) unangemessene Kundenerwartungen, (2) verbale Aggressionen, (3) unsympathische Kunden und (4) uneindeutige Kunden-erwartungen unter diesem psychologischen Belastungskonzept. Unangemessene Kundenerwartungen beschreiben Einstellungen und Verhaltensweisen seitens der Kunden, die unvereinbar mit dem sind, was Dienstleister als angemessen und vertretbar empfinden. Zum Beispiel können Studierende überzogene Forderungen haben, was die Zeit für die persönliche Betreuung von Arbeiten betrifft. Auch das Einfordern einer besonderen Behandlung oder das Umgehen von bestehenden Regeln, beispielsweise bei der Korrektur und Bewertung von Arbeiten, fällt in diese Kategorie. Verbale Aggressionen umfassen direkte Beschimpfungen und Kritik seitens des Kunden. Studierende können Lehrende aufgrund ungerecht empfundener Bewertungen anschreien oder persönlich beschimpfen. Die dritte Kategorie bezieht sich auf die Aversionen des Dienstleisters (Lehrenden) gegenüber unfreundlichen und unhöflichen Kunden (Studenten), die keinen Spaß verstehen. Uneindeutige Kundenerwartungen beschreiben ein unklares und ambivalentes Verhalten des Kunden gegenüber der Dienstleistung. Studierende können in Veranstaltungen widersprüchliche Erwartungen haben. Zum Beispiel wünschen sie sich zu allem ausführliche Erklärungen, beschweren sich aber nach Abschluss der Sitzung, dass zu wenig Zeit für Diskussionen war. Auch die Aufforderung ein Skript für den Unterricht zusammenzufassen, obwohl eigene Mitschriften erstellt werden können, ist ein Beispiel für diese Kategorie.

Die Klassifikation von Dormann und Zapf hat gegenüber den bis dato bestehenden Typologien drei Vorteile. Zum einen sind die kundenbezogenen sozialen Stressoren theoretisch hergeleitet. Zum anderen gibt es, im Gegensatz zu den früheren Ansätzen, empirische Evidenzen für das Konzept. In der Untersuchung von Dormann und Zapf an 591 Mitarbeitern eines Call Centers konnte faktoranalytisch die Struktur der vier Subskalen nachgewiesen werden. Dudenhöffer (2011) analysierte die Faktorenstruktur der CSS anhand der Daten von 20 unabhängigen Studien ($N = 4.199$), die in verschiedenen Dienstleistungsbranchen mit den entsprechenden Kundentypen durchgeführt wurden. Es zeigten sich auch hier die vier, von Dormann und Zapf theoretisch abgeleiteten CSS. Metaanalytische Berechnungen zu den Daten der 20 Studien ergaben, dass alle vier CSS Burnout, psychosomatische Beschwerden und Arbeitszufriedenheit vorhersagten. Weitere Multigroup-Analysen zeigten, dass die Effekte über die verschiedenen Dienstleistungsberufe hinweg stabil waren. In der Untersuchung von Dormann und Zapf erklärten die CSS 14 % (emotionale Erschöpfung) und 23 % (Depersonalisation) der Variation an Burnout. Ein dritter Vorteil ist die Existenz eines validierten Instruments, anhand dessen die vier CSS erhoben werden können.

Zur theoretischen Erklärung, warum CSS belastend sind, wurden neben der Theorie der Ressourcenerhaltung von Hobfoll und Shirom (2000) auch die theoretischen Konzepte zu Ungerechtigkeit, soziale Konflikte und antisoziales Verhalten (Dormann & Zapf, 2004) herangezogen. Die COR-Theorie geht davon aus, dass Menschen dazu neigen die eigenen Ressourcen zu schützen und danach streben, neue zu gewinnen. Stress ist daher eine "Reaktion auf die Umwelt, in der der Verlust von Ressourcen droht, der tatsächliche Verlust von Ressourcen eintritt oder der adäquate Zugewinn von Ressourcen nach einer Ressourcen-investition versagt bleibt" (Hobfoll & Buchwald, 2004, S. 13). Interaktionen mit Kunden bieten nun die Möglichkeit Ressourcen zu gewinnen. Beispiele hierfür sind die Gefühle der sozialen Verbundenheit und Selbstwirksamkeit (Schneider & Bowen, 1985; Wilson, Zeithaml, Bitner & Gremler, 2012) sowie die kundeninitiierte Unterstützung (Zimmermann, Dormann & Dollard, 2011). CSS verhindern, dass Dienstleister positive Erfahrungen in den Interaktionen mit Kunden machen. Ein Ressourcenzuwachs ist damit unmöglich. Darüber hinaus droht die Gefahr des Ressourcenverlustes, wenn zum Beispiel der Selbstwert des Dienstleisters unter dem negativen Verhalten der Kunden leidet. Da die COR-Theorie keine Annahmen macht, welche Mechanismen und Prozesse zum Ressourcenverlust beitragen, bildet sie nur einen generellen Rahmen zur Erklärung der belastenden Wirkung des CSS. Im Gegensatz dazu dienen die Konzepte zu Ungerechtigkeit, soziale Konflikte und antisoziales Verhalten zur Ableitung der Prozesse und Mechanismen, warum CSS negative Folgen für die Gesundheit haben können. So argumentieren Dormann und Zapf (2004), dass zur Erklärung der Wirkungsweise von unangemessenen Kundenerwartungen Theorien zu Fairness (Donovan, Drasgow & Munson, 1998), Gerechtigkeit (Greenberg, 1990) und Reziprozität (Schaufeli, Leiter, Maslach & Jackson, 1996) herangezogen werden können, da in diesem Falle Kunden mehr fordern, als sie bereit sind zu geben. Theorien zu verbaler Aggression durch Kollegen und Vorgesetzte (Baron & Neuman, 1996) sind auf die verbale Aggression von Kunden übertragbar. Negative Effekte durch ambivalente Kundenerwartungen können durch das Konzept der Rollenambiguität (Katz & Kahn, 1978) und der Unsicherheit ein Ziel zu erreichen (Frese & Zapf, 1994) begründet werden. Alle herangezogenen Theorien behandeln mehr oder weniger das Vorhandensein eines Ungleichgewichts, welches als grundlegender Mechanismus für die Entstehung von negativen Konsequenzen durch CSS herangezogen werden kann (Dudenhöffer, 2011).

Was sind nun negative Konsequenzen durch die CSS? Bereits oben wurden im Querschnitt erfasste Auswirkungen auf das Erleben von emotionaler Erschöpfung und Depersonalisation aufgezählt. Diese Konsequenzen können als Langzeitfolgen betrachtet werden. Im Gegensatz dazu erfassten Dudenhöffer und Dormann (2013) kurz- und mittelfristige affektive Reaktionen auf die CSS. Die Autoren führten eine Tagebuchstudie mit 15 Messzeitpunkten (dreimal am Tag, fünf aufeinanderfolgende Tage) durch, die in eine zweiwöchige Längsschnitterhebung eingebettet war. Die Ergebnisse zeigen, dass die CSS den negativen Affekt sowohl kurzfristig, als auch in einem zweiwöchigen Zeitraum beeinflussten. Darüber hinaus konnte ein umgekehrt kausaler Effekt aufgezeigt werden. Der negative Affekt wirkte sich auf die CSS aus, was nach den Autoren in eine psychosoziale Spirale mit Eskalationspotential münden kann. Die mittelfristigen (wöchentlichen) Folgen von studentischen sozialen Stressoren sollen in meiner Arbeit mit einem ähnlichen Studiendesign untersucht werden. Dabei werden die Auswirkungen auf die kurzzeitlichen Schwankungen von Burnout und Arbeitsengagement erforscht. Des Weiteren liegt der Fokus auf einer Stichprobe von Hochschullehrenden. Nur wenige Studien haben Hochschullehrende und die Belastung durch Studierende zum Gegenstand. Der folgende Abschnitt fasst die bisherigen Befunde zu zusammen.

Nach ihrer subjektiven Einschätzung gefragt, empfanden in der Studie von Doyle und Hind (1998) Hochschullehrende die Interaktion mit Studierenden als wenig belastend. Die Autoren nutzten in ihrer Untersuchung den Faculty Stress Index und befragten 528 Akademiker zu der Belastung durch ihre Arbeit an den Hochschulen. Auf Grundlage der Ergebnisse wurde ein Ranking erstellt, in dem das Halten von Veranstaltungen, unzureichend vorbereitete Studierende, Konflikte mit Studierenden, die Lehrbewertung durch Studierende und das Bewerten von

Studierenden zu den am wenigsten belastenden Arbeitsaufgaben zählen. Obwohl diese Studie zu einer positiven subjektiven Einschätzung der Hochschullehrenden kommt, ist die Frage nach einem Zusammenhang zwischen studentischen sozialen Stressoren und dem arbeitsbezogenen Wohlergehen relevant. In anderen Studien erwiesen sich gerade störendes Verhalten von Schülern (Hakanen et al., 2006, S. 497) und undankbare Studierende (Todd-Mancillas & Johnson, 1987) als bedeutende Faktoren für eine schlechte physische und psychische Gesundheit. In der Literaturübersicht von Watts und Robertson zu Burnout bei Hochschullehrenden wird das Fazit gezogen, dass die Interaktion mit Studierenden die Vulnerabilität an Burnout zu erkranken steigert. Neben diesen Befunden ist ein weiterer Grund für die Untersuchung der studentischen sozialen Stressoren, dass sich meine Arbeit auf das Aufgabenfeld der Lehre beschränkt. Gerade in diesem Bereich entsteht ein intensiver Kontakt zu Studierenden, in dem sich problematisches Studierendenverhalten negativ auswirken kann. Schonfeld (1992) zum Beispiel analysierte in einer Längsschnittstudie episodische studentische Stressoren und konnte eine Verbindung zu depressiven Symptomen herstellen. Aus diesem Grund werden in meiner Arbeit explizit studentische soziale Stressoren in den Fokus genommen. Eine ausführliche Ableitung der Hypothesen hierzu findet sich in Kapitel 7.2.

4.1.3 Unvereinbarkeit von Forschung und Lehre

Universitätsmitarbeiter müssen in der Regel sowohl die Rolle des Lehrers als auch die Rolle des Forschers erfüllen. Folgt man der Theorie des menschlichen Kapitals (Becker, 1991, 1993) haben Beschäftigte nur einen begrenzten Pool an Ressourcen in Form von Zeit sowie physischer und psychischer Energie. Aufgrund dessen priorisieren Mitarbeiter diejenigen Bereiche, in die sie Zeit und Energie investieren wollen. Da beide Ressourcen jedoch begrenzt sind, können sie nicht gleichzeitig und gleichwertig in alle Bereiche investiert werden. Konzentriert sich ein Universitätswissenschaftler auf die Forschung, so kann er die verbrauchte Zeit und Energie nicht in die Lehre stecken. Gleiches gilt umgekehrt. Dies entspricht der „Role scarcity"-Hypothese von Edwards und Rothbard (2000). Die Unvereinbarkeit von Lehre und Forschung kann somit als Interrollen-Konflikt definiert werden. Dieser Konflikt spiegelt den Umfang wider, inwiefern die Erfüllung der Aufgaben aus dem Bereich der Forschung gute Leistungen in der Lehre erschweren und umgekehrt.

In der bisher veröffentlichen Literatur wurde die gegenseitige Beeinträchtigung von Forschung und Lehre häufig unter der Fragestellung betrachtet, für welche Arbeitsaufgabe mehr Zeit investiert wird. Die bundesweite Studie von Enders und Teichler (1995) erfragte zum Beispiel die Präferenzen und Aktivitäten in Forschung und Lehre. Die Universitätswissenschaftler, die sowohl der Professorenschaft, als auch dem Mittelbau angehörten, gaben an, dass sie zwar in beiden Bereichen aktiv sind, aber ihre Präferenzen primär in der Forschung liegen. Gefragt nach ihrem Zeitbudget im Hochschuljahr berichteten die Professoren, dass sie etwa ein Drittel der Arbeitszeit für Lehre und ca. 40 % für Forschungsaufgaben verwenden. Angehörige des Mittelbaus schätzen die Zeit, die sie für Forschungsaufgaben aufwenden, deutlich höher ein (im Mittel 59 % des Gesamtbudgets), als die Zeit für Lehre (im Mittel 22 % des Gesamtbudgets). Obwohl die Befragungsteilnehmer angaben, dass sie großen Wert auf die Verbindung von Forschung und Lehre legen, sehen sie das Verhältnis jedoch nicht unproblematisch. Die Richtung des subjektiv vermuteten Konfliktes geht von Seiten der Lehre aus, da die Hochschulmitarbeiter mehrfach berichten, dass ihre Forschungsarbeit durch die Menge an Kursen, die sie geben und die Menge an Studierenden, die betreut werden wollen, beeinträchtigt wird, nicht aber umgekehrt. Gleiches fanden Chalmers und Boyd (1998) in ihrer Follow-Up Studie zu Arbeitsbelastung und Stress an neuseeländischen Universitäten. Ca. 25 % der befragten Akademiker wünschten sich mehr Zeit für Forschungsarbeiten und weniger Lehrbelastung. Vera et al. (2010) sehen ebenfalls ein Ungleichgewicht zwischen Forschung und Lehre, wobei „more importance is attached to the role of researcher, while the importance of teaching task is played town" (S. 584).

Die der Autorin der vorliegenden Arbeit einzig bekannte Studie, die sich mit den gesundheitlichen Folgen dieses Rollenkonfliktes auseinandersetzte, stammt von Taris et al. (2001). Die Verfasser gehen von der Grundannahme aus, dass Universitätswissenschaftler sich in erster Linie als Forscher und erst in zweiter Linie als Lehrende sehen. Es entsteht das Problem, die verschiedenen Lehraufgaben mit aktuellen Forschungsarbeiten unter einen Hut zu bekommen. Da aber die Lehre Vorrang hat, weil Kurse lange im Voraus geplant werden müssen bzw. geplant sind, geht jegliche Flexibilität auf Kosten der für die Forschung zur Verfügung stehenden Zeit. Aus dieser Argumentation schlussfolgern Taris et al., dass insbesondere die Lehraufgaben die Forschung beeinträchtigen. Zusammengefasst mit anderen Ursachen für Zeitdruck zu zeitbedingten Arbeitsbelastungen untersuchten die Autoren Effekte auf emotionale Erschöpfung und andere gesundheitsbeeinträchtigende Folgen und fanden positive Zusammenhänge. Je mehr die 131 Universitätswissenschaftler angaben, dass die Lehraufgaben überhandnahmen und keinen Raum für die Erfüllung von Forschungsaufgaben ließen, und je mehr Zeitdruck sie insgesamt empfanden, desto mehr fühlten sich die Hochschulwissenschaftler emotional erschöpft, desto mehr beklagten sie sich über psychosomatische Probleme und berichteten eine geringere mentale Gesundheit.

In meiner Arbeit soll in Bezug auf die Unvereinbarkeit von Forschung und Lehre eine Forschungslücke geschlossen werden. Es soll untersucht werden, ob ein potentieller Interrollen-Konflikt zwischen Forschung und Lehre, aber auch zwischen *Lehre und Forschung* Auswirkungen auf Burnout und Arbeitsengagement hat. Dass Beeinträchtigungen in beide Richtungen möglich sind, ergibt sich aus dem Arbeitsalltag der Universitätswissenschaftler. Bezugnehmend auf den Lehre-Forschung-Konflikt kann der Argumentation Taris et al. gefolgt werden. Sehen sich die Lehrenden in erster Linie als Forscher, erschweren Lehraufgaben die Forschungstätigkeit. Ein einfaches Beispiel für einen Forschung-Lehre-Konflikt bildet der Besuch von Tagungen während der Vorlesungszeit und dem damit verbundenen Ausfall von Unterricht, der in der einen oder anderen Weise kompensiert werden muss. Eine Ableitung der Hypothesen zu den Folgen der Unvereinbarkeit von Forschung und Lehre findet sich in Kapitel 8.

Zusammengefasst wurden in Kapitel 4.1 drei Arten von Arbeitsbelastungen vorgestellt, die in der vorliegenden Arbeit als Prädiktoren für Burnout und Arbeitsengagement bei Hochschullehrenden untersucht werden. Diese Prädiktoren sind Zeitdruck bei der Erfüllung von Lehraufgaben, belastende Interaktionen mit Studierenden und die Unvereinbarkeit von Lehr- und Forschungsaufgaben. Im Folgenden werden drei Arbeitsressourcen von Hochschullehrenden präsentiert, deren Auswirkungen auf Burnout und Arbeitsengagement ebenfalls untersucht werden soll. Im anschließenden Kapitel 4.3 wird ein Fazit zu beiden Arbeitsmerkmalen gezogen.

4.2   Arbeitsressourcen

Im Hinblick auf meine Fragestellung möchte ich in meiner Arbeit einen Überblick zur Wirkung der den Hochschulwissenschaftlern zur Verfügung stehenden Ressourcen geben. Dabei sollen möglichst viele Ebenen der Klassifikation der vier Ressourcenquellen (Bakker & Demerouti, 2007) bedacht werden. Auf einer der unteren Ebenen finden sich Ressourcen, die aus der Organisation der Aufgabe hervorgehen. In der Lehraufgabe selbst gibt es mehr oder weniger Handlungsspielraum, um auf die Wünsche, Bedürfnisse und Eigenschaften der Studierenden einzugehen. Daher wird in der vorliegenden Arbeit der Einfluss des studierendenorientierten Handlungsspielraumes (Kapitel 4.2.1) untersucht. Für die Betrachtung dieser Ressource spricht auch die Tatsache, dass der Handlungsspielraum, wie auch die im nachfolgenden Abschnitt aufgegriffene soziale Unterstützung, eine klassische Ressource ist, die sehr häufig in Untersuchungen berücksichtigt werden. In der Metaanalyse von Christian et al. (2011) konnten längsschnittliche positive Effekte auf das Arbeitsengagement für beide Ressourcen belegt werden. Ferner konnte auch in Tagebuchstudien die gleiche Wirkung anhand von intra-individuellen Veränderungsanalysen dokumentiert werden. Handlungsspielraum und konzeptionell ähnliche Konstrukte, wie Autonomie und Kontrolle, gelten ebenso als wesentliche Determinanten von Gesundheit und Wohlbefinden (z. B. Jonge & Schaufeli, 1998; van der Doef & Maes, 1999).

Die Rolle von sozialer Unterstützung zur Entstehung von Burnout wurde vielfach betrachtet (Halbesleben & Buckley, 2004). Diese Ressource, die aus zwischenmenschlichen Beziehungen resultiert, lässt sich auf der nächsthöheren Ebene einordnen. Die soziale Unterstützung durch Vorgesetzte, Kollegen und Kunden kann hier als Beispiel genannte werden. Da die Studienteilnehmer auch aus der Gruppe der Professoren rekrutiert werden sollten und diese formal keine Vorgesetzte haben, konnte nicht nach dieser Form der Unterstützung gefragt werden. Auch die Definition von Kollegen ist im Fall von Hochschullehrenden weitläufig und nicht klar zu fassen. Professoren zum Beispiel haben nicht in jedem Fall Kollegen, sprich andere Professoren im gleichen Institut bzw. in der gleichen Einrichtung. Eine engere Zusammenarbeit findet meist mit Mitarbeitern, also formal unterstellten Doktoranden oder Postdoktoranden statt. Inwiefern diese als Kollegen angesehen werden, ist unklar und sicherlich von individuell verschieden. Doktoranden wiederum können in Teams arbeiten, deren Mitglieder Postdoktoranden, Juniorprofessoren oder Professoren sind. Letztere können gleichzeitig auch formal Vorgesetzte sein, so dass auch hier die Grenze zwischen Vorgesetzten, Kollegen und Mitarbeitern verschwimmt. Um das Problem einer unklaren Definition von Kollegen in der Gruppe der Hochschullehrenden zu umgehen, wurde auf eine andere Quelle der Unterstützung, nämlich die der Studierenden zurückgegriffen (siehe Kapitel 4.2.2).

Die oberste Ebene in der Klassifikation von Ressourcenquellen bildet die Organisation als Ganzes. In meiner Arbeit wird die wahrgenommene Unterstützung der Universität in Bezug auf die Hochschullehre betrachtet (Kapitel 4.2.3). Ein Interesse an dieser Variable besteht, da in einer Befragung des wissenschaftlichen Personals – initiiert vom Bundesministerium für Bildung, Wissenschaft Forschung und Technologie – vor allem Unzufriedenheit mit der Unterstützung und dem Informationsfluss in einer Hochschule bestand, je nachdem, wie intensiv die Einbindung in Entscheidungsfindungsprozesse der Hochschule ausfiel (Enders & Teichler, 1995). Zu ähnlichen Ergebnissen kommt Lübeck (2009). In ihrer Studie gab ein Drittel der Lehrenden an sich in Bezug auf die Lehre von niemandem unterstützt zu fühlen. „Persönliche Supportstrukturen (Kollegen,

Vorgesetze) spielen bei der Wahrnehmung von lehrebezogener Unterstützung eine deutlich größere Rolle als der Fachbereich und die Hochschule. Diese Feststellung wird spätestens dann relevant, wenn es um das Commitment der Lehrenden mit ihren Hochschulen geht" (Lübeck, 2009, S. 137f). Byrne (1991) verzeichnete ebenfalls, dass das Fehlen von administrativer Unterstützung und Anerkennung einer der größten arbeitsbezogenen Stressoren bei Hochschulmitarbeitern ist. Gleichzeitig schlussfolgern auch Bakker, Hakanen et al. (2007) aus den Ergebnissen ihrer Studie zu Lehrern: „Particularly supervisor support, innovativeness, appreciation, and organizational climate were important job resources for teachers that helped them cope with demanding interactions with students" (S. 274). Zudem fanden Rothmann und Jordaan (2006) positive Zusammenhänge zwischen organisationaler Unterstützung und Arbeitsengagement und sehen diese als einen starken Prädiktor für das positive Wohlbefinden an.

In den folgenden Kapiteln werden die in meiner Arbeit betrachteten Ressourcen ausführlicher beschrieben und bisherige Befunde aus Studien mit Hochschullehrenden vorgestellt.

4.2.1   Studierendenorientierter Handlungsspielraum

In der vorliegenden Arbeit ist das Konzept des studierendenorientierten Handlungsspielraumes eine Adaption des Konstruktes „kundenorientierter Handlungsspielraum", welches Dormann, Spethmann, Weser und Zapf (2003) entwickelten. Sie beschreiben den kundenorientierten Handlungsspielraum als Möglichkeit, im Sinne des Kunden zu entscheiden. Die bis dahin existierenden Konzepte und Messinstrumente des Handlungsspielraumes waren nicht sehr explizit, wenn es um eine Kundenorientierung ging. Nach Dormann et al. konnten Desjardins und Zapf (2003) zeigen, „dass eine kundenorientierte Prozessgestaltung i. S. erweiterter kundenorientierter Handlungsspielräume tatsächlich zu einer erhöhten Kundenzufriedenheit bzw. zu wahrgenommener Dienstleitungsqualität führt" (S. 197). Die Autoren konstatieren weiter, dass „in dem Konzept kundenorientierter Handlungsspielräume der Gegensatz von Einflussmöglichkeiten der Kunden und

Dienstleister überwunden [wird]" (S. 197f). Auch im Rahmen der Hochschule kann das Konzept „Kunde" auf Studierende übertragen werden, wenn man der Ausführung Pohlenz (2008) folgt. Er geht, wie bereits in Abschnitt 4.1.2 beschrieben, davon aus, dass das Lehrangebot und das Lehrverhalten des Dozenten eine Dienstleistung ist, die der Dozent gegenüber dem Kunden, also den Studierenden erbringt. Der Handlungsspielraum ermöglicht es demnach den Hochschullehrenden auf die Bedürfnisse der Studierenden einzugehen.

In der Studie von Dormann et al. (2003) erwies sich der kundenorientierte Handlungsspielraum als wichtige Ursache für die Mitarbeiterzufriedenheit. Darüber hinaus ergab sich, dass diese spezifische Form des Handlungsspielraumes eine zentrale Funktion hat, wenn es um die simultane Berücksichtigung von Mitarbeiter- und Kundeninteressen geht. Denn nicht immer müssen sich die Entscheidungsmöglichkeiten des Dienstleisters zu Gunsten des Kunden auswirken. Im Sinne der Hochschullehrenden sollte eine Ausrichtung der eigenen Lehre an den Wünschen, Bedürfnissen und Eigenschaften der Studierenden zu mehr Zufriedenheit bei den Studierenden führen. Der im JD-R Modell postulierte, motivationale Prozess (Arbeitsressourcen → Arbeitsengagement → positives Arbeitsergebnis) erklärt diesen Zusammenhang mittels des Moderators „Arbeitsengagement". Demnach sollten Lehrende, die einen größeren studierendenorientierten Handlungsspielraum wahrnehmen, mehr Arbeitsengagement empfinden. Dieser Gedanke wird vor allem in Studie 1 (Kapitel 7) aufgegriffen.

In der Forschungslandschaft lassen sich einige wenige Studien finden, die sich mit dem Handlungsspielraum in der Hochschule und dessen Auswirkungen auf das arbeitsbezogene Wohlbefinden von Hochschullehrenden beschäftigten. Alzyoud et al. (2014) führten eine Querschnittsbefragung unter 532 Hochschulmitarbeitern (Professoren, Akademische Räte, Juniorprofessoren und Wissenschaftliche Mitarbeiter) durch. Die Ergebnisse zeigen einen positiven Effekt des verfügbaren Handlungsspielraumes auf das Arbeitsengagement. Zu den Auswirkungen des Handlungsspielraumes auf Burnout bei Hochschul-lehrenden können die Befunde dreier Studien herangezogen werden, die in den vorangegangenen Kapiteln bereits beschrieben wurden. In der Untersuchung von Taris et al. (2001) war der Handlungsspielraum ein negativer Prädiktor für emotionale Erschöpfung und Depersonalisation. In einer Studie, die sich mit der Interaktion von Ressourcen und Belastungen beschäftigte, wurden Wechsel-wirkungen zwischen dem Handlungsspielraum und Arbeitsüberlast, physische Belastungen wie zum Beispiel fehlende technische Unterstützung sowie die gegenseitige Beeinträchtigung von Arbeits- und Privatleben gefunden (Bakker, Demerouti & Euwema, 2005). In diesen Fällen resultierten die hohen Arbeitsbelastungen der Hochschulmitarbeiter nicht in einem hohen Ausmaß an Burnout, da diesen ein großer Handlungsspielraum zur Verfügung stand. Die Wirkung des Handlungsspielraumes könnte sich darin geäußert haben, dass die Akademiker einen gewissen Spielraum hatten, um zu entscheiden wann und wie mit den Belastungen umgegangen wird. Die dritte Studie, die die Wirkung von Handlungsspielraum im Sinne des JD-R Modells untersuchte, wurde von Boyd et al. (2011) veröffentlicht. Das Studiendesign war als Längsschnitt über einen Zeitraum von drei Jahren angelegt. Die Autoren belegten einen positiven Effekt des Handlungsspielraumes auf die organisationale Verbundenheit und einen negativen Einfluss auf die psychische Belastung.

Insgesamt haben die aufgeführten Studien sowohl die Arbeit der Universitätsmitarbeiter (Forschung, Lehre und administrative Aufgaben), als auch den Handlungsspielraum im Allgemeinen betrachtet. Die vorliegende Forschungsarbeit beschränkt sich jedoch auf die Lehre als einen ausgewählten Arbeitsbereich von Universitätswissenschaftler. Daher soll die Wirkung des Handlungsspielraumes im Bereich der Lehre untersucht werden. In der Studie von Dormann et al. (2003) konnte gezeigt werden, dass der kundenorientierte Spielraum einen größeren Einfluss auf die Arbeitszufriedenheit hatte, als der allgemeine Handlungsspielraum. Den Autoren nach ist Dienstleistern ein kundenspezifischer Handlungsspielraum wichtiger, als allgemein über Einflussmöglichkeiten auf die Vorgehensweisen bei ihren Tätigkeiten zu verfügen. Um Auswirkungen des Handlungsspielraumes auf Burnout und Arbeitsengagement aufzeigen zu können, wird in der vorliegenden Arbeit daher das Konzept des studierendenorientierten Handlungsspielraumes gegenüber des allgemeinen Spielraumes bevorzugt. Eine Ab-

leitung der Hypothesen hierzu findet sich in Kapitel 7 (Studie 1). In den folgenden Kapiteln sollen die zwei ausgewählten Formen der sozialen Unterstützung
vorgestellt werden.

4.2.2 Soziale Unterstützung durch die Studierenden

Deelstra et al. (2003) geben folgende, zusammenfassende Definition von sozialer
Unterstutzung am Arbeitsplatz[10]. "… social support has generally been concep-
tualized as the particular functions that interpersonal relationships at work can
serve, for example, providing emotional, informational, appraisal, or instrumental support" (S. 324). Viele Forschungsarbeiten fanden einen positiven Zusammenhang zwischen sozialer Unterstützung und Wohlbefinden (Buunk, Jonge,
Ybema & Wolff, 1998). Häufig findet sich dabei eine Unterscheidung zwischen
wahrgenommenen und tatsächlich erhaltenem Support (Stroebe, 2011). Beim
tatsächlich erhaltenen Support geht es um das Ausmaß an Unterstützung, dass
eine Person empfängt (Haber, Cohen, Lucas & Baltes, 2007). Die wahrgenommene Unterstützung umfasst sowohl die Zufriedenheit mit als auch die Verfügbarkeit von unterstützendem Verhalten (Sarason, Sarason & Pierce, 1990). Beide
Dimensionen korrelieren nur mäßig (ρ =0,35; Haber et al.). Zudem ist der wahrgenommene Support konsistent mit positiven Gesundheitsmerkmalen assoziiert
(Holt-Lunstad, Smith & Layton, 2010; Uchino, 2004, 2009; Uchino, Bowen,
Carlisle & Birmingham, 2012), während die Befunde zum Zusammenhang von
Gesundheit und tatsächlich wahrgenommener Unterstützung inkonsistent sind
und sogar gar nicht oder negativ in Beziehung stehen (Bolger & Amarel, 2007;
Uchino, 2009).

Hinsichtlich der Gruppe der Hochschulwissenschaftler gab es mehrere Studien
zur Wirkung von sozialem Support auf Burnout, in denen durchweg negative
Zusammenhänge attestiert wurden (Arias Galicia, 2008; Bakker, Demerouti &

---

[10] Deelstra et al. (2003) verweisen dabei auf House (1983) und einer Vorgängerversion des Buches
von Stroebe (2011).

Euwema, 2005; Chand & Monga, 2006; Otero-López et al., 2008; van Emmerik, 2002). Neben diesem Haupteffekt konnten auch moderierende Einflüsse der sozialen Unterstützung auf Arbeitsbelastungen nachgewiesen werden (Bakker, Demerouti & Euwema, 2005). Die soziale Unterstützung pufferte in dieser Studie die Wirkung der Arbeitsbelastungen der Hochschullehrenden auf die Komponenten von Burnout ab. Erklärt wird dies durch den Mechanismus, dass durch soziale Unterstützung sowohl instrumentelle Hilfe als auch emotionale Unterstützung bereitgehalten werden.

In all diesen Arbeiten wurde entweder die Unterstützung durch die Organisation, in der die betroffene Person arbeitet oder die Unterstützung durch Vorgesetzte, Arbeitskollegen oder Mitarbeiter in den Fokus genommen. Converso et al. (2015) konnten in ihrer Studie hingegen einen Zusammenhang zwischen der fehlenden Unterstützung von Patienten und Burnout nachweisen. Die Autoren erachten ihren Schwerpunkt auf die soziale Unterstützung durch Dienstleistungsempfänger als eine Neuheit in dem weiten Rahmen aller Studien, die sich mit sozialer Unterstützung beschäftigen. Zudem betonen sie, dass der Support durch Patienten bzw. Kunden eine Motivation und wirksame Ressource sein kann, wenn Beschäftigte mit Kunden zusammenarbeiten. Zimmermann et al. (2011) argumentieren, dass eine positive Beziehung zwischen Kunden und Dienstleistern Belastungen puffern und die Befindlichkeit der Arbeitnehmer verbessern kann. Wie bereits in der Einleitung zu Arbeitsressourcen argumentativ herausgearbeitet, ist es im Zusammenhang mit Hochschullehrenden sinnvoll die Unterstützung durch die Studierenden zu erfassen. Da in meiner Arbeit Studierende als „Kunden" der Dienstleistung „Lehre" aufgefasst werden, könnten die Ergebnisse aus den Studien von Converso et al. (2015) und Zimmermann et al. (2011) auf die Verbindung Dozent-Student übertragen werden. Die sich daraus ableitenden Hypothesen sind in Studie 1 beschrieben. Im Folgenden wird auf eine weitere Form der Unterstützung, nämlich der organisationalen Unterstützung, eingegangen.

4.2.3 Wahrgenommene organisationale Unterstützung

Im Gegensatz zur Interaktion zwischen Hochschulehrenden und Studierenden bezieht sich die wahrgenommene organisationale Unterstützung nicht auf persönliche, zwischenmenschliche Beziehungen. Hier geht es eher um eine generelle Wahrnehmung dessen, ob die *Organisation* für die ein Beschäftigter arbeitet, dessen Arbeit schätzt und sich um sein Wohlbefinden sorgt (Kurtessis et al., 2015). Die wichtigsten Antezedenzien der wahrgenommenen organi-sationalen Unterstützung (WOU) sind Fairness, Maßnahmen seitens der Personalabteilung und Unterstützung durch Vorgesetzte (Rhoades & Eisenberger, 2002). Folgen der WOU beziehen sich meist auf die Einstellung (z. B. eine emotionale Gebundenheit an die Organisation und Arbeitszufriedenheit) und die Arbeitsleistung (Rhoades & Eisenberger, 2002; Riggle, Edmondson & Hansen, 2009). In der Studie von Kurtessis et al. wurden erstmals empirische Metaanalysen zu den Prädiktoren und Folgen von WOU durchgeführt. Die Resultate belegen die Ergebnisse der Literaturreviews von Rhoades und Eisenberger sowie Riggle et al. Daneben berichteten Kurtessis et al. einen negativen Zusammenhang zwischen WOU und Burnout von ρ = -0,46. Beide Konstrukte teilten 37,7 % ihrer Varianz. Zu Arbeitsengagement liegen in diesen Metastudien keine Befunde vor. Jedoch fanden Rothmann und Jordaan (2006) positive Zusammenhänge zwischen organisationaler Unterstützung (definiert als die Summe der Arbeitsmerkmale unterstützende Vorgesetzte, Kommunikation, Information, Rollenklarheit und Partizipation) und Arbeitsengagement. Sie sehen WOU als einen starken Prädiktor für das positive Wohlbefinden an.

Insgesamt zeigen bisherige Studien, dass WOU sich auf Burnout und Arbeitsengagement auswirken kann. Ob dies auch im Rahmen einer Universität, als organisationaler Rahmen der Hochschullehrenden, der Fall ist und in welcher Weise WOU Auswirkungen der Belastungen der Hochschullehrenden mindern kann, wird in Studie 1 und 2 nachgegangen.

4.3 Zusammenfassung und Fazit

Das Aufgabenspektrum von Hochschulwissenschaftlern umfasst Lehre, Forschung und administrative Mitarbeit in der Hochschulverwaltung. Dieses Spektrum birgt Belastungen und Ressourcen zur Bewältigung der Arbeitsaufgaben. Obwohl der Beruf des Hochschullehrenden traditionell als wenig belastend angesehen wurde, änderte sich dies in den letzten Dekaden. Verschiedene Studien zeigen, dass die Belastungen zunahmen und direkt mit Zeit- und Ressourcenbeschränkungen in Verbindung stehen. Belastungen durch Lehraufgaben haben negative Auswirkungen auf die körperliche und psychische Gesundheit. Explizite Studien zu den Ursachen von Burnout und noch mehr in Zusammenhang mit Arbeitsengagement sind im Hochschullehrkontext kaum zu finden. Daher untersucht die vorliegende Arbeit eine Auswahl an *lehrbezogenen* Belastungen. Zeitdruck bei der Erfüllung der Lehraufgaben ist eine dieser Belastungen. Dass sich dieser negativ auf das Wohlbefinden auswirkt, wurde auch im Hochschulkontext nachgewiesen.

Neben diesem quantitativen Arbeitsmerkmal stellen qualitative, insbesondere soziale Aspekte der Arbeit, Belastungen dar. Hierzu zählt die Beziehung der Hochschullehrenden zu den Studierenden, welche als meist belastende soziale Wechselbeziehung in der Tätigkeit von Hochschullehrenden eingeschätzt wird. Durch die Auffassung des Studierenden als Kunde wird ein Übertrag der Ergebnisse aus Studien aus anderen Dienstleitungsbranchen möglich. So können beispielsweise negative Interaktionen mit Kunden zu Burnout führen. Als theoretische Grundlage wird das Konstrukt „costumer-related social stressors" (CSS) von Dormann und Zapf (2004) verwendet, das vier Dimensionen (1) unangemessene Kundenerwartungen, (2) verbale Aggressionen, (3) unsympathische Kunden und (4) uneindeutige Kundenerwartungen beinhaltet. Diese Dimensionen beziehen sich auf das Verhalten von Kunden, lassen sich jedoch kohärent auf Studierende übertragen. Vorteile in der Nutzung dieses Konstruktes liegen in der theoretischen und empirischen Fundierung. Zusätzlich steht ein Instrument zur Erhebung der CSS zur Verfügung. Eine Metaanalyse ergab, dass alle vier CSS-Dimensionen Burnout vorhersagten.

Eine weitere Belastung stellt der Konflikt zwischen den Lehr- und Forschungsaufgaben dar. Der „Role scarcity"-Hypothese von Edwards und Rothbard (2000) folgend, können die Anforderungen an die Lehrendenrolle (Forscherrolle) die Leistung der Forscherrolle (Lehrendenrolle) erschweren. Die Unvereinbarkeit von Lehre und Forschung kann somit als Interrollen-Konflikt definiert werden. In verschiedenen Studien mit Hochschulwissenschaftlern als Probanden wird ein solcher Konflikt angedeutet, wobei häufig berichtet wird, dass die Lehre die Forschungsaufgaben beeinträchtigt. Selten wurde bisher die Auswirkung dieser Konflikte auf das arbeitsbezogene Wohlbefinden untersucht.

Während für eine Vielzahl an Branchen die Wirkung von Arbeitsressourcen auf Burnout und Arbeitsengagement wissenschaftlich nachgewiesen wurde, sind Studien mit akademischen Mitarbeitern an Hochschulen im Allgemeinen rar. In meiner Arbeit werden der studierendenorientierte Handlungsspielraum und die soziale Unterstützung durch Studierende sowie der Universität als Ganzes als Prädiktoren in die Analysemodelle aufgenommen. Diese drei Konstrukte wurden gewählt, da sie aus unterschiedlichen Ressourcenquellen stammen und nach der Klassifizierung von Bakker und Demerouti (2007) fast alle möglichen Ressourcenquellarten bedienen. Dadurch kann ein differenziertes Bild der Wirkung verschiedener Ressourcenursprünge untersucht werden.

Insgesamt zeigen die wenigen Studien im Querschnittdesign, die mit Hochschullehrenden durchgeführt wurden, negative Effekte der Belastungen und positive Effekte der Ressourcen auf das arbeitsbezogene Wohlbefinden. Die Nutzung eines Tagebuch- und Längsschnitt-Designs sowie entsprechend komplexen Auswertungsmethoden in der vorliegenden Arbeit soll daher auch methodisch zum Fortschreiten des aktuellen Forschungsstandes beitragen. Gleichzeitig sollen Forschungsansätze vertieft werden, da gerade im Hinblick auf die Beziehung zu Studierenden und die Unvereinbarkeit von Forschung und Lehre als Arbeitsbelastung nur karge Vorarbeiten zur Verfügung stehen. Um einen Überblick zu den

Fragestellungen meiner Arbeit zu erhalten, werden im folgenden Kapitel die übergeordneten Hypothesen meiner Arbeit zusammengefasst und graphisch aufbereitet. Des Weiteren erläutere ich meine Forschungsziele und was diese zu einem übergeordneten Ziel beitragen

5.   Zielsetzung der Arbeit

Im Allgemeinen soll meine Dissertation einen Beitrag zum Wissen über Arbeitsbedingungen von Hochschullehrenden an deutschen Universitäten und wie sich
diese Belastungen und Ressourcen auf das arbeitsbezogene Wohlbefinden auswirken, leisten. Dabei sollen zwar beide Hauptaufgaben der Universitätswissenschaftler, also Forschung und Lehre, betrachtet werden, jedoch liegt der Fokus
vor allem auf der Lehrtätigkeit. Als erstes Forschungsziel soll die Interaktion mit
den Studierenden in den Fokus gerückt werden (Studie 1 in Kapitel 7). Dabei
werden die Studierenden sowohl als Stressoren als auch Ressourcen aufgefasst.
Um den Blick auf die Arbeitsmerkmale in der Lehre zu erweitern, werden zudem
die Randbedingungen der Lehre, wie der Zeitdruck bei der Vorbereitung von
Lehrveranstaltungen, der studierendenorientierte Handlungsspielraum und die
organisationale Unterstützung bei Lehraufgaben mit in die Betrachtung einbezogen. Um einen umfassenden Überblick zur Wirkung dieser potentiellen Prädiktoren auf das empfundene Ausmaß an Burnout und Arbeitsengagement zu
erhalten und Einschränkungen früherer Querschnittstudien[11] zu überwinden,
werden sowohl intra- als auch inter-individuelle Daten erhoben. Anhand der
Tagebuch-Daten können intra-individuelle Veränderungsanalysen durchgeführt
und damit die Fragen danach beantwortet werden, warum Lehrende in manchen
Wochen mehr oder weniger engagiert sind oder sich erschöpft fühlen. Anhand
der inter-individuellen Daten, die im Längsschnitt erhoben werden, können zeitverzögerte Effekte – mit der Möglichkeit Kausalaussagen zu treffen – untersucht
werden.

---

[11] Methodisch-statistische Beschränkungen von Querschnittsdaten liegen darin, dass bei der kausalen Interpretation von Ergebnissen aus Querschnittsmodellen eine Reihe impliziter Annahmen
gemacht wird, die nicht überprüft werden können. Aufgrund einer fehlenden zeitlichen Reihenfolge kann keine kausale Ordnung zwischen zwei oder mehr Variablen hergestellt werden. Zudem ist der Zeitpunkt der Datenerhebung meist unabhängig von den Hypothesen zur Dynamik
des zu untersuchenden Prozesses (Steinhage und Blossfeld, 1999).

Ein zweites Ziel meiner Arbeit ist es eine bestehende Forschungslücke bezüglich der Unvereinbarkeit der beiden Hauptaufgaben zu schließen. In Studien zu diesem Thema wurde bisher meist nur die Fragestellung behandelt, für welche Arbeitsaufgaben mehr Zeit investiert wird und wo die Prioritäten des wissenschaftlichen Personals liegen. Selten wurde sich mit den gesundheitlichen Folgen dieses Rollenkonfliktes auseinandergesetzt. Wenn eine solche Auseinandersetzung erfolgte, wurde nur die Frage danach gestellt, inwiefern Lehraufgaben die Forschungstätigkeit beeinträchtigen. Offen bleibt jedoch die Frage, in welcher Weise die Forschungsaufgaben die Tätigkeit in der Lehre beeinträchtigen und inwiefern dies Effekte auf Burnout und Arbeitsengagement hat. Diese Forschungsfrage soll in meiner Arbeit beantwortet werden. Dabei soll untersucht werden, ob ein potentieller Interrollen-Konflikt zwischen *Forschung und Lehre*, aber auch *Lehre und Forschung* Auswirkungen auf das arbeitsbezogene Wohlbefinden hat. Um auf nicht-experimentellem Wege Kausalaussagen bezüglich der Wirkung beider Konflikte machen zu können, wurde auch in Studie 2 abermals ein Längsschnittdesign gewählt. Gleichzeitig war auch in diese Erhebung eine Tagebuchstudie eingebettet, um so erneut Beeinflussungen durch Antworttendenzen oder Einflüsse durch personen-bezogene oder Umweltfaktoren auszuschließen.

Ein drittes Ziel meiner Arbeit soll sein, Evidenz für die Gültigkeit des JD-R Modells in der Arbeitstätigkeit der Hochschullehrenden zu liefern. Dabei soll die Annahme eines Gesundheitsbeeinträchtigungs- und eines Motivationsprozesses sowie der interagierenden Wirkung von Arbeitsbelastungen und -ressourcen geprüft werden.

Die Hypothesen der vorliegenden Arbeit werden anhand des genutzten Rahmenmodells abgeleitet. Ausgehend vom aktuellen Forschungstand zu den Ursachen von Burnout und Arbeitsengagement sowie den Beschreibungen der Merkmale der Tätigkeit von Hochschullehrenden werden die Hypothesen mit Inhalten gefüllt. In Abbildung 3 sind die Fragestellungen meiner Arbeit nochmals graphisch aufgearbeitet. Die Nummerierung der Pfade entspricht dabei der Nummerierung der Hypothesen.

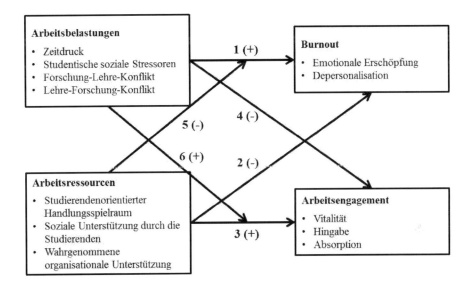

Abbildung 3 Graphische Darstellung der Hypothesen meiner Arbeit

Anmerkungen:
Zahlen stellen die Nummerierung der aufgestellten Hypothesen dar. +/- symbolisieren die Wirkrichtung.

Das JD-R Modell postuliert, dass Arbeitsbelastungen und das Fehlen von Arbeitsressourcen zu Burnout führen. Aus dem Berufsfeld der Hochschulwissenschaftler wurden als Belastungen der Zeitdruck, studentische soziale Stressoren und die Unvereinbarkeit von Lehre und Forschung gewählt. Der studierendenorientierte Handlungsspielraum sowie die soziale Unterstützung durch die Studierenden, aber auch durch die Universität als Ganzes wurden als Ressourcen herausgearbeitet. Daher wird angenommen, dass:

Hypothese 1:

Zeitdruck, studentische soziale Stressoren und die Unvereinbarkeit von Lehre und Forschung verursachen Burnout bei Hochschullehrenden.

Hypothese 2:

> Ein Mangel an studierendenorientiertem Handlungsspielraum und
> sozialer Unterstützung seitens der Studierenden und der Universi-
> tät verursacht Burnout bei Hochschullehrenden.

Aus dem JD-R Modell lassen sich anhand des motivationalen Prozesses folgende
Hypothesen zu den Ursachen des Arbeitsengagements der Hochschullehrenden
ableiten:

Hypothese 3:

> Der studierendenorientierte Handlungsspielraum und die soziale
> Unterstützung durch die Studierenden sowie der Universität för-
> dern das Arbeitsengagement der Hochschullehrenden.

Hypothese 4:

> Zeitdruck, studentische soziale Stressoren und die Unvereinbarkeit
> von Lehre und Forschung mindern das Arbeitsengagement der
> Hochschullehrenden.

Die dritte Grundannahme des Rahmenmodells besteht darin, dass beide Arbeitsmerkmal-Kategorien miteinander interagieren. Auf der einen Seite wird ein Puffer-Effekt der Ressourcen auf die negative Wirkung der Arbeitsbelastungen angenommen. Daher wird in der vorliegenden Arbeit postuliert:

Hypothese 5:

> Je mehr Handlungsspielraum und soziale Ressourcen zur Verfü-
> gung stehen, desto weniger resultieren Arbeitsbelastungen in
> Burnout.

Auf der anderen Seite postuliert das JD-R Modell, dass der positive Einfluss von
Arbeitsressourcen auf das Arbeitsengagement am höchsten ist, wenn die Arbeitsbelastungen hoch sind.

Hypothese 6:

> Je mehr Zeitdruck, studentische soziale Stressoren und Konflikte
> zwischen Forschung und Lehre angegeben werden, desto größer ist
> der positive Effekt der Ressourcen auf das Arbeitsengagement.

Im Folgenden sollen nun kurz die Studiendesigns vorgestellt werden, anhand derer die Hypothesen überprüft werden sollen. Gewählt wurde ein 14-Wochen Längsschnittdesign, welches mit einer fünffachen Tagebucherhebung gekoppelt war. Beide Designs bergen gegenüber den häufig genutzten Querschnittstudien Vorteile, die im nachfolgenden Kapitel dargelegt werden. Zudem sind diese Methoden im Rahmen der Untersuchung der Hochschullehrtätigkeit kaum eingesetzt worden, so dass hiermit zur Erweiterung des Forschungsstandes beigetragen werden kann. Für beide Datensatzarten bedarf es unterschiedlicher statistischer Auswertungen, die im nachfolgenden Kapitel 6 näher beschrieben werden.

6.   Analytische Strategien

In meiner Dissertation schließe ich Forschungslücken zu den Arbeitsbedingungen von Hochschullehrenden und wie sich diese auf das arbeitsbezogene Wohlbefinden auswirken, indem ich Einschränkungen früherer Querschnittstudien überwinde. Hierfür nutze ich zwei ineinander geschachtelte Studiendesigns, die im Vergleich zu den sonst meist üblichen Querschnitt-erhebungen zwei ganz entscheidende methodische Vorteile bergen. Es handelt sich um ein 14-Wochen Längsschnittdesign, dass mit einer fünffachen Tagebucherhebung gekoppelt ist. Auf Basis dieser Daten ist eine klassische inter-individuelle Längsschnittanalyse mit hohem Kausalgehalt möglich. Auf Basis der Tagebuchdaten ist eine intra-individuelle Veränderungsanalyse möglich, die eine Konfundierung der Ergebnisse, z. B. mit Persönlichkeitsmerkmalen und individuellen Umwelteinflüssen, ausschließen kann. Für beide Datensätze bedarf es unterschiedlicher statistischer Auswertungen, die im Folgenden näher beschrieben werden.

6.1   Intra-individuelle Veränderungsanalyse

Die Tagebuchstudie erlaubt es Fluktuationen von Burnout und Arbeitsengagement und die Bedingungen, unter denen diese Veränderungen auftreten, zu erfassen. Auf Basis der Tagebuchdaten werden intra-individuelle Veränderungsanalysen durchgeführt. Hierfür werden Daten jedes Studien-teilnehmers auf zwei Ebenen erhoben: (1) auf Ebene der Person (Level 2-Daten) und (2) auf Ebene der einzelnen Wochen (Level 1-Daten). In dieser Mehrebenenstruktur sind die erhobenen Daten voneinander abhängig (Nezlek, Schröder-Abé & Schütz, 2006). Dieser Datenstruktur gerechte Auswertungsmethoden sind hierarchisch lineare Modelle (HLM; Hox, 2010; Raudenbush & Bryk, 2002; Snijders & Bosker, 2012). Hierbei handelt es sich um Mehrebenen-modellierungen mit Zufallskoeffizienten (engl. multilevel random coefficient modeling; MRCM), bei denen nicht Mittelwerte, sondern Zusammenhänge als abhängige Variable untersucht werden, was besonders gut für die Veränderungsmessungen geeignet ist (Eid,

2003). Modelle der Level 1-Ebene beschreiben *intra*-individuelle Zusammenhänge. Modelle der Level 2-Ebene untersuchen *inter*-individuelle Unterschiede in den Zusammenhängen. Dabei werden die Varianzen und Kovarianzen auf beiden Ebenen gleichzeitig betrachtet. Konzeptuell handelt es sich bei MRCM um eine Reihe geschachtelter Regressionsanalysen, in denen sowohl die Konstanten als auch die Regressionskoeffizienten einer Analyseebene zur abhängigen Variablen auf der zweiten Analyseebene werden können (Nezlek et al., 2006).

Unabhängig von den aufgestellten Hypothesen werden jeweils vier Analyseschritte vorgenommen, die einer „Bottom-up"-Strategie[12] (vgl. Richter & Naumann, 2002, S. 158) folgen: Erstens erfolgt die Berechnung des Nullmodells (totally unconditional model). Dieses Modell bildet lediglich den Mittelwert auf beiden Ebenen ab und gibt Aufschluss über die inter-individuelle Varianz der abhängigen Variable. Damit wird gezeigt, ob die folgenden konditionierten Modelle informativ sind (Nezlek et al., 2006). Der zu betrachtende Kennwert ist die Konstante der Level 2-Regression (γ_{00}; siehe Abbildung 4). Für die Testung, ob sich die Varianzkomponenten signifikant von Null unterscheiden, wird eine χ^2-verteilte Prüfgröße herangezogen. Im zweiten Schritt werden die Haupteffekte der Level 2-Prädiktoren bestimmt (Modell 1). Das bedeutet für die Analysen in meiner Arbeit, dass die in der ersten Erhebung des Längsschnittes erfragten Arbeitsressourcen ins Modell aufgenommen werden. Es handelte sich hierbei um ein „Intercept-as-Outcome"-Modell. Die hier zu betrachtenden Parameter sind die Steigungskoeffizienten der Level 2-Prädiktoren (γ_{0k}; wobei *k* einen Platzhalter für den jeweiligen Level 2-Prädiktor repräsentiert; siehe Abbildung 4). Wie in den nachfolgenden Analyseschritten wird die Signifikanz der Modellparameter durch eine *t*-verteilte Prüfgröße getestet. Im dritten Schritt werden klassische Level 1-Regressionen durchgeführt. Zusätzlich zu den Prädiktoren auf Level 2 werden nun auf Level 1 die wöchentlichen Belastungen aufgenommen (Modell

---

[12] Richter und Naumann (2002) empfehlen mit einfachen Modellen zu beginnen und diese sukzessive zu erweitern, ohne die Informationsgehalt der verfügbaren Daten zu überlasten.

2). Im Fokus stehen die Vorzeichen, die Höhe und die Signifikanz der standardisierten Regressionsgewichte (β_{1l}; wobei l einen Platzhalter für den jeweiligen Level 1-Prädiktor repräsentiert; siehe Abbildung 4). Im vierten und letzten Schritt wird der Interaktionseffekt der Level 1- und Level 2-Prädiktoren betrachtet (Modell 3). Diese sogenannten cross-level-Interaktionen weisen darauf hin, dass die Beziehung zwischen den Level 1-Variablen individuell verschieden sein kann bzw. wird der Effekt der Level 1-Variable durch die Merkmale des Kontextes (hier z. B. die Arbeitsressourcen) moderiert (Ohly, Sonnentag, Niessen & Zapf, 2010). Es handelte sich hierbei um ein „Slope-as-Outcome"-Modell. Betrachtet werden dabei die Parameter-schätzungen von γ_{1k} (siehe Abbildung 4) sowie deren Signifikanz.

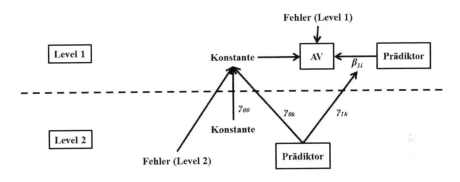

Abbildung 4 Schematische Darstellung der zu schätzenden Parameter in HLM-Modellen (Beschreibung siehe Text)

Für alle hierarchisch-linearen Modelle wird ein Full Maximum Likelihood-Verfahren (MLF) zur Parameterschätzung verwendet, da durch die gleichzeitige Betrachtung der Varianzen und Kovarianzen auf beiden Ebenen die Parameter nicht direkt, sondern nur iterativ ermittelt werden können. Anhand einer Maximum Likelihood Funktion werden diejenigen Werte für die Modellparameter bestimmt, mit denen sich die Daten bestmöglich reproduzieren und sich die Messwerte aller Studienteilnehmer so gut wie möglich vorhersagen lassen. Das

MLF führt zu konsistenten und asymptotisch erwartungstreuen Schätzern sowie unverzerrten Schätzungen der Standardfehler (Hox, 1998).

Um die Hypothese zu testen, dass komplexere Modelle in ihrer Passung weniger komplexen Modellen überlegen sind, wird ein Likelihood-Quotienten-Differenz-Test durchgeführt. Hierfür wird ein *-2xlog (lh)*-Wert für jedes Modell berechnet und vom Wert des Vorgängermodells abgezogen (Δ *-2xlog (lh)*). Diese Differenz ist eine χ^2-verteilte Prüfgröße. Die Anzahl der Freiheitsgrade entspricht der Anzahl der Variablen, die zusätzlich ins komplexere Modell aufgenommenen werden (Δ *Df*).

Die Zentrierung in Mehrebenenmodellen ist ebenso relevant, wie die Zentrierung der Interaktionsterme in der hierarchischen Regression (Kreft, Leeuw & Aiken, 1995). In den Analysen meiner Studie werden alle intra-individuellen Prädiktoren am korrespondierenden Personenmittelwert (group or person mean) zentriert. Dadurch wird die Innerpersonenvarianz der unabhängigen Variablen auf Ebene 1 in die Vorhersage mit einbezogen (Hofmann & Gavin, 1998). Dies ermöglicht die Konstante als Schätzung des Personenmittelwerts an Burnout oder Arbeitsengagement in einer bestimmten Woche zu interpretieren, wenn die Arbeitsbelastungen eine durchschnittliche Ausprägung annehmen. Eine Zentrierung am Gesamtmittelwert (grand mean) wird für alle Prädiktoren auf Ebene 2 durchgeführt. Somit entspricht die Regressionskonstante dem Erwartungswert, wenn die Prädiktoren auf Ebene 2 den Gesamtmittelwert der Stichprobe annehmen. Dies erlaubt das Intercept als erwartetes Level an Burnout oder Arbeitsengagement zu interpretieren, wenn die sozialen Ressourcen den Stichprobenmittelwert annehmen (Paccagnella, 2006).

Für Mehrebenenanalysen sind komplexe Stichprobenpläne und somit große Fallzahlen notwendig. Was hierbei „groß" bedeutet wurde von Kreft (1996) als 30/30-Regel beschrieben. Das heißt, dass bei einfachen Zwei-Ebenen-Modellen für 30 Personen 30 Messwiederholungsmessungen vorliegen sollten, um valide Signifikanztestungen durchzuführen. Hox (1998) empfiehlt $N = 50$ Studienteilnehmer als Mindestanforderung auf Ebene 2, wenn Interaktionen und Varianzanteile analysiert werden. 2010 ergänzt er, dass fünf Messwiederholungen pro Person zweckdienlich sind. Generell gilt jedoch „for accuracy and high power of large number of groups appears more important than a large number of individuals per group" (Hox, 2010, S. 174).

Bezugnehmend auf James (1982) ist eine Mehrebenenanalyse nur dann sinnvoll, wenn ein Minimum von 12 % der Varianz eines wöchentlich gemessenen Items durch intra-individuelle Variationen erklärt wird. Daher wird vor der Testung der Hypothesen der Anteil der inter-individuellen Varianz der Tagebuchdaten betrachtet. Der Anteil der inter-individuellen Varianz an der Gesamtvarianz wird durch den Interklassenkorrelationskoeffizient (engl. Interclass correlation coefficient; ICC_2) repräsentiert. Dieser errechnet sich als Quotient des Level 2- Residuums und der Summe des Level 1- und Level 2- Residuums. Er wird mit den Berechnungen des Nullmodells ausgegeben. Der Anteil der intra-individuellen Varianz (ICC_1) an der Gesamtvarianz ergibt sich aus 1-ICC_2 (= 1- Varainz zwischen den Personen/Gesamtvarianz).

6.2   Inter-individuelle Längsschnittanalyse

Auf Basis der Längsschnittdaten werden klassische *inter*-individuelle Längsschnittanalysen mittels *hierarchischer Regressionen* durchgeführt. Die hierarchische Regression ist eine Strategie zur Anwendung der multiplen Regression[13]. Die Prädiktoren werden stufenweise einzeln oder in Blöcken in einer vorher festgelegten Reihenfolge in die Analyse eingeführt. Dies erlaubte die gezielte Prüfung von Hypothesen über die Art der Zusammenhänge zwischen den Prädiktoren und den abhängigen Variablen. Auf jeder Stufe wird ermittelt, welchen

---

[13] Galton (1889) folgend spricht man von einer Regression, wenn die Werte einer (abhängigen) Variablen (Y) auf die Werte anderer (unabhängiger) Variablen (X_1, X_2, ..., X_k) zurückgeführt werden. Es ist also die Beziehung zwischen den gemessenen Größen von Interesse. Es wird versucht einen funktionalen Zusammenhang φ zwischen Y und den restlichen Variablen herzustellen: $Y = \varphi(X_1, ..., X_k)$. Für k > 2 spricht man von einer multipler Regression. Hierbei soll die Frage geklärt werden, wie der simultane Einfluss mehrerer Variablen X_1, ..., X_k auf eine gegebene „abhängige" Variable Y beschrieben werden kann.

zusätzlichen Varianzteil (Änderungen in R^2; ΔR^2) die neu eingeführten Prädiktoren erklären und ob dieser sich überzufällig von 0 unterscheidet (Änderungen in F; ΔF) (Cohen, Cohen, West & Aiken, 2003). In meinen Studien wird somit untersucht, ob Lehrende, die zum Zeitpunkt t1 ein hohes oder niedriges Maß an Arbeitsbelastungen und -ressourcen berichteten, mehr oder weniger Arbeitsengagement und Burnout zu t2 zeigen. Dabei werden die Prädiktoren nach ihrer kausalen Priorität eingeführt. Zuerst erfolgt die statistische Kontrolle von Alter und Geschlecht sowie der Ausprägung des Arbeitsengagements bzw. Burnouts zu t1. Vor allem die letztgenannte Variable kann als ein kausal grundlegender Prädiktor für Arbeitsengagement bzw. Burnout zu t2 angesehen werden (Dormann & Zapf, 2002, S. 53). In bisherigen Studien hingen Alter und Geschlecht[14] gering bis moderat mit den unabhängigen Variablen zusammen (Brewer & Shapard, 2004; Purvanova & Muros, 2010; Schaufeli, Bakker & Salanova, 2006). Ihr Einfluss wird vor den eigentlich inhaltlich interessierenden Variablen auspartialisiert, um zu ermitteln, welchen Netto-Effekt die Arbeitsbelastungen und -ressourcen über die Kontrollvariablen (KV) hinaus haben. Dadurch werden Fehlinterpretationen durch sog. Scheinkorrelationen (spurious correlations) vermieden (Cohen et al., 2003). Im zweiten Schritt werden die Haupteffekte der unabhängigen Variablen untersucht. Hierfür werden die jeweilig interessierenden Arbeitsbelastungen und -ressourcen in das Modell aufgenommen. Um den „Puffer-Effekt" also die moderierende Rolle der Ressourcen zu untersuchen, werden im dritten und letzten Schritt die Interaktionen der im zweiten Schritt integrierten Variablen aufgenommen. Die Interaktionsterme werden wie folgt gebildet: (1) Zentrierung der Variablen am Mittelwert der Stichprobe[15,16] (vgl.

---

[14] Die Variable „Geschlecht" ging als binäre Variable (Dummy) mit den Ausprägungen 1 = männlich und 0 = weiblich in die Analysen ein.

[15] Eine Zentrierung ist notwendig, um eine Kollinearität des Produktterms mit den Variablen des Produktterms zu vermeiden. Da der Produktterm eine Funktion der ihn bildenden Variablen ist, sind in jedem Fall diese Prädiktoren mit dem Produktterm korreliert. Kollinearität ist im Rahmen der multiplen Regression problematisch, da dann die β-Gewichte nur ungenau geschätzt werden (Aiken & West, 1991).

[16] Da es sich bei der Zentrierung um eine lineare Transformation handelt, spielt es keine Rolle, ob die Prädiktoren, die den Interaktionsterm bilden zentriert oder nicht zentriert in die Regressionsanalyse eingehen (Bühner & Ziegler, 2010, S. 698).

Aiken & West, 1991); (2) Multiplikation der zentrierten Variablen. Es wird demnach untersucht, inwiefern nach Kontrolle der Haupteffekte die Interaktion zwischen den ausgewählten Arbeitsbelastungen und -ressourcen einen eigenen Varianzanteil am Kriterium aufklärt. Die vorhergesagten Interaktionseffekte werden in der ersten und zweiten Studie in einer Serie von 30 hierarchischen Regressionen (5 AV x 2 Arbeitsanforderungen x 3 Arbeitsressourcen) getestet.

Um eine multiple Regression und die in ihr enthaltenen Signifikanztests rechnen zu können, sind bestimmte Voraussetzungen zu beachten. Dies sind (1) lineare Zusammenhänge zwischen den Variablen und die damit verbundene Kontrolle von Ausreißern, (2) Homoskedastizität, (3) eine Normalverteilung der Fehlerterme, (4) Ausschluss von Autokorrelationen der Fehlerterme und (5) die Vermeidung von Multikollinearität.

Die Linearität der Zusammenhänge zwischen allen Modellvariablen ist eine klassische Definition der Einflussbeziehungen in Regressionsmodellen (Urban & Mayerl, 2011, S. 37). Sie kann anhand von Streudiagrammen zwischen den Prädiktoren sowie den Prädiktoren und dem Kriterium geprüft werden. Gleichzeitig ermöglicht diese Methode die Kontrolle, dass keine Ausreißer die Korrelationen einseitig verzerren (Bühner & Ziegler, 2010; Urban & Mayerl, 2011). Bei Ausreißerwerten handelt es sich um Messwerte, die numerisch deutlich von den anderen Stichprobenwerten abweichen. Dabei wird „deutlich" meist dadurch definiert, dass der beobachtete Messwert mehr als drei Standardabweichungen vom Mittelwert entfernt liegt (Bühner & Ziegler, 2010). Ausreißer gefährden vor allem die Voraussetzung einer multivariaten Normalverteilung der modellinhärenten Variablen. Diese ist wiederum ein Prüfkriterium für Homoskedastizität. Unter Homoskedastizität versteht man die Annahme, dass die Varianzen der Fehlerterme für verschiedene Beobachtungen gleich sind. Liegt keine Homoskedastizität vor, führt dies zu inkorrekten Messungen des Standardfehlers und damit zu Fehlschätzungen des Konfidenzintervall der Regressionskoeffizienten, was wiederum den Hypothesentest verfälschen könnte. Kann eine multivariaten Normalverteilung der Modellvariablen nachgewiesen werden, so liegt ebenfalls

Homoskedastizität vor (Bühner & Ziegler, 2010). Ist der Stichprobenumfang im Verhältnis zur Anzahl der Variablen jedoch genügend groß ($n > 40$ bei $k < 10$), ist diese inferenzstatistische Absicherung nur bedingt notwendig (Bortz, 2005).

Die dritte und vierte Voraussetzung bezieht sich auf die Fehlerterme (Residuen) einer Regressionsanalyse. Residuen stellen den Vorhersagefehler, d. h. die Differenz zwischen dem beobachteten Wert und dem aufgrund der Regressionsgleichung vorhergesagten Wert dar (Bortz & Schuster, 2010). Von einer Normalverteilung der Fehlerterme kann ausgegangen werden, wenn der Stichprobenumfang der Residuen $n_{re} > 30$ ist (Zentrales Grenzsatz-Theorem; Bortz & Schuster, 2010). Backhaus (2011) geht ab einem Umfang von $n_{re} > 40$ von einer Robustheit der Regressionsanalyse gegenüber Verletzungen der Fehlernormalverteilung aus. Zudem postuliert Norušis (2006), dass Abweichungen von der Residual-Normalverteilung oft keine gravierenden Auswirkungen auf die Ergebnisse einer Regressionsanalyse haben.

Zur Überprüfung der Voraussetzung, dass die Vorhersagefehler voneinander unabhängig sind, wurde der Durbin-Watson-Test herangezogen (Durbin & Watson, 1950, 1951). Dabei wurde die Hypothese geprüft, dass keine Autokorrelationen vorliegen. Der Koeffizient kann einen Wert im Bereich von Null bis Vier annehmen. Ein Wert von Zwei deutet auf ein Fehlen von Autokorrelationen hin. Werte, die gegen Null tendieren weisen auf einen positiven Zusammenhang zwischen den Fehlern hin. Werte, die gegen Vier tendieren, sprechen für eine negative Korrelation der Fehlerterme. Nach Brosius (2004) sind Werte unter Eins und über Drei sehr bedenklich. Dahingegen sind Werte zwischen 1,5 und 2,5 akzeptabel.

Zuletzt sei noch die Annahme der Multikollinearität genannt. Kann eine unabhängige Variable durch eine lineare Funktion mehrerer Variablen ausgedrückt werden, spricht man von Multikollinearität. Diese wirkt sich auf die Höhe der β-Gewichte und die zugehörigen Signifikanztests aus (Bühner & Ziegler, 2010; Urban & Mayerl, 2011). Starke lineare Abhängigkeiten zwischen den Regressoren erhöhen den Standardfehler, was zu einem großen Konfidenzintervall und einer geringeren Stärke des Hypothesentests führt (Baltes-Götz, 2014). Ob Multikollinearität besteht, kann anhand von zwei Kennwerten überprüft werden: (1) Toleranz und (2) Varianz-Inflations-Faktor (VIF). Beide Kennwerte stellen ein Maß für die lineare Abhängigkeit dar und können als Kenngröße für die Eigenständigkeit eines jeden Prädiktors interpretiert werden (Urban & Mayerl, 2011, S. 233). Nach Bühner und Ziegler werden folgende Werte für VIF und Toleranz als kritisch angesehen: VIF > 10 und Toleranz < 0,10. Urban und Mayerl geben folgende kritische Werte für VIF und Toleranz: VIF > 5 und Toleranz < 0,25.

Die für den Einsatz der Methoden erforderlichen Voraussetzungen wurden für diese Arbeit geprüft. Um die Lesbarkeit der vorliegenden Arbeit zu erhalten sind können diese Ergebnisse bei der Autorin eingesehen werden.

7.   Interaktion mit Studierenden

Universitäten sind nicht länger belastungsarme Arbeitsumgebungen (Tytherleigh et al., 2005; Vera et al., 2010). Hochschulwissenschaftler müssen komplexe Aufgaben in Wissenschaft und Lehre unter zunehmend belastenden Arbeitsbedingungen erfüllen (Houston et al., 2006). Arbeiten unter belastenden und ressourcenarmen Bedingungen kann zu Burnout führen (Alarcon, 2011; Lee & Ashforth, 1996). (Watts & Robertson, 2011). Die in vorangegangenen Studien gefundenen Werte zu Burnout bei Hochschullehrenden sind vergleichbar mit jenen bei pädagogischem und medizinischem Fachpersonal (Maslach et al., 1996). Gleichzeitig zeigen erste Untersuchungsbefunde, dass Hochschullehrende engagiert sind, sich durch ihre Aufgaben herausgefordert, aber auch motiviert fühlen und sich mit ihrer Arbeit identifizieren können (Kinman & Jones, 2003).

In der bisherigen Literatur wurden insbesondere Lehrende an Schulen und hier wiederum vorwiegend die negativen Aspekte der Lehrtätigkeit und deren negativen gesundheitlichen Auswirkungen betrachtet (Hakanen et al., 2006). Seltener waren Burnout und die Arbeitsbedingungen von *Hochschullehrenden* Forschungsgegenstand (Watts & Robertson, 2011). Studien zur positiven Wirkung von Arbeitsmerkmalen und Arbeitsengagement an Universitäten sind bis dato noch seltener Gegenstand wissenschaftlicher Veröffentlichungen gewesen. Die wenigen bekannten Studien nutzen meist Daten, die im Querschnitt erhoben wurden. Dabei wurden Burnout und Arbeitsengagement als chronische, stabile Merkmale behandelt und die Unterschiede zwischen den Personen in den Fokus genommen. Neuere Studien zeigen jedoch, dass Burnout und Arbeitsengagement auch als Zustand aufgefasst werden können, dessen Ausprägungen von Tag zu Tag bzw. von Woche zu Woche schwanken (Bakker & Leiter, 2010; Simbula, 2010; Sonnentag et al., 2010). Nach Bakker, Demerouti und Sanz Vergel (2014) ermöglicht dieser Forschungsansatz eine zusätzlich Einsicht in die Art der Prädiktoren von Burnout und Arbeitsengagement.

Um das Defizit an Tagebuch- und Längsschnittstudien zu beseitigen, wurden in der vorliegenden Arbeit sowohl die kurzzeitlichen Schwankungen von Burnout und Arbeitsengagement, als auch zeitverzögerte Effekte der Arbeitsbedingungen über die Vorlesungszeit hinweg betrachtet. Dadurch werden sowohl intra-individuelle als auch inter-individuelle Veränderungen des arbeitsbezogenen Wohlbefindens und dessen Ursachen untersucht und es können kausale Aussagen zu den involvierten psychologischen Prozessen gemacht werden. Als theoretisches Rahmenmodell wurde das Job Demands-Resources (JD-R) Modell gewählt (Bakker & Demerouti, 2014), da dieses häufig zur Untersuchung der Ursachen von Burnout und Arbeitsengagement herangezogen wurde.

Im Folgenden werden Burnout und Arbeitsengagement definiert und das theoretische Rahmenmodell mit seinen Annahmen zu Ursachen des arbeitsbezogenen Wohlbefindens vorgestellt. Hierbei werden die sich aus dem JD-R Modell ableitbaren Hypothesen zur Wirkung der Arbeitsbedingungen von Hochschullehrenden integriert.

7.1   Definition und Konzeption von Burnout und Arbeitsengagement

Burnout wird in der Regel als ein Syndrom von emotionaler Erschöpfung, Depersonalisation und Gefühlen reduzierter Leistungsfähigkeit definiert (Maslach et al., 1996). *Emotionale Erschöpfung* drückt sich in einer gefühlsmäßigen Überforderung in der Zusammenarbeit mit anderen Menschen aus. Die Betroffenen erleben sich als energielos und als ob sie nichts mehr in und für ihre Arbeit geben könnten. Sie sind hoffnungsarm und hilflos und haben jegliche Unbekümmertheit im Umgang mit Klienten verloren. *Depersonalisation* charakterisiert die Entwicklung einer negativen, gefühllosen und zynischen Haltung gegenüber den Kunden oder Patienten und äußert sich in einem unwilligen, gleichgültigen, erniedrigenden oder aggressiven Verhalten. Als dritte Komponente wird das *Gefühl der reduzierten Leistungsfähigkeit* genannt. Hierunter wird die Tendenz, die eigene Arbeit negativ zu bewerten, verstanden. Betroffene glauben, dass sie ihre Ziele nicht erreichen können, was mit Gefühlen der Unzulänglichkeit und einem niedrigen Selbstwertgefühl einhergeht. Untersuchungen der letzten Dekade zeigen jedoch, dass diese Komponente eine andere, weniger prominente Rolle als die anderen beiden Komponenten spielt (Lee & Ashforth, 1996; Maslach et al., 2001). Aus methodischen und theoretischen Überlegungen heraus scheint ein zweifaktorielles Modell, das ausschließlich emotionale Erschöpfung und Depersonalisation umfasst, angemessener, um verschiedene Untersuchungsergebnisse adäquat zu interpretieren (Kalliath, 2000; Shirom, 2003). Daher sprechen viele Autoren von emotionaler Erschöpfung und Depersonalisation als „Kern" oder „Wesen" des Burnout-Syndroms (Schaufeli & Taris, 2005). Aus diesem Grund werden nur emotionale Erschöpfung und Depersonalisation in meine Studie aufgenommen.

Arbeitsengagement wird meist als „a positive, fulfilling, work-related state of mind that is characterized by vigor, dedication, and absorption" beschrieben (Schaufeli, Salanova et al., 2002 S. 74). *Vitalität* ist charakterisiert durch ein hohes Energieniveau sowie mentale Widerstandsfähigkeit während der Arbeit. Dies äußert sich in der Bereitschaft, Anstrengung in die Arbeit zu investieren und auch bei Schwierigkeiten durchzuhalten. Für die Dimension *Hingabe* sind eine äußerst starke Beteiligung an der Arbeit und das Erleben von Bedeutsamkeit, Begeisterung, Inspiration und Herausforderung kennzeichnend. *Absorption* bezieht sich auf die vollkommene Konzentration auf die Arbeit. Dabei vergeht die Zeit sehr schnell und es entstehen Schwierigkeiten, sich von der Arbeit zu lösen. In diesem Sinne wird Arbeitsengagement auch in meiner Arbeit verwendet.

7.2   Ursachen von Burnout und Arbeitsengagement

Zur Untersuchung der Ursachen von Burnout und Arbeitsengagement wird häufig das JD-R Modell herangezogen (Bakker & Demerouti, 2014). Anhand dieses Modells werden Arbeitsmerkmale, unabhängig von der Arbeitstätigkeit, in die zwei Kategorien Arbeitsbelastungen und Arbeitsressourcen eingeordnet (Bakker & Demerouti, 2014; Demerouti, Bakker, Nachreiner et al., 2001).

Arbeitsbelastungen werden definiert als "those physical, social, or organizational aspects of the job that require sustained physical and psychological (i.e., cognitive or emotional) effort, and are therefore associated with certain physiological and psychological costs" (Demerouti, Bakker, Nachreiner et al., 2001, S. 501). Dabei können Arbeitsbelastungen sowohl quantitativer (Zeitdruck, Belastungen, die mit unerwarteten Aufgaben einhergehen), also auch qualitativer Natur (emotionale Belastungen, Inner- und Inter-Rollenkonflikte) sein (Schaufeli, Bakker & van Rhenen, 2009). In der vorliegenden Studie werden beide Arten betrachtet. Als quantitative Belastung wird der Zeitdruck gewählt. Dieses Arbeitsmerkmal stellt einen bedeutsamen Prädiktor zur Vorhersage von Burnout dar (Alarcon, 2011). Negative gesundheitliche Auswirkungen dieser Belastung wurden auch bei Hochschullehrenden nachgewiesen (Bakker, Demerouti & Euwema, 2005; Boyd et al., 2011; Lackritz, 2004; McClenahan et al., 2007). Als qualitatives Arbeitsmerkmal wird in meiner Studie die Beziehung der Hochschullehrenden zu den Studierenden untersucht, welche als sehr belastende soziale Wechselbeziehung in der Tätigkeit von Hochschullehrenden eingeschätzt wird (Watts & Robertson, 2011).

Im JD-R Modell stoßen Arbeitsbelastungen einen Prozess der Gesundheitsbeeinträchtigung an, in dem Burnout eine zentrale Rolle spielt (Schaufeli & Bakker, 2004). Zur theoretischen Erklärung dieses Prozesses wird das Kontrollmodell zum Belastungsmanagement (Hockey, 1995, 1997) herangezogen. Hockey (1995) beobachtete, dass Menschen Belastungen im Allgemeinen nicht passiv erdulden, sondern versuchen ihre Arbeitsziele auch unter stark beanspruchenden Bedingungen zu erreichen. Dem Modell nach ist eine mögliche Strategie der Zielerreichung die Aufwandssteigerung, bei der kognitive und physische Reserven mobilisiert werden, das Arbeitsziel jedoch unverändert bleibt. Kurzfristig können Arbeitnehmer mit dieser Strategie erstaunlich erfolgreich sein. Auf längere Sicht hin verursacht die Aufwandssteigerung jedoch sowohl psychologische (z. B. Erschöpfung und Irritation; Lee & Ashforth, 1996; Xanthopoulou et al., 2007) als auch physiologische Kosten (z. B. erhöhte Kortisolausschüttung; Hockey, 1997). Für meine Stichprobe der Hochschullehrenden ergeben sich demnach folgende Hypothesen:

H1: Zeitdruck und studentische soziale Stressoren verursachen Burnout bei Hochschullehrenden.

H2: Zeitdruck und studentische soziale Stressoren reduzieren das Arbeitsengagement der Hochschullehrenden.

Arbeitsressourcen werden als körperliche, psychologische, soziale oder organisa tionale Aspekte der Arbeit definiert, die (1) funktionell für das Erreichen von arbeitsbezogenen Zielen sind, die (2) Arbeitsbelastungen und die damit verbundenen körperlichen und psychologischen Kosten minimieren und (3) persönliche Entwicklung und Lernen stimulieren (Demerouti, Bakker, Nachreiner et al., 2001, S. 501). Arbeitsressourcen sind zum einen wichtig, um (belastende) Arbeitsaufgaben bewältigen zu können (Punkt 2). Zum anderen haben sie eigenständige Wirkungen (Punkt 1 und 3). Letzteres wurde zum Beispiel durch die Metaanalyse von Christian et al. (2011) bestätigt, die positive Effekte des Handlungsspielraumes und der sozialen Unterstützung auf das Arbeitsengagement im Längsschnitt nachwies. Auch in Bezug auf Burnout konnte aufgezeigt werden, dass ein Mangel an sozialer Unterstützung und ein zu geringer Handlungsspielraum eigenständige Effekte haben (Halbesleben & Buckley, 2004; Jonge & Schaufeli, 1998; van der Doef & Maes, 1999).

Mit der Wahl der Ressourcen in meiner Studie sollen möglichst viele Ebenen der Klassifikation der vier Ressourcenquellen (Bakker & Demerouti, 2007) abgedeckt werden. Auf der unteren Ebene finden sich Ressourcen, die aus der Organisation der Aufgabe hervorgehen. Da in der Lehraufgabe selbst mehr oder weniger Handlungsspielraum liegt, um auf die Wünsche, Bedürfnisse und Eigenschaften der Studierenden einzugehen, wird der Einfluss des studierendenorientierten Handlungsspielraumes untersucht. Auf der nächst-höheren Ebene lassen sich Ressourcen lokalisieren, die aus zwischen-menschlichen und sozialen Beziehungen resultieren. Die soziale Unterstützung durch Studierende soll daher in meiner Arbeit betrachtet werden. Die oberste Ebene in der Klassifikation von Ressourcenquellen bildet die Organisation als Ganzes. In meiner Arbeit wird die wahrgenommene Unterstützung der Universität in Bezug auf die Hochschullehre betrachtet.

Arbeitsressourcen bedingen einen motivationalen Prozess, in dem Arbeitsengagement eine Schlüsselposition einnimmt (Schaufeli & Bakker, 2004). Zur Erklärung dieses Prozesses werden verschiedene Theorien herangezogen. Die Theorie der Ressourcenerhaltung (Hobfoll, 1989; Hobfoll & Shirom, 2000) geht von einer *direkten* Wirkung der Arbeitsressourcen auf das Engagement und die Motivation aus, da sie Wachstum, Lernen und Entwicklung fördern (Hakanen et al., 2006). Andere Theorien gehen von einer *indirekten* Wirkung aus. Beispielsweise können Ressourcen dazu anregen, dass Ziele gesetzt und erreicht werden (Zielsetzungstheorie; Locke & Latham, 2002), sie erhöhen die Selbstwirksamkeitserwartung des Arbeitsnehmers (Reis & Gable, 2000) und fördern die Bereitschaft sich anzustrengen, um eine Arbeitsaufgabe zu erledigen („Effort-Recovery model"; Meijman & Mulder, 1998). Die Selbstbestimmungstheorie der Motivation (self-determination theory of motivation; Deci & Ryan, 2000) geht davon aus, dass es drei psychologische Grundbedürfnisse und die angeborenen Tendenz, diese zu befriedigen, gibt, um so persönliche Entwicklung und psychisches Wohlbefinden zu erreichen. Arbeitsressourcen erfüllen diese drei Bedürfnisse (Bakker, 2011; Nahrgang et al., 2011), nämlich Autonomie (wahrgenommene Selbstbestimmtheit des eigenen Handelns; DeCharms, 1968), Kompetenz (individuell wahrgenommene Wirksamkeit bei der Ausübung bestimmter Verhaltensweisen; White, 1959) und menschliche Nähe (individuelle Wahrnehmung der sozialen Eingebundenheit; Baumeister & Leary, 1995). Ausgehend vom motivationalen Prozess des JD-R Modells, ergeben sich für die Hochschullehrenden folgende Hypothesen:

> H3: Ein fehlender studierendenorientierter Handlungsspielraum und eine fehlende soziale Unterstützung durch die Studierenden sowie der Universität verursachen Burnout bei Hochschullehrenden.

H4: Der studierendenorientierte Handlungsspielraum und die soziale Unterstützung durch die Studierenden sowie der Universität fördern das Arbeitsengagement der Hochschullehrenden.

Neben eigenständigen Wirkungen haben Belastungen und Ressourcen interagierende Effekte. Das JD-R Modell geht dabei von zwei Interaktionsformen. Die erste Form wird als „Puffer-Effekt" beschrieben (Schaufeli & Bakker, 2004). Hierbei dämpfen Arbeitsressourcen den Einfluss von Arbeitsbelastungen auf das Wohlbefinden und die Gesundheit. Arbeitnehmer, die viele Ressourcen, beispielsweise soziale Unterstützung und Handlungsspielraum haben, können besser auf Arbeitsbelastungen, wie Zeitdruck oder emotionale Belastungen, reagieren und diese bewältigen. In verschiedenen Studien konnte der Puffer-Effekt belegt werden (Bakker, Demerouti & Euwema, 2005; Bakker, Hakanen et al., 2007; Hakanen et al., 2005; Xanthopoulou et al., 2007).

Die zweite Form der Interaktion besteht darin, dass der positive Einfluss von Arbeitsressourcen auf das Arbeitsengagement am höchsten ist, wenn viele Belastungen vorhanden sind (Bakker, Hakanen et al., 2007). Dieser Effekt kann durch die Theorie der Ressourcenerhaltung erklärt werden (Hobfoll, 2002). Der Theorie nach sind Ressourcen besonders dann salient und entwickeln ein motivierendes Potential, wenn sie hohen Arbeitsbelastungen gegenüberstehen. Erst wenn Ressourcen verbraucht werden, wird ein Verhalten zur Ressourcengewinnung initiiert. Bakker, Hakanen et al. (2007) wiesen diesen Effekt in einer Studie an finnischen Lehrern nach. Sie fanden, dass Arbeitsressourcen insbesondere dann das Arbeitsengagement der Lehrenden beeinflussen, wenn diese mit einem häufigen Fehlverhalten ihrer Schüler konfrontiert sind. Hakanen et al. (2005) konnten in einer Untersuchung mit finnischen Zahnärzten zeigen, dass zum Beispiel viele Fachkenntnisse das Arbeitsengagement vor allem dann fördern, wenn die qualitative Arbeitsbelastung als hoch empfunden wurde. In meiner Studie nehme ich daher an, dass

H5: Der studierendenorientierte Handlungsspielraum und die soziale Unterstützung der Studierenden sowie der Universität puffern den Ef-

fekt von Zeitdruck und studentischen sozialen Stressoren auf das Burnout der Hochschullehrenden.

H6: Die Wirkung des studierendenorientierten Handlungsspielraumes
und der sozialen Unterstützung durch die Studierenden sowie der Universität auf das Arbeitsengagement ist dann am stärksten, wenn viel
Zeitdruck und studentische soziale Stressoren vorhanden sind.

7.3 Methode

Überblick

Die Erhebungen fanden im Wintersemester 2010/2011 und im Sommersemester
2011 statt. Eine Woche vor Beginn (t1) und eine Woche nach Ende der Vorlesungszeit (t2) wurde denjenigen Hochschullehrenden, die sich bereiterklärten an
der Studie teilzunehmen, ein Fragebogen zugesandt. Das Intervall dieser Langzeitstudie betrug 14 Wochen. Zwischen den beiden Erhebungszeitpunkten der
Langzeitstudie war eine Tagebuchstudie eingebettet. Die Befragungen dazu fanden in fünf aufeinanderfolgenden Veranstaltungssitzungen eines jeden teilnehmenden Lehrenden statt. Aufgrund von Feiertagen oder anderer Hinderungsgründen entsprachen die fünf Erhebungszeitpunkte der Tagebuchstudie nicht in
jedem Fall fünf aufeinanderfolgenden Wochen.

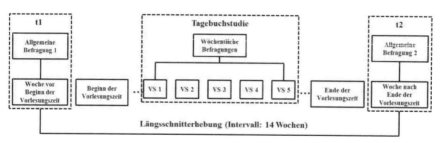

Abbildung 5 Erhebungszeitpunkte der allgemeinen und wöchentlichen Befragungen.
Anmerkung: VS = Veranstaltungssitzung

Stichprobe und Prozedur

Die Studienteilnehmer wurden an der Johannes Gutenberg-Universität Mainz rekrutiert. An der Untersuchung sollten Hochschullehrer teilnehmen, die im laufenden Semester mindestens eine, regelmäßig stattfindende Lehrveranstaltung hielten. Hierzu zählten Professoren, Juniorprofessoren, Akademische Räte, Doktoranden und Post-Doktoranden. Im Wintersemester 2010/11 erklärten sich nach persönlicher Ansprache vier Personen bereit, an der Studie teilzunehmen. Im Sommersemester 2011 wurde eine Liste aller Lehrenden mit mindestens einer Veranstaltung im Semester zusammengestellt. Die Daten wurden durch die campusweite integrierte Studien- und Prüfungsverwaltungssoftware JOGU-StINe bereitgestellt. Im März 2011 wurden 524 Hochschullehrende per Email angeschrieben und gebeten an der Studie teilzunehmen. 67 Personen erklärten sich hierzu bereit. Somit nahmen insgesamt 71 Lehrende an der Studie teil. Dies entsprach einer Teilnehmerquote von 13,4 % (71/528), welche als akzeptabel für eine zeitaufwendige Tagebuch- und Langzeitstudie eingeschätzt wird.

Erste allgemeine Befragung in der ersten Woche vor Beginn der Vorlesungszeit.

Allen Hochschullehrenden, die sich bereit erklärten an der Studie teilzunehmen, wurde eine Woche vor Beginn der Vorlesungszeit (*t1*) ein Fragebogen zugesandt. Dieser enthielt drei Skalen zur Erfassung des allgemeinen Levels an Arbeitsbelastungen (Zeitdruck und studentische soziale Stressoren), drei Skalen zur Erfassung des allgemeinen Levels an Arbeitsressourcen (wahrgenommene organisationale Unterstützung, soziale Unterstützung durch die Studierenden und studierendenorientierter Handlungsspielraum) und zwei Skalen zur Erfassung von Arbeitsengagement und Burnout. 66 Fragebögen wurden ausgefüllt und zurückgesandt (66/71= 93,0 % aller Untersuchungsteilnehmer).

Wöchentliche Befragung (Tagebuchstudie).

Für die Tagebuchstudie wurden die Lehrenden gebeten nach dem Abhalten einer ausgewählten Veranstaltung (fünf Sitzungen insgesamt) einen Fragebogen auszu-

füllen und in einem verschlossenen Umschlag an die Autorin zu senden. Der
Fragebogen umfasste die Erhebung des wöchentlichen Levels an Arbeitsbelastungen (Zeitdruck und studentische soziale Stressoren) und der aktuellen Ausprägung des Arbeitsengagements und Burnouts. Für die erste Erhebungswoche
der Tagebuchstudie betrug der Rücklauf 68 Fragebögen (68/71= 95,7 %). In der
zweiten Woche erreichten die Autorin 70 Fragebögen (70/71 = 98,6 %). In der
dritten Woche waren es 65 (65/71 = 91,5 %), in der vierten Woche 66 Rückläufer
(66/71 = 93,0 %). In der letzten Woche betrug der Rücklauf noch 61 ausgefüllte
Fragebögen (61/71 = 85,9 %).

Zweite allgemeine Befragung in der ersten Woche nach der Vorlesungszeit

Ein zweiter Fragebogen zur Erfassung des allgemeinen Levels an Arbeitsbelastungen sowie an Arbeitsengagement und Burnout wurde eine Woche nach Ende
der Vorlesungszeit versandt (t2). Es antworteten 56 Hochschul-lehrende (56/71=
78,9 % aller Befragungsteilnehmer).

Aufgrund von fehlenden Werten in mindestens einer Variablen wurden zwei
Befragungsteilnehmer aus dem Datensatz ausgeschlossen. Alle nachfolgenden
Analysen basierten daher auf den Daten von 64 Personen bzw. 302 Tagebuchdatensätzen. Die Studienteilnehmer waren zwischen 25 und 64 Jahre alt (M = 42,8;
SD = 8,8). 62,5 % der Personen waren männlich. Die Mehrheit der Studienteilnehmer lehrte in Geistes-, Sozial- und Kulturwissenschaften (84,3 %). Weitere
Disziplinen waren Naturwissenschaft (14,1 %) und Medizin (1,6 %). Die Probanden hatten zum Großteil die Positionen eines Professors inne (23 = 35,9 %).
18 Personen waren Post-Doktoranden (28,1 %), 16 Teilnehmer waren Doktoranden (25,0 %). Die verbleibenden sieben Teilnehmer waren als Juniorprofessoren
tätig (10,9 %).

Die längsschnittlichen Analysen wurden auf Grundlage der Daten von 56 Studienteilnehmern durchgeführt. Diese waren im Durchschnitt 41,6 Jahre alt (*Range* = 25 - 64 Jahre; SD = 8,4). 62,7 % der Probanden waren männlich. Die Vertei-

lung der Positionen im Universitätsbetrieb in dieser Teilstichprobe unterschied sich nicht von der Verteilung in der Gesamtstichprobe.

Messung

Tabelle 4 fasst die Konstrukte des Messmodells, die Anzahl der zur Messung herangezogenen Items, die Literaturquelle des Originalmessinstrumentes und die Werte der internen Konsistenz (Cronbach, 1951) zu Messzeitpunkt t1 und t2 zusammen. Fast alle Skalen wurden im Wortlaut an die Struktur der deutschen Universitäten als Arbeitgeber und die Situation der Hochschullehrer als Arbeitnehmer angepasst. So wurden Begriffe wie „Kunden" oder „Patienten" durch „Studierende", „Arbeit" durch „Lehrtätigkeit" ersetzt. Die Mehrheit der Antworten wurden anhand einer 5er-Skala erfasst, die von 1 (trifft überhaupt nicht zu) bis 5 (trifft völlig zu) reichte. Wurde eine andere Antwortskala verwendet, so wird dies explizit in der Beschreibung erwähnt. Im Folgenden werden die verwendeten Skalen ausführlich und die anpassten Items exemplarisch dargestellt. Die eingesetzten Fragebogen können bei der Autorin eingesehen werden.

In der Tagebuchstudie wurden die wöchentlichen Belastungen der Lehrenden (Zeitdruck, studentische soziale Stressoren) und das wöchentliche Niveau an Arbeitsengagement und Burnout erfasst. Da die Studienteilnehmer fünfmal die gleichen Fragen beantworten mussten, wurde der Empfehlung von Reis und Gable (2000) gefolgt. Die Autoren befürworten, dass wiederholte Einschätzungen insgesamt fünf bis sieben Minuten nicht überschreiten sollten. Aufgrund dieser Einschränkungen sind Skalen mit mehr als fünf Items in der Regel nicht geeignet. Vorzugsweise werden vorhandene Originalskalen gekürzt und so für Tagebuchstudien angepasst; teilweise werden auch nur einzelne Items verwendet (Ohly et al., 2010). Aufgrund der ökonomischen Beschränkungen im wöchentlich genutzten Fragebogen, wurde daher die Messung der Arbeitsbelastungen anhand von Einzelitems vorgenommen. Die Auswahl dieser Items basierte auf der Plausibilität (Augenscheinvalidität), der höchsten Korrelation eines Items mit der Skala oder faktoranalytischen Befunden früherer Studien[17].

Tabelle 4 Erfasste Konstrukte in den allgemeinen Befragungen und Cronbachs α zu t1 und t2

Konstrukt	Itemanzahl	Format[a]	α zu t1	α zu t2	Literaturquelle
Arbeitsbelastungen					
Zeitdruck	5	5er-Skala	0,93	--	Semmer, Zapf & Dunckel, 1999
Studentische soziale Stressoren	16	5er-Skala	0,85	--	Dormann & Zapf, 2004
Arbeitsressourcen					
Studierendenorientierter Handlungsspielraum	5	5er-Skala	0,74	--	Dormann et al., 2003
Soziale Unterstützung durch die Studierenden	3	5er-Skala	0,82	--	Zimmermann et al., 2011
Wahrgenommene organisationale Unterstützung	4	5er-Skala	0,88	--	Eisenberger, Huntington, Hutchison & Sowa, 1986
Psychologisches Wohlbefinden					
Arbeitsengagement					Schaufeli, Bakker & Salanova, 2006
Vitalität	3	7er-Skala	0,75	0,77	
Hingabe	3	7er-Skala	0,83	0,90	
Absorption	3	7er-Skala	0,84	0,86	
Burnout					Maslach et al., 1996
Emotionale Erschöpfung	9	6er Skala	0,93	0,90	
Depersonalisation	5	6er Skala	0,68	0,69	

Anmerkung: [a]Für weitere Informationen siehe Beschreibung der Untersuchungsskalen.

Ebenfalls aus ökonomischen Gründen wurden die Arbeitsressourcen nur zu t1 erhoben. Für Ressourcen wie der sozialen Unterstützung liegen Forschungser-

---

[17]   Die Einordnung der wöchentlich erhobenen Kennwerte in den Rahmen der allgemeinen Erhebungen findet sich im Anhang (Kapitel 10.1)

gebnisse vor, die zeigen dass weniger die reine Verfügbarkeit, sondern die Wahr-
nehmung der Ressourcen einen Effekt auf das Wohlbefinden hat (Cohen, Sherrod
& Clark, 1986; Uchino, 2009; Wethington & Kessler, 1986). Das systematische
Literaturreview und die Studie von Wethington und Kessler zeigte, dass soziale
Unterstützung dann einen konsistenten Effekt als Stresspuffer hat, wenn sie als
Wahrnehmung erhoben wird, dass das eigene Netzwerk bereit ist, zu helfen und
zu unterstützen. Während die wahrgenommene Unterstützung konsistent positiv
mit Gesundheitsmerkmalen assoziiert ist (Holt-Lunstad et al., 2010; Uchino,
2004, 2009; Uchino et al., 2012), sind die Befunde zum Zusammenhang von
Gesundheit und tatsächlich wahrgenommener Unterstützung inkonsistent (Bolger
& Amarel, 2007; Uchino, 2009). Diener und Fujita (1995) gehen davon aus, dass
die Wahrnehmung von Ressourcen zentral ist, wenn Personen sich Ziele setzen
und Wege zu ihrer Umsetzung wählen. Noch weiter geht die experimentelle
Studie von Clarkson, Hirt, Jia und Alexander (2010). Hier hatte die Wahrnehmung eines Ressourcenverlustes einen größeren Einfluss auf ein selbstregulie-
rendes Verhalten, als die eine tatsächlich aktuell stattfindende Einbuße. Aufgrund
dieser Befunde erhebe ich die Zufriedenheit mit und die Wahrnehmung der Verfügbarkeit des studierendenorientierten Hand-lungsspielraumes, der Unterstützung durch Studierende und Universität. Ich gehe davon aus, dass diese Wahrnehmung über den Zeitraum eines Semesters konstant ist. Wöchentliche
Schwankungen sollten keine auftreten. Daher und aus oben erwähnten ökonomischen Gründen wird die Wahrnehmung der nachfolgend beschriebenen Ressourcen nur zum ersten Erhebungszeitpunkt erfasst.

Zeitdruck

Der generelle Zeitdruck wurden anhand von fünf Items aus dem Instrument zur
Stressbezogenen Tätigkeitsanalyse (ISTA; Semmer et al., 1999) erhoben. Die
gewählte und im Wortlaut angepasste Subskala maß, wie oft die Lehrenden im
letzten Semester unter hohem Zeitdruck standen. Zwei Beispiele lauten: "Wie
häufig stehen Sie unter Zeitdruck?" und "Wie oft wird bei Ihrer Arbeit ein hohes
Arbeitstempo verlangt?". Die Antwortskala reichte von 1 (sehr selten/nie) bis 5

(sehr oft (fast ununterbrochen)). Cronbachs α zu t1 betrug 0,93. In der Tagebuchstudie wurde nur eine Frage aus dem Instrument verwendet. Das Item wurde auf
Basis der zu t1 höchsten Korrelation mit der Gesamtskala ausgewählt
(r(Item$_{t1}$/Skala$_{t1}$) = 0,84, p < 0,01). Es erfolgte eine Anpassung des Wortlautes an
die Messung des wochenspezifischen Zeitdrucks bei der Vorbereitung der Lehrveranstaltung: "Ich stand bei der Vorbereitung der heutigen Veranstaltung unter
Zeitdruck".

Studentische soziale Stressoren

Zur Erhebung der studentischen sozialen Stressoren wurde eine im Wortlaut
angepasste Version der Skala zur Erfassung von kundenbezogenen sozialen
Stressoren (KSS; engl. Customer-Related Social Stressor Scale (CSS); Dormann
& Zapf, 2004) genutzt. Das Instrument umfasst vier Skalen: (1) unangemessene
Kundenerwartungen (engl. disproportionate customer expectations), (2) verbal
aggressive Kunden (engl. verbally aggressive customers), (3) unsympathische
Kunden (engl. disliked customers), sowie (4) widersprüchliche Kundenerwartungen (engl. ambiguous customer expectations). Zwei Subskalen bestehen
jeweils aus fünf Items (unangemessene und widersprüchliche Kundenerwartungen). Die beiden anderen Skalen umfassen drei Items. Beispiele sind
"Ich hatte mit Studierenden zu tun, die immer eine besondere Behandlung wollen" (unangemessene Kundenerwartungen), "Ich hatte mit Studierenden zu tun,
die an einem herummeckern" (verbal aggressive Kunden), "Ich hatte mit Studierenden zu tun, die unangenehme Menschen sind" (unsympathische Kunden)
sowie "Ich hatte mit Studierenden zu tun, deren Wünsche oft widersprüchlich
sind" (widersprüchliche Kundenerwartungen). Zur Auswertung wurden alle
Items zu einer Gesamtskala zusammengefasst. Diese hatte eine gute interne Konsistenz (Cronbachs α zu t1 = 0,85; siehe Tabelle 4).

Um das wöchentliche Niveau an studentischen sozialen Stressoren zu messen,
wurden drei Items der angepassten KSS-Skalen genutzt. Die drei Items wurden
der Subskala unangemessene Kundenerwartungen ("Ich hatte in der letzten Wo-

che mit Studierenden zu tun, die eine besondere Behandlung wollten"), unsympathische Kunden ("Ich hatte in der letzten Woche mit Studierenden zu tun, die unangenehme Menschen waren") sowie widersprüchliche Kunden-erwartungen ("Ich hatte in der letzten Woche mit Studierenden zu tun, mit denen es Schwierigkeiten bei der Abstimmung gab") entnommen und verbal so angepasst, dass sie das Stressoren-Niveau der letzten Woche erfassten. Die drei Items wurden zu einem Index zusammengefasst. Cronbachs α erreichte über die fünf Wochen Werte von 0,69 bis 0,82 ($M = 0,77$).

Studierendenorientierter Handlungsspielraum

Dormann et al. (2003) entwickelten eine Skala zur Erhebung des kundenorientierten Handlungsspielraumes. Ein Beispiel lautete: „Bei meiner Lehrtätigkeit habe ich die Möglichkeit, individuell auf die Wünsche der Studierenden eingehen zu können". Cronbachs α zu t1 betrug 0,74.

Soziale Unterstützung durch die Studierenden

Zur Messung der sozialen Unterstützung durch die Studierenden wurden drei Items verwendet. Die Originalskala wurde von Zimmermann et al. (2011) entwickelt, um den Einfluss von Kundenverhalten (soziale Unterstützung durch Kunden) auf den Affekt der Mitarbeiter einer Dienstleistungsbranche zu untersuchen. Da in meiner Studie die Lehre als Dienstleistung und die Lehrenden als Dienstleister betrachtet wurden, wurde die Unterstützung der Studierenden mit einer verbal angepassten Form der Items von Zimmermann et al. erfasst. Ein Beispiel ist „Die Studierenden würdigen meine Bemühungen um ihre Anliegen". Die Interne Konsistenz war sehr gut (Cronbachs α zu t1 = 0,82).

Wahrgenommene organisationale Unterstützung

Die wahrgenommene organisationale Unterstützung wurde mittels vier ausgesuchten Items des Survey of Perceived Organizational Support (SPOS; Eisenberger et al., 1986) beurteilt. Diese vier Items wurden anhand ihrer Faktorladung in der Originalstudie von Eisenberger et al. (S. 502) ausgewählt. Sie sind repräsentativ für die beiden Kategorien „organisationale Fürsorge" und „organisationale Bereitschaft bei Problemen zu helfen". Ein Beispiel lautet: „Die JGU Mainz sorgt sich um mein Wohlbefinden". Die Interne Konsistenz war sehr gut (Cronbachs α zu t1 = 0,88).

Burnout.

In dieser Studie wurde ausschließlich der "Kern" des Burnout-Syndroms, nämlich emotionale Erschöpfung und Depersonalisation (Schaufeli & Taris, 2005), betrachtet. Beide Charakteristika wurden mit der deutschen Version des Maslach-Burnout-Inventars erfasst (MBI; Buessing & Perrar, 1992; Maslach et al., 1996). Anhand von neun Aussagen bewerteten die Befragungsteilnehmer wie häufig Gefühle der emotionalen Erschöpfung in Bezug auf ihre Lehrtätigkeit auftraten. Zur Einschätzung der Depersonalisation wurden fünf Items herangezogen. Beispiele für die zwei Kernsubskalen sind: „Ich fühle mich durch meine Lehrtätigkeit gefühlsmäßig erschöpft" (emotionale Erschöpfung) und „Es ist mir eigentlich egal, was aus manchen Studenten wird" (Depersonalisation). Beide Subskalen wurden auf einer sechsstufigen Antwortskala bewertet. Die Polung reichte von 1 (nie) bis 6 (sehr oft). Die Subskala „emotionale Erschöpfung" hatte eine gute interne Konsistenz (Cronbachs α zu t1 = 0,93; Cronbachs α zu t2 = 0,90; siehe Tabelle 4). Diese entsprachen den Angaben des Testmanuals (Maslach et al., 1996) und den Werten der Metaanalyse von Lee & Ashforth, 1996. Die interne Konsistenz der Subskala „Depersonalisation" war akzeptabel (Cronbachs α zu t1 = 0,68; Cronbachs α zu t2 = 0,69; siehe Tabelle 4). Im Vergleich zu den beschriebenen Werten des Testmanuals und den Werten der Metaanalyse von Lee und Ashforth ist dieser Wert etwas geringer. Schaufeli, Enzmann und Girault (1993) berichten jedoch, dass bisweilen häufiger eine interne Konsistenz unter 0,70 errechnet wurde. Schaufeli und Enzmann (1998) führten dies auf die Tatsache zurück, dass diese Subskala verschiedene Aspekte wie Distanzierung, Feindseligkeit und Ablehnung vereint. So ist die geringe interne Konsistenz nicht nur auf die geringe Anzahl an Items zurückzuführen, sondern könnte auch auf konzeptuelle Probleme hinweisen.

Zur Erhebung der wöchentlichen Levels an emotionaler Erschöpfung und Depersonalisation wurden ebenfalls die Items des Maslach-Burnout-Inventars genutzt. Diese wurden durch den Hinweis eingeleitet, sich bei der Beantwortung auf die letzte Woche zu beziehen, so dass die Skalen die emotionalen Erschöpfung und Depersonalisation in einer spezifischen Woche maßen. Für emotionale Erschöpfung lag Cronbachs α zwischen 0,84 und 0,91 ($M = 0,88$). Für Depersonalisation reichte Cronbachs α von 0,77 zu 0,84 ($M = 0,79$) für die fünf Erhebungszeitpunkte.

Arbeitsengagement

Das Arbeitsengagement der Hochschullehrenden wurde anhand der Kurzversion der Utrecht Work Engagement Skala (UWES-9) gemessen. Die Originalskala wurde von Schaufeli, Bakker und Salanova (2006) entwickelt. Das Instrument umfasst drei Subskalen mit je drei Items, die Vitalität, Hingabe und Absorption erheben. Dabei wurde nach der Häufigkeit der Erlebnisse in den letzten vier Wochen gefragt. Die Antworten konnten auf einer Skala mit sieben Abstufungen gegeben werden. Die Polung reichte von 1 (nie) bis 7 (immer). Beispiele sind: „Beim Lehren fühlte ich mich fit und tatkräftig" (Vitalität), "Ich war stolz auf meine Lehre" (Hingabe) und "Meine Lehrtätigkeit riss mich mit" (Absorption). Zu beiden Erhebungszeitpunkten t1 und t2 hatten die Skalen eine gute interne Konsistenz (Cronbachs α zu t1 = 0,75 bis 0,84; Cronbachs α zu t2 = 0,77 bis 0,90; siehe Tabelle 4).

Die wöchentlichen Befragungen erfassten, wie engagiert sich die Lehrenden in der letzten Woche erlebten. Dabei wurden alle neun Aussagen der zu t1 und t2 eingesetzten Skala in den Fragebogen aufgenommen. Es wurde die gleiche Antwortskala wie zu t1 und t2 genutzt. Für die Subskala Vitalität reichte Cronbachs α von 0,68 bis 0,88 ($M = 0,80$). Für die Subskala Hingabe lag Cronbachs α zwischen 0,69 und 0,90 (M = 0,85). Bei der Kategorie Absorption betrug Crohnbachs α im Minimum 0,81 und maximal 0,87 (M = 0,84).

Analytische Strategie

Die Daten wurden mit verschiedenen Analysemethoden ausgewertet. Eine erste Sichtung erfolgte über die Betrachtung der deskriptiven Statistiken (Mittelwerte und Standardabweichungen) sowie über Korrelationsanalysen sowohl der Kennwerte der allgemeinen Erhebung als auch der Tagebuchdaten. Letztere wurden über die fünf wöchentlichen Erhebungszeitpunkte aggregiert, um die Zusammenhänge der wöchentlich erhobenen Werte mit den Daten der allgemeinen Erhebung vor und nach dem Semester bestimmen zu können. Zur Bestimmung der Korrelationen der Tagebuchdaten wurden die Daten am Personenmittelwert zentriert. Dadurch wurde eine Eliminierung der inter-personellen Varianz erreicht; folglich können gefundene Einflüsse auf intrapersonelle Effekte zurückgeführt werden. Das bedeutet, dass die Frage untersucht werden konnte, ob Personen, in einer Woche mit mehr oder weniger Arbeitsbelastungen mehr oder weniger Arbeitsengagement oder Burnout berichteten, ohne die Unterschiede zwischen den Personen beachten zu müssen.

Die Tagebuchdaten dienten weiterhin einer intra-individuellen Veränderungsanalyse mittels hierarchisch-linearen Modellen (Hox, 2010; Raudenbush & Bryk, 2002; Snijders & Bosker, 2012). Diese ermöglichen die Beantwortung der Frage, ob es in den Erhebungswochen unterschiedliche Zusammenhänge zwischen den Arbeitsbelastungen und -ressourcen auf der einen und Burnout bzw. Arbeitsengagement auf der anderen Seite gab. Hierfür wurden Daten jedes Studienteilnehmers auf zwei Ebenen erhoben: (1) auf Ebene der Person (Level 2-Daten; Erfassung in der allgemeinen Befragung zu t1) und (2) auf Ebene der einzelnen Wochen (Level 1-Daten; Erfassung in der Tagebuchstudie). Alle Individualebene-Prädiktoren wurden am korrespondierenden Personenmittelwert zentriert, da in meiner Analyse die intra-individuellen Veränderungen von Interesse sind und die interpersonelle Varianz eliminiert werden sollte. Dementsprechend können alle Effekte der Individualebene-Prädiktoren als intra-individuelle Effekte interpretiert werden. Eine Zentrierung am Gesamtmittelwert (grand mean) wurde für alle Prädiktoren auf Ebene 2 durchgeführt. Somit entsprach die Regressionskonstante dem Erwartungswert, wenn die Prädiktoren auf Ebene zwei den Gesamtmittelwert der Stichprobe annahmen. Dies erlaubte es zum Beispiel, das Intercept als erwartetes Level an Burnout oder Arbeitsengagement zu interpretieren, wenn die sozialen Ressourcen den Stichprobenmittelwert annehmen (Paccagnella, 2006).

Die erhobenen Kennwerte in der allgemeinen Erhebung zu t1 und t2 gingen in inter-individuelle Längsschnittanalysen ein. Hierfür wurden hierarchische Regressionen berechnet. Dadurch wird die Beantwortung der Frage ermöglicht, ob Lehrende, die vor der Vorlesungszeit mehr oder weniger Belastungen oder Ressourcen erleben, nach der Vorlesungszeit mehr oder weniger Burnout und Arbeitsengagement berichten. Alter und Geschlecht wurden als Kontrollvariablen verwendet. Um eine multiple Regression und die in ihr enthaltenen Signifikanztests rechnen zu können, sind bestimmte Voraussetzungsprüfungen durchzuführen. Dies sind (1) lineare Zusammenhänge zwischen den Variablen und die damit verbundene Kontrolle von Ausreißern, (2) Ausschluss von Autokorrelationen der Fehlerterme und (3) die Vermeidung von Multi-kollinearität. Die Ergebnisse der Voraussetzungsprüfungen können bei der Autorin eingesehen werden.

7.4   Ergebnisse

Deskriptive Daten (Mittelwert und Standardabweichung) und Ergebnisse der Korrelationsanalysen werden in Tabelle 5 zusammengefasst.

Bezugnehmend auf James (1982) ist eine Mehrebenenanalyse nur dann sinnvoll, wenn ein Minimum von 12 % der Varianz eines Tagebuch-Items durch intra-individuelle Variation erklärt wird. Als Kennwert wurde der ICC_1 (intraclass correlatuon coeffizient) herangezogen. Der Anteil der intra-individuellen Varianz an der Gesamtvarianz der Tagebuchdaten reichte 17 % (emotionale Erschöpfung) bis 46 % (studentische soziale Stressoren und Zeitdruck). Somit lagen alle ICC_1-Werte über der kritischen Grenze von 12 %.

Die Korrelationsanalysen gaben erste Hinweise zu den Beziehungen zwischen den Variablen auf Tagebuchebene. Sie bestätigen die Hypothese H1 (Arbeitsbe-lastungen verursachen Burnout), da alle Belastungen signifikant positiv mit den Burnout-Komponenten korrelierten. Die Hypothese H2 (Arbeitsbelastungen reduzieren das Arbeitsengagement) konnte nicht bestätigt werden. Es zeigte sich nur ein signifikanter Zusammenhang zwischen Absorption und den studentischen Stressoren. Hypothese H3 (fehlende Arbeitsressourcen verursachen Burnout) und H4 (Arbeitsressourcen fördern Arbeitsengagement) konnten durch die Korrelati-onsanalysen bestätigt werden.

Um weitere Evidenzen für die postulierten Hypothesen zu finden, wurden für jede der Komponenten von Burnout und Arbeitsengagement hierarchisch lineare Modelle berechnet. Die verwendete Auswertungsstrategie umfasste jeweils vier Analyseschritte: (1) Berechnung des Nullmodells (Modell 0): Modellierung des Mittelwerts der abhängigen Variable (AV) auf beiden Ebenen und Aufschluss über die inter-individuelle Varianz in der AV; (2) Bestimmung des Intercept-as-Outcome-Modells (Modell 1): Berechnung der Haupteffekte der Level 2-Prädiktoren; (3) Modellierung einer klassischen Level 1-Regressionen (Modell 2): Bestimmung der standardisierten Regressionsgewichte und (4) Bestimmung des Slope-as-Outcome (Modell 3): Berechnung von „cross-level"-Interaktionen. Für alle hierarchisch-linearen Modelle wurde ein Full Maximum Likelihood-Verfahren (MLF) zur Parameterschätzung verwendet. Die Schwellenhöhe der maximal zulässige Irrtumswahrscheinlichkeit der Haupteffekt-Testungen war einseitig auf 5 % festgelegt (Signifikanzniveau $\alpha = 0{,}05$). In Bezug auf Modell 3 wurde ein liberales Signifikanzniveau gewählt ($\alpha = 0{,}10$), da bei Einführung eines Interaktionsterms in diese Form des Regressionsansatzes oft die statistische Stärke fehlt (Aiken & West, 1991; Alexander & DeShon, 1994; Stone-Romero & Anderson, 1994). In gleicher Weise wurde in anderen Studien vorgegangen (z. B. Frese, 1999; LaRocco, House & French, 1980; Winnubst, Marcelissen & Kleber,

1982). Zudem wird dieses Vorgehen von Pedhauzer (1982) empfohlen. Andere Autoren (z. B. Weede, 1977) regen sogar an, 1 % zusätzlich aufgeklärte Varianz als Kriterium heranzuziehen. Für die Überprüfung der Hypothese, dass komplexere Modelle in ihrer Passung weniger komplexen Modellen überlegen sind, wurden Likelihood-Quotienten-Differenz-Tests berechnet, deren Signifi-kanz zweiseitig betrachtet wurde.

Tabelle 5 Deskriptive Statistik und Zusammenhangsanalysen der Variablen in Studie 1 [Fortsetzung auf den folgenden zwei Seiten]

Variable	M	SD	1	2	3	4	5	6	7	8	9	10	11	12
1. ZD	3,21	1,46												
2. SSS	1,81	0,86	-,05											
3. AEv	4,33	1,23	-,51**	-,04										
4. AEh	4,23	1,23	-,40**	,07	,69**									
5. AEa	4,48	1,27	-,44**	,00	,86**	,86**								
6. EE	2,42	0,94	,46**	,47**	-,42**	-,23	-,35**							
7. DP	1,59	0,76	,16	,21	-,35**	-,23	-,35**	,58**						
8. SHS (t1)	3,43	0,70	-,29*	-,14	,39**	,26*	,38**	-,42**	-,20					
9. SUS (t1)	3,87	0,70	-,01	-,05	,37**	,34**	,36**	-,09	-,32**	,25*				
10. WOU (t1)	2,85	0,91	-,41**	-,14	,31*	,32*	,35**	-,38**	-,26*	,35**	,11			
11. ZD (t1)	3,54	1,00	,35**	,08	,07	,19	,19	,32*	,08	-,04	,22	-,10		
12. SSS (t1)	1,95	0,51	,10	,64**	-,13	-,02	-,08	,44**	,17	-,29*	-,13	-,20	,18	
13. AEv (t1)	4,54	1,12	-,34**	,14	,72**	,66**	,70**	-,27*	-,26*	,27*	,35**	,33**	,29*	,00
14. AEh (t1)	4,48	1,27	-,27*	,12	,67**	,79**	,73**	-,20	-,26*	,34**	,38**	,29*	,32*	,04
15. AEa (t1)	4,38	1,34	-,37**	,09	,66**	,68**	,72**	-,22	-,25	,37**	,31*	,32*	,30*	-,04
16. EE (t1)	2,50	1,01	,53**	,08	-,34**	-,16	-,29*	,80**	,29*	-,52**	,02	-,41**	,35**	,41**
17. DP (t1)	1,60	0,54	,39**	,31*	-,32*	-,29*	-,32*	,49**	,68**	-,21	-,33**	-,28*	,24	,26*
18. ZD (t2)	3,73	0,83	,61**	,24	-,20	-,13	-,08	,47**	-,02	-,13	,12	-,30*	,69**	,39**
19. SSS (t2)	2,25	0,71	-,10	,68**	,030	,10	,10	,31*	,08	-,08	-,01	,19	,05	,59**
20. AEv (t2)	4,27	1,08	-,35**	-,01	,82**	,80**	,80**	-,39**	-,23	,35**	,27	,34*	,11	,02
21. AEh (t2)	4,35	1,23	-,21	,02	,69**	,82**	,74**	-,17	-,07	,31*	,27*	,29*	,17	,06
22. AEa (t2)	4,34	1,19	-,19	-,04	,67**	,72**	,80**	-,24	-,19	,23	,25	,37**	,13	-,06
23. EE (t2)	2,49	0,98	,38**	,45**	-,38**	-,20	-,30*	,82**	,14	-,44**	,01	-,39**	,36**	,47**
24. DP (t2)	1,57	0,55	,18	,26	-,34*	-,28*	-,42**	,48**	,45**	-,33*	-,30*	-,39**	,06	,34*

Variable	13	14	15	16	17	18	19	20	21	22	23
1. ZD											
2. SSS											
3. AEv											
4. AEh											
5. AEa											
6. EE											
7. DP											
8. SHS (t1)											
9. SUS (t1)											
10. WOU (t1)											
11. ZD (t1)											
12. SSS (t1)											
13. AEv (t1)											
14. AEh (t1)	,84**										
15. AEa (t1)	,78*	,85**									
16. EE (t1)	-,24	-,13	-,12								
17. DP (t1)	-,25*	-,29*	-,25*	,49**							
18. ZD (t2)	,09	,06	,00	,44**	,28*						
19. SSS (t2)	,12	,06	,05	,19	,07	,20					
20. AEv (t2)	,71**	,71**	,66**	-,41**	-,29*	-,11	-,02				
21. AEh (t2)	,59**	,78**	,67**	-,19	-,24	-,03	,02	,84**			
22. AEa (t2)	,60**	,70**	,66**	-,24	-,26	-,06	,01	,79**	,85**		
23. EE (t2)	-,19	-,13	-,15	,75**	,23	,53**	,32*	-,34*	-,19	,22	
24. DP (t2)	-,34*	-,31*	-,30*	,34*	,50**	,14	,13	-,41**	-,39**	-,47**	,45**

Anmerkungen:

Korrelationen unterhalb der Diagonalen stellen Korrelationen auf Ebene der Personen (N = 64) dar. Korrelationen oberhalb der Diagonalen stellen Korrelationen auf Ebene der Tagebuchdaten (N = 302) dar. ZD = Zeitdruck; SSS = studentische soziale Stressoren; AEv = Arbeitsengagement - Vitalität; AEh = Arbeitsengagement - Hingabe; AEa = Arbeitsengagement - Absorption; EE = emotionale Erschöpfung; DE = Depersonalisation; SHS = studierendenorientierter Handlungsspielraum; SUS = soziale Unterstützung durch die Studierenden; WOU = wahrgenommene organisationale Unterstützung

†p < 0,10, *p < 0,05; **p < 0,01 (zweiseitige Testung)

Tabelle 6 Geschätzte Kennwerte der hierarchisch-linearen Modelle zur Vorhersage der wöchentlichen emotionalen Erschöpfung

	Modell 0			Modell 1			Modell 2			Modell 3		
	Koeff.	SE	t	Koeff.	SE	t	Koeff.	SE	t	Koeff.	SE	t
Intercept	2,45	,11	21,48**	2,45	,10	24,61**	2,45	,10	24,52**	2,44	,10	24,54**
SHS^b				-,44	,16	-2,81**	-,44	,16	-2,78**	-,44	,16	-2,79**
SUS^b				,04	,15	,29	,04	,15	,26	,04	,15	,67
WOU^b				-,27	,12	-2,28*	-,27	,12	-2,26*	-,27	,12	-2,26*
ZD^a							,05	,03	1,89*	-,04	,02	1,95*
SSS^a							,14	,04	3,12**	,02	,05	,50
ZD^a x SHS^b										-,11	,05	-2,50**
ZD^a x SUS^b										,03	,04	,67
ZD^a x WOU^b										,04	,03	1,16
SSS^a x SHS^b										-,01	,10	,09
SSS^a x SUS^b										-,04	,08	,47
SSS^a x WOU^b										,04	,06	,72
-2 x log (lh)	503,09			485,52			470,57			453,55		
Δ -2 x log (lh)				17,57**			14,95**			17,02**		
Δ Df				3			2			6		
Level 1 Intercept Varianz (SE)	,16 (,01)			,16 (,01)			,14 (,04)			,13 (,01)		
Level 2 Intercept Varianz (SE)	,80 (,15)			,60 (,11)			,60 (,11)			,61 (,11)		

Anmerkungen:

^{a}Prädiktor auf Ebene 1 (wöchentliche Tagebuchdaten). ^{b}Prädiktor auf Ebene 2 (Personendaten erhoben zu t1). Personendaten ($N = 64$). Tagebuchdaten ($N = 302$). *Koeff.* = Koeffizient: Geschätzter Kennwert im jeweiligen Modell. *SE* = Standardfehler. ZD = Zeitdruck; SSS = studentische soziale Stressoren; SHS = studierendenorientierter Handlungsspielraum; SUS = soziale Unterstützung durch die Studierenden; WOU = wahrgenommene organisationale Unterstützung

†$p < 0,10$, *$p < 0,05$; **$p < 0,01$. Schätzwerte wurden einseitig getestet; bei Modellvergleichen erfolgte eine zweiseitige Testung.

Tabelle 7 Geschätzte Kennwerte der hierarchisch-linearen Modelle zur Vorhersage der wöchentlichen Depersonalisation

	Modell 0 Koeff.	SE	t	Modell 1 Koeff.	SE	t	Modell 2 Koeff.	SE	t	Modell 3 Koeff.	SE	t
Intercept	1,61	,09	17,86**	1,61	,08	19,29**	1,61	,08	19,29**	1,61	,08	19,27**
SHS[b]				-,05	,13	-,40	-,05	,13	-,41	-,06	,13	-,42
SUS[b]				-,29	,12	-2,35*	-,29	,12	-2,35*	-,29	,12	-2,36*
WOU[b]				-,17	,1	-1,68*	-,17	,10	-1,68*	-,17	,10	-1,68*
ZD[a]							,01	,02	,55	,01	,02	,79
SSS[a]							,03	,04	,79	,06	,04	1,61†
ZD[a] x SHS[b]										,01	,04	,30
ZD[a] x SUS[b]										-,08	,04	-1,96*
ZD[a] x WOU[b]										-,03	,03	-1,16
SSS[a] x SHS[b]										,07	,10	,67
SSS[a] x SUS[b]										,06	,09	,71
SSS[a] x WOU[b]										,02	,06	,31
-2 x log (lh)	416,43			405,89			404,91			380,60		
Δ -2 x log (lh)				10,54*			0,99			24,31**		
Δ Df				3			2			6		
Level 1 Intercept Varianz (SE)	,12 (,01)			,12 (,01)			,10 (,32)			,10 (,31)		
Level 2 Intercept Varianz (SE)	,49 (,09)			,42 (,08)			,43 (,65)			,42 (,65)		

Anmerkungen:

[a]Prädiktor auf Ebene 1 (wöchentliche Tagebuchdaten). [b]Prädiktor auf Ebene 2 (Personendaten erhoben zu t1). Personendaten ($N = 64$). Tagebuchdaten ($N = 302$). *Koeff.* = Koeffizient: Geschätzter Kennwert im jeweiligen Modell. *SE* = Standardfehler. ZD = Zeitdruck; SSS = studentische soziale Stressoren; SHS = studierendenorientierter Handlungsspielraum; SUS = soziale Unterstützung durch die Studierenden; WOU = wahrgenommene organisationale Unterstützung

†$p < 0{,}10$, *$p < 0{,}05$; **$p < 0{,}01$. Schätzwerte wurden einseitig getestet; bei Modellvergleichen erfolgte eine zweiseitige Testung.

Die Analyseergebnisse, Modellparameter und -vergleiche der hierarchisch linea-
ren Modelle werden in den Tabellen 6 bis 10 zusammengefasst. Tabelle 6 und
Tabelle 7**Fehler! Verweisquelle konnte nicht gefunden werden.** beinhalten die
Ergebnisse der hierarchische-linearen Modell-analysen zu emotionale Erschöpfung und Depersonalisation. Modell 1 in Tabelle 6 und Tabelle 7 zeigte, dass
Ressourcen einen signifikant negativen Effekt auf Burnout bei Hochschullehrenden hatten (Hypothese 3). In Modell 2 wurden der wöchentlich berichtete Zeitdruck und die wöchentlich erlebten, studentischen Stressoren in die Regressionsanalyse aufgenommen. Der Modellfit dieses Modells verbesserte sich nur bei der
Testung zur emotionalen Erschöpfung. Die Arbeitsbelastungen hatten hier einen
signifikant positiven Einfluss (siehe Modell 2 in Tabelle 6). Im Falle der Depersonalisation waren diese Effekte hingegen statistisch nicht bedeutsam (siehe
Modell 2 in Tabelle 7). Hypothese 1 (Arbeitsbelastungen verursachen Burnout)
kann demzufolge nur im Hinblick auf emotionale Erschöpfung bestätigt werden.
Modell 3 gibt jeweils die Ergebnisse des „Slope as Outcome"-Modells an. Insgesamt wurden zwölf Interaktionsterme gebildet. Ausgehend von einem liberalen
Signifikanzniveau von $\alpha = 0{,}10$ würden als Zufallsbefund 1,2 Interaktionen bedeutsame Effekte aufweisen. In meiner Studie konnten zwei Interaktionseffekte
nachgewiesen werden, die auf dem Niveau $\alpha = 0{,}05$ bzw. $\alpha = 0{,}01$ signifikant
waren. Im Vergleich zum Zufallsbefund (1,2 Interaktionen) liegt dieses Ergebnis
über dem Schnitt. Zudem verbesserte sich der jeweilige Modellfit. Signifikante
Interaktionen fanden sich für Zeitdruck und studierendenorientierter Handlungsspielraum (emotionale Erschöpfung; *Koeffizient* = -0,11; *SE* = 0,05; *t* = -2,50; *p* <
0,01) und für Zeitdruck und soziale Unterstützung durch die Studierenden (Depersonalisation; *Koeffizient* = -0,08; *SE* = 0,04; *t* = -1,96; *p* < 0,05). Die graphische Darstellung findet sich in Abbildung 6. In beiden Fällen zeigen die Graphi-
ken, dass Personen mit viel Zeitdruck bei gleichzeitig vielen Ressourcen weniger
Burnout berichten. Dahingegen erlebten Dozierende mit wenig sozialen Arbeitsressourcen mehr Burnout, wenn die wöchentliche Arbeitsauslastung hoch war.
Hypothese 5 (Arbeitsressourcen puffern den Effekt der Arbeitsbelastung auf das
Burnout) konnte damit bestätigt werden.

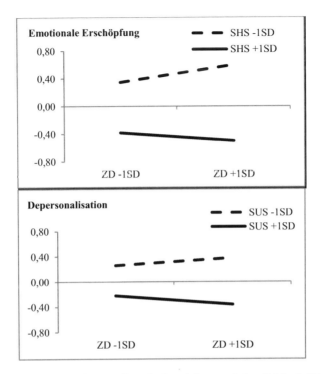

Abbildung 6 Burnout: Graphische Darstellung der Interaktionen zwischen Zeitdruck (ZD) und studierendenorientierten Handlungsspielraum (SHS) sowie der sozialen Unterstützung durch die Studierenden (SUS)

Die Ergebnisse zu Arbeitsengagement finden sich in Tabelle 8 bis Tabelle 10.
Modell 1 zeigte, dass die wahrgenommenen Ressourcen in allen drei Analysen
einen positiven Haupteffekt hatten. Je mehr Ressourcen zu t1 zur Verfügung
standen, desto höher war das wöchentliche Arbeitsengagement. Hypothese 4
(Arbeitsressourcen fördern das Arbeitsengagement) wurde bestätigt. In Modell 2
wurden die wöchentlich erhobenen Arbeitsbelastungen aufgenommen. Die studentischen sozialen Stressoren hatten einen negativen Effekt auf das wöchentlich
erhobene Arbeitsengagement. Der wöchentliche Zeitdruck beeinflusste nur das
wöchentliche Niveau an Hingabe (*Koeffizient* = 0,06; *SE* = 0,04; *t* = -1,39; *p* <

0,10). Modell 2 wies nur im Falle von Hingabe und Absorption einen signifikant besseren Modellfit auf (siehe Tabelle 9 und Tabelle 10). Damit kann die zweite Hypothese (Arbeitsbelastungen mindern das Arbeitsengagement) nur im Hinblick auf die Hingabe empirisch bestätigt werden. In Modell 3 wurden 18 „Cross Level"-Interaktionen betrachtet. Fünf Interaktionen waren statistisch bedeutsam, was mehr als 1,8 Interaktionen eines Zufallsbefundes ist. Die bedeutsamen Interaktionen bezogen sich auf Zeitdruck in Kombination mit studierendenorientiertem Handlungsspielraum und der Unterstützung durch die Studierenden. Abbildung 7 und Abbildung 8 stellen diese Interaktionen graphisch dar. Modell 3 wies in allen drei Fällen einen besseren Modellfit auf. Jedoch konnte Hypothese 6 (die Wirkung der Ressourcen auf das Arbeitsengagement ist dann am stärksten, wenn viele Belastungen vorhanden sind.) nur teilweise bestätigt werden. Nur im Falle des studierendenorientierten Handlungsspielraumes war die Wirkung dieser Ressource am stärksten, wenn viel Zeitdruck und studentische Ressourcen berichtet wurden. Im Falle der studentischen Unterstützung wurde am meisten Arbeitsengagement berichtet, wenn gleichzeitig wenig Zeitdruck angegeben wurde.

Tabelle 8 Geschätzte Kennwerte der hierarchisch-linearen Modelle zur Vorhersage der wöchentlichen Vitalität

	Modell 0 Koeff.	SE	t	Modell 1 Koeff.	SE	t	Modell 2 Koeff.	SE	t	Modell 3 Koeff.	SE	t
Intercept	4,32	,14	31,52**	4,33	,12	36,49**	4,33	,12	36,45**	4,33	,12	36,38**
SHS[b]				,37	,19	1,94*	,37	,19	1,94*	,37	,19	1,96*
SUS[b]				,45	,18	2,58**	,45	,18	2,58**	,46	,18	2,59**
WOU[b]				,25	,14	1,74*	,24	,14	1,74*	,24	,14	1,73*
ZD[a]							,00	,04	,06	-,01	,06	-,20
SSS[a]							-,11	,08	-1,50†	-,14	,09	-1,58†
ZD[a] x SHS[b]										,18	,1	1,86*
ZD[a] x SUS[b]										-,14	,09	-1,64†
ZD[a] x WOU[b]										-,08	,07	-1,23
SSS[a] x SHS[b]										,17	,17	1,02
SSS[a] x SUS[b]										,01	,14	,04
SSS[a] x WOU[b]										-,03	,11	-,32
-2 x log (lh)	781,45			762,49			758,96			740,56		
Δ-2 x log (lh)				18,96**			3,53			18,41**		
ΔDf				3			2			6		
Level 1 Intercept Varianz (SE)	,46 (,04)			,46 (,04)			,46 (,04)			,36 (,04)		
Level 2 Intercept Varianz (SE)	1,10 (0,22)			,80 (,16)			,80 (,16)			,83 (,16)		

Anmerkungen:

[a]Prädiktor auf Ebene 1 (wöchentliche Tagebuchdaten). [b]Prädiktor auf Ebene 2 (Personendaten erhoben zu t1). Personendaten ($N = 64$). Tagebuchdaten ($N = 302$). *Koeff.* = Koeffizient: Geschätzter Kennwert im jeweiligen Modell. *SE* = Standardfehler. ZD = Zeitdruck; SSS = studentische soziale Stressoren; SHS = studierendenorientierter Handlungsspielraum; SUS = soziale Unterstützung durch die Studierenden; WOU = wahrgenommene organisationale Unterstützung

†$p < 0,10$, *$p < 0,05$; **$p < 0,01$. Schätzwerte wurden einseitig getestet; bei Modellvergleichen erfolgte eine zweiseitige Testung.

Tabelle 9 Geschätzte Kennwerte der hierarchisch-linearen Modelle zur Vorhersage der wöchentlichen Hingabe

	Modell 0			Modell 1			Modell 2			Modell 3		
	Koeff.	SE	t	Koeff.	SE	t	Koeff.	SE	t	Koeff.	SE	t
Intercept	4,20	,14	31,20**	4,21	,12	34,82**	4,21	,12	34,87**	4,21	,12	34,85**
SHS[b]				,15	,19	,80	,16	,19	,81	,16	,19	,83
SUS[b]				,43	,18	2,40**	,43	,18	2,39**	,43	,18	2,39**
WOU[b]				,30	,14	1,93*	,30	,12	2,12*	,30	,14	2,11*
ZD[a]							,06	,04	1,39†	,05	,05	,92
SSS[a]							-,13	,07	-1,71*	-,11	,10	-1,19
ZD[a] x SHS[b]										,14	,09	1,59†
ZD[a] x SUS[b]										-,05	,08	-,62
ZD[a] x WOU[b]										-,04	,06	-,55
SSS[a] x SHS[b]										,05	,17	,32
SSS[a] x SUS[b]										-,04	,15	-,25
SSS[a] x WOU[b]										-,12	,11	-1,08
-2 x log (lh)	769,53			755,47			749,37			724,10		
Δ -2 x log (lh)				14,06**			6,09*			25,28**		
Δ Df				3			2			6		
Level 1 Intercept Varianz (SE)	,44 (,04)			,44 (,04)			,43 (,04)			,32 (,04)		
Level 2 Intercept Varianz (SE)	1,06 (,20)			,84 (,17)			,84 (,17)			,86 (,17)		

Anmerkungen:

[a]Prädiktor auf Ebene 1 (wöchentliche Tagebuchdaten). [b]Prädiktor auf Ebene 2 (Personendaten erhoben zu t1). Personendaten ($N = 64$). Tagebuchdaten ($N = 302$). *Koeff.* = Koeffizient: Geschätzter Kennwert im jeweiligen Modell. *SE* = Standardfehler. ZD = Zeitdruck; SSS = studentische soziale Stressoren; SHS = studierendenorientierter Handlungsspielraum; SUS = soziale Unterstützung durch die Studierenden; WOU = wahrgenommene organisationale Unterstützung

†$p < 0,10$, *$p < 0,05$; **$p < 0,01$. Schätzwerte wurden einseitig getestet; bei Modellvergleichen erfolgte eine zweiseitige Testung.

Tabelle 10 Geschätzte Kennwerte der hierarchisch-linearen Modelle zur Vorhersage der wöchentlichen Absorption

	Modell 0			Modell 1			Modell 2			Modell 3		
	Koeff.	SE	t	Koeff.	SE	t	Koeff.	SE	t	Koeff.	SE	t
Intercept	4,47	,14	31,33**	4,48	,12	36,50**	4,48	,12	36,52**	4,48	,12	36,47**
SHS[b]				,35	,20	1,80*	,35	,20	1,81*	,36	,20	1,82*
SUS[b]				,45	,18	2,48**	,45	,18	2,47**	,45	,18	2,47**
WOU[b]				,31	,15	2,16*	,31	,15	2,16*	,31	,15	2,16*
ZD[a]							-,01	,04	-,25	-,02	,05	-,34
SSS[a]							-,16	,08	-2,10*	,02	,10	,16
ZD[a] x SHS[b]										,18	,08	2,26*
ZD[a] x SUS[b]										-,17	,08	-2,17*
ZD[a] x WOU[b]										-,02	,06	-,34
SSS[a] x SHS[b]										,11	,17	,65
SSS[a] x SUS[b]										-,06	,15	-,37
SSS[a] x WOU[b]										-,13	,11	-1,11
-2 x log (lh)	781,97			762,41			756,61			735,67		
Δ -2 x log (lh)				19,56**			5,80*			20,94**		
Δ Df				3			2			6		
Level 1 Intercept Varianz (SE)	,45 (,04)			,45 (,04)			,44 (,04)			,36 (,04)		
Level 2 Intercept Varianz (SE)	1,20 (,23)			,86 (,17)			,86 (,17)			,89 (,17)		

Anmerkungen:
[a]Prädiktor auf Ebene 1 (wöchentliche Tagebuchdaten). [b]Prädiktor auf Ebene 2 (Personendaten erhoben zu t1). Personendaten (N = 64). Tagebuchdaten (N = 302). *Koeff.* = Koeffizient: Geschätzter Kennwert im jeweiligen Modell. *SE* = Standardfehler. ZD = Zeitdruck; SSS = studentische soziale Stressoren; SHS = studierendenorientierter Handlungsspielraum; SUS = soziale Unterstützung durch die Studierenden; WOU = wahrgenommene organisationale Unterstützung

†p < 0,10, *p < 0,05; **p < 0,01. Schätzwerte wurden einseitig getestet; bei Modellvergleichen erfolgte eine zweiseitige Testung.

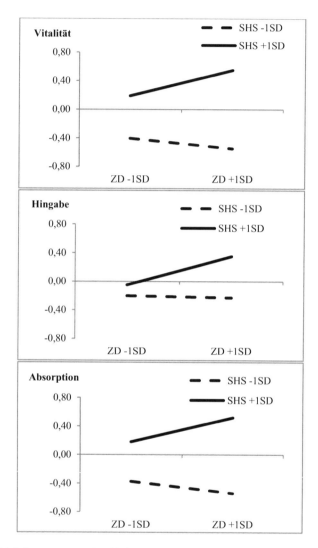

Abbildung 7 Arbeitsengagement: Graphische Darstellung der Interaktionen zwischen Zeitdruck (ZD) und studierendenorientierten Handlungsspielraum (SHS)

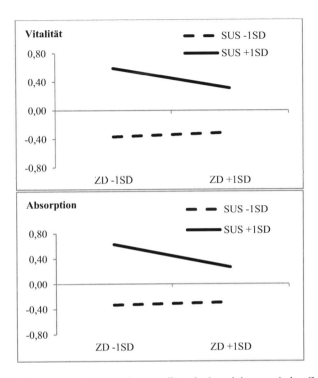

Abbildung 8 Arbeitsengagement: Graphische Darstellung der Interaktionen zwischen Zeitdruck (ZD) und sozialer Unterstützung durch die Studierenden (SUS)

Die nachfolgenden Analysen beziehen sich auf die *im Längsschnitt erhobenen Daten*. Die Korrelationsanalysen, deren Ergebnisse in Tabelle 5 dargestellt sind, lieferten erste Hinweise auf die Bestätigung der Hypothesen 1 (Arbeitsbelastungen verursachen Burnout), 3 (Fehlende Arbeitsressourcen verursachen Burnout) und 4 (Arbeitsressourcen fördern Arbeitsengagement). Demnach bestand eine bedeutsame Beziehung zwischen den Arbeitsbelastungen und -ressourcen, gemessen vor Beginn der Vorlesungszeit auf der einen Seite und dem Level an Burnout bzw. Arbeitsengagement, gemessen nach dem Ende der Vorlesungszeit. Jedoch fanden sich keine signifikanten Zusammenhänge zwischen den Stressoren und Arbeitsengagement. Hypothese 2 (Arbeitsbelastungen reduzieren das Arbeitsengagement) wurde durch diese Analysen nicht bestätigt.

Um diese ersten Evidenzen zu den Hypothesen 1 bis 4 durch komplexere statistische Analysen zu unterstützen und um die Interaktionshypothesen (Hypothese 5: Arbeitsressourcen puffern den Effekt der Arbeitsbelastungen; Hypothese 6: Arbeitsressourcen fördern unter hohen Arbeitsbelastungen das Arbeitsengagement am stärksten) vertiefend zu testen, wurden multiple Regressionen berechnet. Im ersten Schritt wurden das Alter, das Geschlecht und die Ausprägung der abhängigen Variable zu t1 kontrolliert. Dadurch konnte sichergestellt werden, dass nur die Veränderungen von t1 zu t2 der abhängigen Variable durch die Variablen der nachfolgenden Schritte vorhergesagt wurden. Im zweiten Schritt der multiplen Regressionen wurden die Arbeitsbelastungen und -ressourcen als Prädiktoren in die Regressionsmodelle aufgenommen. Die Interaktionsterme beider Arbeitsmerkmale wurden im dritten und letzten Schritt ins Modell eingeführt.

Die Ergebnisse der hierarchischen Regression für die Kernkomponenten von Burnout sind in Tabelle 11 und Tabelle 12 zusammengefasst (Anmerkungen zu diesen Tabellen finden sich nach Tabelle 15). Die Stabilitäten (bzw. autoregressiven Effekte) von emotionaler Erschöpfung und Depersonalisation waren signifikant (siehe Schritt 1 in Tabelle 11 und Tabelle 12). Im zweiten Schritt zeigte sich, dass die zeitverzögerten Effekte der studentischen Stressoren auf emotionale Erschöpfung und Depersonalisation signifikant waren. Der Zeitdruck hatte in keiner der Analysen einen nachweisbaren Einfluss. In Teilen wurde Hypothese 1 bestätigt (Arbeitsbelastungen verursachen Burnout). Mit Ausnahme der studentischen Unterstützung hatten die Ressourcen einen signifikant negativen zeitverzögerten Effekt auf die Depersonalisation Vergleichbare Effekte auf die emotionale Erschöpfung gab es nicht. Hypothese 3 (fehlende Arbeitsressourcen verursachen Burnout) konnte daher nur partiell bestätigt werden.

Im dritten Schritt der hierarchischen Regression wurden die Interaktionsterme der unabhängigen Variablen ins Analysemodell aufgenommen. Ausgehend von einem liberalen Signifikanzniveau von $\alpha = 0{,}10$, wäre ein Zufallsbefund von 1,2

Interaktionen zu erwarten. In meiner Studie wurde jedoch nur eine der zwölf Berechnungen signifikant. Damit musste Hypothese 5 (Arbeitsressourcen puffern den Effekt von Arbeitsbelastungen auf Burnout) verworfen werden.

Die Ergebnisse der hierarchischen Regressionen zu den abhängigen Variablen Vitalität, Hingabe und Absorption sind in Tabelle 13, Tabelle 14und Tabelle 15 aufbereitet. In allen Fällen war die Ausprägung der AV zu t1 ein signifikanter Prädiktor des Levels der AV zu t2 (vgl. Schritt 1). Keine der Variablen, die in Schritt 2 ins Modell aufgenommen wurden, konnte einen signifikanten Beitrag zur Vorhersage leisten. Somit mussten Hypothese 2 (Arbeitsbelastungen mindern das Arbeitsengagement) und Hypothese 4 (Arbeitsressourcen fördern das Arbeitsengagement) verworfen werden. Für die Interaktionen, die in Schritt 3 in die Analysen aufgenommen wurden, konnten in Bezug auf den Zeitdruck keine signifikanten zeitverzögerten Effekte gefunden werden. Jedoch zeigte sich, dass die Interaktionen zwischen den studentischen sozialen Stressoren und den sozialen Arbeitsressourcen in einigen Fällen Arbeitsengagement vorhersagen konnten. Im Falle von Vitalität moderierten alle Ressourcen den Effekt der studentischen Stressoren. Die Interaktion zwischen studentischen Stressoren und der Unterstützung der Studierenden war ein signifikanten Prädiktor für Hingabe (β = -0,17; p < 0,10). Absorption wurde signifikant durch die Interaktion zwischen studentischen Stressoren und studierendenorientiertem Handlungsspielraum vorhergesagt (β = -0,18; p < 0,10). Die Interaktionen sind in Abbildung 9 und Abbildung 10 graphisch dargestellt. Es wird deutlich, dass die Interaktioneneffekte entgegen der Annahme in Hypothese 6 (die Wirkung der Ressourcen auf das Arbeitsengagement ist dann am stärksten, wenn viele Belastungen vorhanden sind) waren. Hochschullehrende berichteten dann am meisten Arbeitsengagement, wenn zu t1 wenig Arbeitsbelastungen und viele Ressourcen angegeben wurden. Insgesamt waren fünf der 18 möglichen Interaktionen bedeutsam. Per Zufall wären 1,8 zu erwarten gewesen. Dies bestätigt zwar einen interagierenden zeitverzögerten Effekt der Arbeitsbelastungen und -ressourcen, aber nicht Hypothese 6.

Tabelle 11 Hierarchische Regressionen von emotionale Erschöpfung auf soziale Arbeitsbelastungen und -ressourcen sowie deren Interaktionsterme

	B	SE B	β	B	SE B	β	B	SE B	β	B	SE B	β	B	SE B	β	B	SE B	β
Schritt 1																		
Alter	,00	,01	-,10	,00	,01	-,11	-,01	,01	-,11	-,01	,01	-,11	-,01	,01	-,10	-,01	,01	-,10
Geschlecht	-,37	,19	-,18†	-,41	,19	-,20*	-,40	,18	-,20*	-,36	,20	-,18	-,40	,20	-,20*	-,37	,19	-,18†
AV zu t1	,60	,11	,58**	,65	,10	,63**	,64	,10	,62**	,67	,12	,64**	,71	,10	,69**	,62	,12	,60**
	$\Delta R^2 = 60,6\,\%$; $\Delta F = 25,65^{**}$			$\Delta R^2 = 60,6\,\%$; $\Delta F = 25,65^{**}$			$\Delta R^2 = 60,6\,\%$; $\Delta F = 25,65^{**}$			$\Delta R^2 = 60,6\,\%$; $\Delta F = 25,65^{**}$			$\Delta R^2 = 60,6\,\%$; $\Delta F = 25,65^{**}$			$\Delta R^2 = 60,6\,\%$; $\Delta F = 25,65^{**}$		
Schritt 2																		
SSS (t1)	,50	,17	,27**	,48	,18	,26*	,40	,17	,22*									
ZD (t1)										,13	,10	,14	,10	,09	,11	,14	,10	,15
SHS	-,07	,15	-,05							-,06	,16	-,04						
SUS				-,05	,12	-,03							-,12	,13	-,08			
WOU							-,06	,10	,00							-,14	,10	-,10
	$\Delta R^2 = 4,9\,\%$; $\Delta F = 3,40^{*}$			$\Delta R^2 = 4,8\,\%$; $\Delta F = 3,31^{*}$			$\Delta R^2 = 5,3\,\%$; $\Delta F = 3,77^{*}$			$\Delta R^2 = 1,1\,\%$; $\Delta F = ,69$			$\Delta R^2 = 1,2\,\%$; $\Delta F = ,76$			$\Delta R^2 = 2,0\,\%$; $\Delta F = 1,29$		
Schritt 3																		
SSS x SHS	,49	,25	,17†															
SSS x SUS				,20	,26	,07												
SSS x WOU							,22	,18	,00									
ZD x SHS										-,13	,13	-,10						
ZD x SUS													-,15	,11	,13			
ZD x WOU																-,07	,07	-,10
	$\Delta R^2 = 2,6\,\%$; $\Delta F = 3,76†$			$\Delta R^2 = 0,4\,\%$; $\Delta F = ,59$			$\Delta R^2 = 1,1\,\%$; $\Delta F = 1,52$			$\Delta R^2 = 0,8\,\%$; $\Delta F = 1,01$			$\Delta R^2 = 1,5\,\%$; $\Delta F = 1,92$			$\Delta R^2 = 0,7\,\%$; $\Delta F = ,86$		
	$R^2 = 68,1\,\%$; $F = 16,69^{**}$			$R^2 = 65,8\,\%$; $F = 15,08^{**}$			$R^2 = 67,0\,\%$; $F = 15,93^{***}$			$R^2 = 62,5\,\%$; $F = 13,07^{***}$			$R^2 = 63,3\,\%$; $F = 13,53^{***}$			$R^2 = 63,3\,\%$; $F = 13,51^{**}$		

Tabelle 12 Hierarchische Regressionen von Depersonalisation auf soziale Arbeitsbelastungen und -ressourcen sowie deren Interaktionsterme

	B	SE B	β	B	SE B	β	B	SE B	β	B	SE B	β	B	SE B	β	B	SE B	β
Schritt 1																		
Alter	-,01	,01	-,16	-,01	,01	-,19	-,02	,01	-,26*	-,01	,01	-,19	-,01	,01	-,23†	-,02	,01	-,29*
Geschlecht	-,03	,14	-,02	-,09	,14	-,08	-,06	,13	-,05	,00	,14	,00	-,08	,14	-,07	-,05	,13	-,04
AV zu t1	,45	,12	,43**	,46	,13	,44**	,42	,12	,40**	,53	,13	,50**	,50	,14	,48**	,46	,13	,44**
	ΔR² = 33,3 %; ΔF = 8,31**			ΔR² = 33,3 %; ΔF = 8,31**			ΔR² = 33,3 %; ΔF = 8,31**			ΔR² = 33,3 %; ΔF = 8,31**			ΔR² = 33,3 %; ΔF = 8,31**			ΔR² = 33,3 %; ΔF = 8,31**		
Schritt 2																		
SSS (t1)	,21	,12	,21†	,22	,13	,17	,17	,12	,17									
ZD (t1)										-,20	,11	-,24†	,00	,07	-,01	-,03	,06	,06
SHS	-,15	,10	-,18							-,04	,06	-,08						
SUS				-,10	,10	-,13							-,10	,10	-,13			
WOU							-,15	,07	-,27*							-,17	,07	-,30*
	ΔR² = 7,3 %; ΔF = 2,95†			ΔR² = 5,9 %; ΔF = 2,33			ΔR² = 9,8 %; ΔF = 4,62*			ΔR² = 4,8 %; ΔF = 1,84			ΔR² = 1,7 %; ΔF = ,63			ΔR² = 8,4 %; ΔF = 3,47*		
Schritt 3																		
SSS x SHS	,28	,18	,17															
SSS x SUS				-,01	,19	,00												
SSS x WOU							,01	,13	,01									
ZD x SHS										,02	,10	,03						
ZD x SUS													,00	,08	,01			
ZD x WOU																,03	,05	,06
	ΔR² = 2,8 %; ΔF = 2,31			ΔR² = 0,4 %; ΔF = ,59			ΔR² = 0,0 %; ΔF = ,00*			ΔR² = 0,1 %; ΔF = ,04			ΔR² = 0,0 %; ΔF = ,00*			ΔR² = 0,3 %; ΔF = ,26		
	R² = 43,4 %; F = 6,00**			R² = 39,2 %; F = 5,04**			R² = 44,0 %; F = 6,16**			R² = 38,1 %; F = 4,82**			R² = 35,5 %; F = 4,21**			R² = 42,0 %; F = 5,68**		

Tabelle 13 Hierarchische Regressionen von Vitalität auf soziale Arbeitsbelastungen und -ressourcen sowie deren Interaktionsterme

	B	SE B	β	B	SE B	β	B	SE B	β	B	SE B	β	B	SE B	β	B	SE B	β
Schritt 1																		
Alter	-,01	,01	-,05	-,01	,01	-,05	,01	,01	,04	,00	,01	,00	,05	,01	,01	,00	,01	,03
Geschlecht	,05	,24	-,02	,13	,23	,06	,09	,24	,04	-,03	,25	-,02	,05	,24	,02	,05	,24	,02
AV zu t1	,62	,10	,64**	,63	,10	,65**	,64	,11	,66**	,66	,11	,68**	,69	,11	,71**	,72	,12	,74**
	ΔR² = 49,8 %; ΔF = 16,55**			ΔR² = 49,8 %; ΔF = 16,55**			ΔR² = 49,8 %; ΔF = 16,55**			ΔR² = 49,8 %; ΔF = 16,55**			ΔR² = 49,8 %; ΔF = 16,55**			ΔR² = 49,8 %; ΔF = 16,55**		
Schritt 2																		
SSS (t1)	-,02	,21	-,01	-,14	,20	-,07	,03	,21	,02									
ZD (t1)										-,09	,11	-,09	-,14	,11	-,13	-,10	,11	-,10
SHS	,29	,18	,18							,26	,19	,16						
SUS				,24	,16	,16							,18	,16	,12			
WOU							,05	,13	,04							,06	,13	,05
	ΔR² = 2,9 %; ΔF = 1,47			ΔR² = 0,7 %; ΔF = ,32			ΔR² = 1,0 %; ΔF = ,50			ΔR² = 3,4 %; ΔF = 1,74			ΔR² = 2,5 %; ΔF = 1,27			ΔR² = 1,6 %; ΔF = ,78		
Schritt 3																		
SSS x SHS	-,58	,32	-,18†															
SSS x SUS				-,80	,30	-,26*												
SSS x WOU							-,44	,23	-,20*									
ZD x SHS										,05	,17	,03						
ZD x SUS													-,01	,14	-,01			
ZD x WOU																-,09	,09	-,10
	ΔR² = 3,1 %; ΔF = 3,28†			ΔR² = 6,3 %; ΔF = 6,96*			ΔR² = 3,6 %; ΔF = 3,70†			ΔR² = 0,1 %; ΔF = ,08			ΔR² = 0,0 %; ΔF = ,00			ΔR² = 1,0 %; ΔF = 1,00		
	R² = 50,2 %; F = 9,89**			R² = 51,7 %; F = 10,46**			R² = 48,2 %; F = 9,23**			R² = 47,3 %; F = 8,94**			R² = 46,3 %; F = 8,61**			R² = 46,3 %; F = 8,63**		

Tabelle 14 Hierarchische Regressionen von Hingabe auf soziale Arbeitsbelastungen und -ressourcen sowie deren Interaktionsterme

	B	SE B	β	B	SE B	β	B	SE B	β	B	SE B	β	B	SE B	β	B	SE B	β
Schritt 1																		
Alter	,00	,01	-,04	-,01	,01	-,05	,00	,01	,01	,00	,01	-,01	,00	,01	,00	,00	,01	-,01
Geschlecht	-,18	,25	-,07	-,09	,24	-,04	-,11	,24	-,04	-,17	,25	-,07	-,13	,24	-,05	-,13	,24	-,05
AV zu t1	,74	,09	,78**	,72	,09	,76**	,73	,09	,77**	,76	,10	,80**	,76	,10	,80**	,78	,10	,82**
	ΔR²=60,9%; ΔF=25,71**			ΔR²=60,9%; ΔF=25,71**			ΔR²=60,9%; ΔF=25,71**			ΔR²=60,9%; ΔF=25,71**			ΔR²=60,9%; ΔF=25,71**			ΔR²=60,9%; ΔF=25,71**		
Schritt 2																		
SSS (t1)	-,07	,21	-,03	-,12	,21	-,05	,00	,21	,00									
ZD (t1)										-,08	,11	-,07	-,10	,11	-,09	-,06	,11	-,06
SHS	,08	,19	,05							,08	,19	,04						
SUS				,17	,16	,10							,14	,16	,08			
WOU							-,01	,13	-,01							,00	,12	,00
	ΔR²=0,3%; ΔF=,20			ΔR²=0,4%; ΔF=,27			ΔR²=0,1%; ΔF=,07			ΔR²=0,7%; ΔF=,42			ΔR²=1,0%; ΔF=,66			ΔR²=0,6%; ΔF=,34		
Schritt 3																		
SSS x SHS	-,18	,25	-,07															
SSS x SUS				-,57	,31	-,17†												
SSS x WOU							-,38	,23	-,15									
ZD x SHS										,00	,17	,00						
ZD x SUS													,06	,13	,04			
ZD x WOU																-,13	,24	-,05
	ΔR²=1,5%; ΔF=1,94			ΔR²=2,6%; ΔF=3,39†			ΔR²=2,1%; ΔF=2,72			ΔR²=0,0%; ΔF=0,01			ΔR²=0,1%; ΔF=0,18			ΔR²=1,0%; ΔF=1,00		
	R²=62,7%; F=13,18**			R²=63,9%; F=13,86**			R²=63,1%; F=13,39**			R²=61,5%; F=12,53**			R²=62,1%; F=12,81**			R²=63,5%; F=13,60**		

Tabelle 15 Hierarchische Regressionen von Absorption auf soziale Arbeitsbelastungen und -ressourcen sowie deren Interaktionsterme

	B	SE B	β	B	SE B	β	B	SE B	β	B	SE B	β	B	SE B	β	B	SE B	β
Schritt 1																		
Alter	,01	,02	,05	,00	,02	,01	,01	,02	,08	,01	,02	,09	,01	,02	,06	,01	,02	,09
Geschlecht	-,25	,28	-,10	-,17	,28	-,07	-,24	,28	-,10	-,24	,29	-,10	-,25	,28	-,10	-,23	,27	-,10
AV zu t1	,62	,10	,72**	,55	,10	,63**	,55	,10	,64**	,64	,12	,73**	,60	,11	,69**	,57	,11	,66**
	ΔR² = 44,4 %; ΔF = 13,39**			ΔR² = 44,4 %; ΔF = 13,39**			ΔR² = 44,4 %; ΔF = 13,39**			ΔR² = 44,4 %; ΔF = 13,39**			ΔR² = 44,4 %; ΔF = 13,39**			ΔR² = 44,4 %; ΔF = 13,39**		
Schritt 2																		
SSS (t1)	-,19	,24	-,09	-,19	,24	-,09	-,06	,24	-,03									
ZD (t1)										-,10	,13	-,09	-,11	,13	-,10	-,04	,13	-,04
SHS	-,06	,22	-,04							-,04	,23	-,02						
SUS				,22	,19	,13							,18	,19	,11			
WOU							,18	,14	,15							,17	,14	,14
	ΔR² = 0,4 %; ΔF = ,17			ΔR² = 1,2 %; ΔF = ,55			ΔR² = 2,2 %; ΔF = ,99			ΔR² = 0,7 %; ΔF = ,31			ΔR² = 1,8 %; ΔF = ,81			ΔR² = 2,4 %; ΔF = 1,08		
Schritt 3																		
SSS x SHS	,63	,37	,18†															
SSS x SUS				-,51	,37	-,16												
SSS x WOU							-,03	,27	-,01									
ZD x SHS										-,02	,19	-,01						
ZD x SUS													-,03	,16	-,02			
ZD x WOU																-,11	,10	-,12
	ΔR² = 3,2 %; ΔF = 2,86†			ΔR² = 2,1 %; ΔF = 1,90			ΔR² = 0,0 %; ΔF = ,01			ΔR² = 0,0 %; ΔF = 0,01			ΔR² = 0,0 %; ΔF = ,04			ΔR² = 1,4 %; ΔF = 1,24		
	R² = 48,0 %; F = 7,22**			R² = 47,8 %; F = 7,16**			R² = 46,6 %; F = 6,84**			R² = 45,1 %; F = 6,45**			R² = 46,3 %; F = 6,75**			R² = 48,2 %; F = 7,28**		

Anmerkungen zu Tabelle 11 bis 15:

N = 54. Geschlecht: 0 = weiblich, 1 = männlich; ZD = Zeitdruck; SSS = studentische soziale Stressoren; SHS = studierendenorientierter Handlungsspielraum; SUS = soziale Unterstützung durch die Studierenden; WOU = wahrgenommene organisationale Unterstützung. Die Koeffizienten wurden sämtlich dem finalen Modell (Schritt 3) entnommen. B = unstandardisiertes Regressionsgewicht; *SE B* = Standardfehler des unstandardisierten Regressionsgewichtes; β = standardisiertes Regressionsgewicht.

Für Schritt 1, *Dfs* = 3; Schritt 2, *Dfs* = 2; Schritt 3, *Dfs* = 1; Gesamtmodell, *Dfs* = 6.

$\dagger p < 0{,}10$, $*p < 0{,}05$; $**p < 0{,}01$. Schätzwerte und Modellvergleiche wurden zweiseitig getestet.

7.5 Diskussion

In meiner Studie wurde die Interaktion zwischen Hochschullehrenden und Studierenden in den Fokus genommen. Dabei wurde diese Beziehung sowohl als Arbeitsbelastung, als auch als Arbeitsressource definiert. Des Weiteren wurden Randbedingungen der Lehre, wie der Zeitdruck bei der Vorbereitung von Lehrveranstaltungen, der studierendenorientierte Handlungsspielraum und die organisationale Unterstützung bei Lehraufgaben mit in die Betrachtung hineingezogen. Insgesamt sollte geklärt werden, wie sich diese Belastungen und Ressourcen auf das Wohlbefinden der Lehrenden auswirken. Um einen umfassenden Überblick zur Wirkung dieser potentiellen Prädiktoren auf Burnout und Arbeitsengagement zu erhalten, wurden sowohl intra- als auch inter-individuelle Daten erhoben. Anhand der Tagebuch-Daten wurden intra-individuelle Veränderungsanalysen durchgeführt. Ziel war es, Fragen danach zu beantworten, warum Lehrende sich in manchen Wochen mehr oder weniger engagiert oder erschöpft fühlen. Das Hauptaugenmerk lag auf den Einflüssen von situationsspezifischen, studentischen und sozialen Faktoren. In einer zweiten Analyse wurden Unterschiede zwischen den Personen in den Fokus genommen. Dabei wurden die Effekte von langfristig vorhandenen Ressourcen oder andauernden Arbeitsbelastungen, wie sie das JD-R Modell spezifiziert, untersucht.

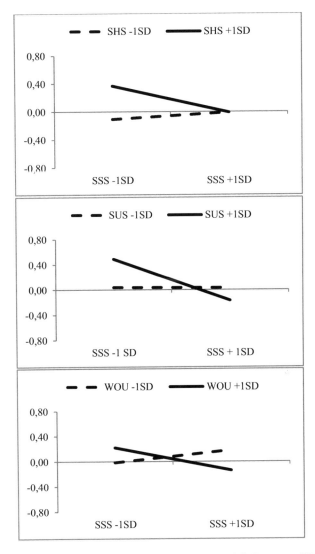

Abbildung 9 Vitalität: Interaktionen zwischen den studentischen soziale Stressoren (SSS) und den erhobenen Arbeitsressourcen

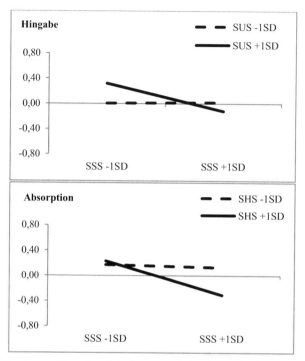

Abbildung 10 Hingabe und Absorption: Interaktionen zwischen den studentischen Stressoren (SSS) und der studentischen Unterstützung (SUS) sowie dem studierendenorientierter Handlungsspielraum (SHS)

Zusammenfassung und Diskussion der Ergebnisse

Das JD-R Modell im Gesamten und die in diesem Modell postulierten Prozesse im Speziellen dienten zur Ableitung der aufgestellten Hypothesen. Der Gesundheitsbeeinträchtigungsprozess bezieht sich vorwiegend auf die positive Verbindung von Arbeitsbelastungen und Burnout (Bakker et al., 2003). Dieser Prozess konnte auch in meiner Studie nachgewiesen werden. Hochschullehrende, welche häufiger Kontakt mit Studierenden haben, die eine besondere Behandlung haben wollen oder mit denen es Probleme bei der Abstimmung gibt, berichten mehr emotionale Erschöpfung. Dies zeigte sich, sowohl in den intra-individuellen

Veränderungsanalysen, als auch in der inter-individuellen Längsschnittstudie. In gleicher Weise hat der Zeitdruck bei der Vorbereitung der Lehre einen Einfluss auf das wöchentliche Wohlbefinden. Dozierende, die stärker unter Zeitdruck stehen, berichten mehr Frustration und Gefühle des Ausgebrannt Seins. Insgesamt werden durch diese Befunde die Ergebnisse früherer, meist im Querschnitt durchgeführter Untersuchungen bestätigt (Bakker, Demerouti & Euwema, 2005; Byrne, 1991; Lackritz, 2004; Pandey & Tripathi, 2001; Todd-Mancillas & Johnson, 1987). Zur Erklärung des negativen Einflusses der Arbeitsbelastungen auf das Wohlbefinden wird häufig das Kontrollmodell zum Belastungsmanagement (Hockey, 1995, 1997) herangezogen. Dem Modell nach versuchen Arbeitnehmer auch unter sehr belastenden Bedingungen ihre Ziele zu erreichen. Eine mögliche Strategie dabei ist die Aufwandssteigerung, bei der kognitive und physische Reserven mobilisiert werden. Trotz Zeitdruck und Unstimmigkeiten mit den Studierenden versuchen die Dozierenden sich angemessen auf die wöchentliche Veranstaltungssitzung vorzubereiten. Diese Mobilisierung zusätzlicher Energie führt zu emotionaler Erschöpfung.

Der Stress-/Gesundheitsprozess kann ebenfalls durch die Verbindung zwischen dem Fehlen von Arbeitsressourcen und der Burnout-Symptomatik beschrieben werden (Bakker et al., 2003). Dieser Zusammenhang ließ sich in meiner Studie ebenfalls nachweisen. Je weniger Freiraum die Lehrenden haben, um auf ihre Studierenden einzugehen und je weniger Unterstützung durch die Studierenden und den Arbeitgeber wahrgenommen wird, desto mehr Burnout berichten die Lehrenden. Hierzu ließen sich zudem zeitverzögerte Effekte finden. Lehrende, die sich durch ihre Studierenden vor dem Vorlesungsstart unterstützt fühlen und wahrnehmen, dass sie auf die Hilfe des Arbeitgebers zählen können, sind weniger gefühllos im Umgang mit den Studierenden.

Im JD-R Modell wird als zweiter Prozess ein Motivationsprozess formuliert, der durch die Anwesenheit von Ressourcen gesteuert wird und in dem Arbeitsengagement eine Schlüsselposition einnimmt (Bakker, Hakanen et al., 2007; Bakker & Leiter, 2010). Dieser Prozess konnte auch in meiner Studie nachgewiesen

werden. Nahezu alle in die intra-individuelle Veränderungsanalysen eingegange-
nen Arbeitsressourcen wirken sich positiv auf das wöchentlich erhobene Arbeitsengagement aus. Dies stützt die Ergebnisse bisheriger Querschnittstudien (Alzyoud et al., 2014; Rothmann & Jordaan, 2006; Silman, 2014). Um den Einfluss
der Ressourcen auf das Arbeitsengagement zu erklären, können verschiedene
Theorien herangezogen werden. Zum einen geht die Theorie der Ressourcenerhaltung (Hobfoll, 1989; Hobfoll & Shirom, 2000) von einer direkten Wirkung
der Arbeitsressourcen auf das Engagement aus. Der studierendenorientierte
Handlungsspielraum, die studentische und die wahrgenommene organisationale
Unterstützung motivieren demnach intrinsisch, da sie das Wachstum, das Lernen
und die Entwicklung der Beschäftigten fördern (Hakanen et al., 2006). Andere
Theorien gehen von einer indirekten Wirkung aus, bei der die extrinsische Motivation gefördert wird. In diesem Falle werden Ressourcen instrumentell zur
Zielerreichung eingesetzt (Hakanen et al., 2006). Sind die Lehrenden mit den
Studierenden auf einer Wellenlänge und machen die Studierenden ihr Vertrauen
in den Lehrenden deutlich, fällt es den Dozierenden leichter, sich auf seine Lehrveranstaltung zu freuen, sich von der Lehre mitreißen zu lassen, oder sich fit und
tatkräftig zu fühlen. Ebenso regt der studierendenorientierte Handlungsspielraum
dazu an, dass bestimmte Ziele gesetzt und erreicht werden. Der Zielsetzungstheorie von Locke und Latham (2002) nach beeinflussen solch spezifische Ziele die
Leistung durch ihre Wirkung auf die Anstrengung und die Ausdauer mit der die
Ziele verfolgt werden. Folglich fühlen sich die Lehrenden inspirierter, stolzer
und waren voller Energie in der Vorbereitung und Durchführung der Lehrveranstaltung.

Neben den Effekten der Arbeitsressourcen wurde der Effekt der wöchentlichen
Stressoren auf das Arbeitsengagement betrachtet. Geben die Dozenten an häufig
mit unangenehmen Studierenden in Kontakt zu kommen, so ist ihre Energie zu
lehren, die Begeisterung durch die eigene Lehre und das Aufgehen in der Lehre
in dieser Woche gedämpft. Der wöchentliche Zeitdruck bei der Vorbereitung der
Lehrveranstaltung hatte im Falle der Hingabe eine *positive* Auswirkung auf das
Lehrengagement. Lehrende, die in einer Woche viel Zeitdruck bei der Vorberei-

tung ihrer Veranstaltung empfinden, berichten mehr Begeisterung und Inspiration durch die Lehre und mehr Stolz auf die eigene Lehrleistung. In diesem Falle stellt Zeitdruck nach dem „Challenge und Hindrance-Stressor-Rahmenmodell" (Cavanaugh, Boswell, Roehling & Boudreau, 2000) einen herausfordernden Stressor dar. Generell stehen herausfordernde Stressoren in positivem Zusammenhang mit dem Wohlbefinden und der Leistung (LePine, Podsakoff & LePine, 2005). Die Wirkung des Zeitdrucks kann dadurch erklärt werden, dass die Lehrenden eine Bewältigungsstrategin anwenden, durch die härter gearbeitet oder sich beeilt wird, um die Aufgaben in der zu knapp bemessenen Zeit zu erledigen. Diese zusätzliche Anstrengung, kann sich in Gefühlen der Hingabe äußern.

Neben den Haupteffekten der Arbeitsbelastungen und Ressourcen wurden ebenfalls Hypothesen zur Interaktion beider Arbeitsmerkmale aufgestellt. Dabei wurden auf Grundlage der Annahmen des JD-R Modells die Hypothesen abgeleitet, dass die erhobenen Ressourcen den Einfluss der Arbeitsbelastungen auf Burnout abschwächen bzw. die Arbeitsressourcen sich dann am stärksten auf das Arbeitsengagement auswirken, wenn die Arbeitsbelastungen am höchsten sind. Arbeitnehmer, die viele Ressourcen, wie beispielsweise soziale Unterstützung und Handlungsspielraum haben, können besser auf Arbeitsbelastungen, wie Zeitdruck oder emotionale Anforderungen, reagieren und diese bewältigen. In verschiedenen Studien konnte dieser Puffer-Effekt bewiesen werden (Bakker, Demerouti & Euwema, 2005; Bakker, Hakanen et al., 2007; Hakanen et al., 2005; Xanthopoulou et al., 2007). Sowohl in den intra-individuellen Veränderungsanalysen, als auch in den Längsschnitt-Analysen zeigten sich Interaktionseffekte. Die studentischen Stressoren und der studierendenorientierte Handlungsspielraum haben eine interagierende Wirkung auf die emotionale Erschöpfung. Im Gegensatz zur postulierten Hypothese, dass eine Ressource eine puffende Wirkung habe, findet sich ein anderer Effekt. Dozierende, die viele Konflikte mit den Studierenden berichten und dabei einen hohen Handlungsspielraum haben, äußern das höchste Ausmaß an emotionaler Erschöpfung. Die Ressource hatte demnach keinen puffernden, sondern einen potenzierenden Effekt. Je mehr Raum zur Verfügung steht, um auf die Wünsche der Studierenden einzugehen bzw. die eigenen Entscheidungen nach den Studierenden auszurichten, desto stärker wirken sich widersprüchliche Erwartungen von Studierenden auf die emotionale Erschöpfung aus. Lehrende, die dem Wunsch nach Sonderbehandlung ihrer Studierenden nachkommen, weil ihnen diese Möglichkeit offen steht, fühlen sich verbrauchter, frustrierter und belasteter. Chrisopoulos, Dollard, Winefield und Dormann (2010) nennen diesen Effekt einen „reverse buffering" oder „enhancer effect". In ihrer Arbeit untersuchten die Autoren die Annahme, dass die Art der Arbeitsressource (kognitiv, emotional oder physisch) zur Beschaffenheit der Arbeitsbelastung (ebenfalls kognitiv, emotional oder physisch) passen muss, um eine puffernde Wirkung auf eine wiederum entsprechendes Belastungserleben (ebenfalls kognitiv, emotional oder physisch) zu haben. Als Beispiel nennen die Autoren den abschwächenden Effekt der emotionalen Unterstützung durch Kollegen auf die emotionale Erschöpfung, wenn emotionale Anforderungen, zum Beispiel durch unangemessenes Verhalten von Kunden hoch, sind. Dies entspricht dem „triple match"-Prinzip (TMP), das die zentrale Annahme des „demand-induced strain compensation"-Modells darstellt (DISC-Modell; Jonge & Dormann, 2002, 2006; Jonge, Dormann & van den Tooren, 2008). Chrisopoulos et al. konzipierten in ihrer Untersuchung 27 Interaktionsmöglichkeiten zwischen kognitiven, emotionalen und physischen Arbeitsbelastungen und Ressourcen mit Wirkung auf das entsprechende Belastungserleben. Von diesen 27 Optionen entsprachen drei dem „triple match"-Prinzip. 18 Wechselwirkungen stellten „double-match"- und sechs „non-match-Interkationen dar. Jeweils zwei der 18 „double-match"- und sechs „non-match-Interkationen konnten als „enhancer effect" interpretiert werden. Weitere Studien, die einen potenzierenden Effekt von Ressourcen berichteten, sind die Studien von Beehr (1976), Frese (1999) sowie Kaufmann und Beehr (1989). Ein möglicher Mechanismus, der diesem Effekt zu Grunde liegt, ist, dass die Quelle der Ressource gleichzeitig eine Quelle der Belastung wird (Kaufmann & Beehr, 1989). Nach dem TMP erhöht sich das potentielle Belastungsempfinden, wenn eine Ressource zur Verfügung steht, die nicht in adäquater Weise zum psychologischen Prozess, ausgelöst durch eine Arbeitsbelastung, passt. Dies ist eine mögliche Erklärung für die in meiner Untersuchung gefunden Effekte sein. Während es sich bei den studentischen sozialen Stressoren um eine emotionale Anforderung handelt, stellt der studierendenorientierte Handlungsspielraum eine kognitive Ressource dar. Nach Chrisopoulos et al. (2010) passt dieser Spielraum nicht zum psychologischen Prozess, der durch die widersprüchlichen und ambivalenten Erwartungen der unangenehmen Studierenden ausgelöst wurde und mündet daher in verstärkter emotionaler Erschöpfung.

Nach Bakker, Hakanen et al. (2007) ist der positive Einfluss von Arbeitsressourcen auf das Arbeitsengagement am höchsten, wenn die Arbeitsbelastungen hoch sind. In der Tagebuch-Studie beeinflusste der studierendenorientierte Handlungsspielraum insbesondere dann das wöchentliche Arbeitsengagement positiv, wenn die Lehrenden bei der Vorbereitung ihrer Veranstaltungssitzung unter Zeitdruck standen. Dementsprechend unterstützt dieses Ergebnis die Annahme des JD-R Modells. Im Gegensatz dazu stehen in den Längsschnittuntersuchungen die *studentischen sozialen Stressoren* in Wechselwirkung mit den Ressourcen. Diese zeitverzögerten Effekte sind jedoch konträr zur Annahme des JD-R Modells. In meiner Studie ist das Arbeitsengagement am höchsten, wenn viele Ressourcen wahrgenommen, aber wenige Belastungen berichtet werden. Die Lehrenden haben unter der Bedingung von vielen Ressourcen und hohen Belastungen sogar das niedrigste Arbeitsengagement. Zur Erklärung kann nochmals die Annahme von Kaufmann und Beehr (1989) herangezogen werden. Die Quelle der Ressource ist gleichzeitig eine Quelle der Belastung und daher potenziert sie die negative Wirkung der Arbeitsbelastung. Auch das TMP kann zur Erklärung der Effekte herangezogen werden. Nach diesem Prinzip verringert sich das psychologische Wohlbefinden, wenn eine Ressource zur Verfügung steht, die nicht in adäquater Weise zum psychologischen Prozess, ausgelöst durch eine Arbeitsbelastung, passt (Jonge & Dormann, 2002). In Wochen, in denen mehr Zeitdruck bei der Vorbereitung der Lehrveranstaltung empfunden wird, geben die Lehrenden ein geringeres Maß an Vitalität und Absorption an, wenn sie sich generell durch die Studierenden unterstützt fühlen. Liegt einem Lehrenden demnach die Gewissheit zu Grunde, dass die Studierenden seinen Kompetenzen vertrauen, so gibt er unter Zeitdruck weniger Energie in die Vorbereitung bzw. lässt sich weniger von seiner Lehrtätigkeit mitreißen und vereinnahmen. Die Anwesenheit der Ressource kann dazu führen, dass unter Zeitdruck die Anstrengung in die Vorbereitung der Veranstaltungssitzung reduziert wird, da das Anspruchsniveau, eine „gute" Sitzung zu gestalten, gesenkt wird. Dies entspricht dem "passive coping mode", wie ihn Hockey (1995, 1997) in seinem Kontrollmodell zum Belastungsmanagement beschreibt. Bestimmte Ressourcen oder Ressource-Belastung-Konstellationen machen es wahrscheinlicher, dass zur Bewältigung eines Stressors der "passive coping mode" gewählt wird. Unterstützt wird diese Annahme durch die Ergebnisse meiner Längsschnittanalysen. Wird vor der Vorlesungszeit häufig von Studierenden berichtet, die unsympathisch und verbal aggressiv sind sowie überzogene und widersprüchliche Anforderungen haben, ist zudem die Unterstützung durch die Studierenden und der Freiraum, den Wünschen der Studierenden nachzukommen groß, so geben die Lehrenden nach der Vorlesungszeit weniger Arbeitsengagement an. Die Wahrnehmung von weniger Vitalität, weniger Hingabe und weniger Absorption kann demnach ebenfalls dadurch erklärt werden, dass auf Grund des Vorhandenseins der Ressourcen, die Anstrengung in der Lehrtätigkeit reduziert wird, wenn die Studierenden als soziale Stressoren auftreten.

Stärken und Einschränkungen

Meine Studie weist ein paar Einschränkungen auf. Erstens, neben den unidirektionalen und multiplikativen Effekten von Arbeitsbelastungen und Arbeitsressourcen auf Burnout und Arbeitsengagement haben verschiedene Studien überdies wechselseitige und umgekehrt kausale Einflüsse aufzeigen können (Bakker, Demerouti & Verbeke, 2004; Bakker, Schaufeli, Sixma, Bosveld & Dierendonck, 2000; de Lange et al., 2005; Salanova, Bakker & Llorens, 2006); siehe auch das frühere Review von Zapf, Dormann & Frese, 1996). So kann der Prozess der Gesundheitsbeeinträchtigung, wie er im JD-R Modell postuliert wird, zu einer Verlustspirale führen, in der die Arbeitsbelastungen und Burnout sich wechselseitig beeinflussen (Bakker, Schaufeli et al., 2000; Demerouti et al., 2004). Aber auch positive Aufwärtsspiralen lassen sich nachweisen, in denen sich Arbeitsressourcen und positive Emotionen sowie Engagement reziprok bedingen (Schaufeli, Bakker & van Rhenen, 2009). Für meine Studie bedeutet dies, dass zum Beispiel über das Semester hinweg Hochschullehrende, die mehr an Burnout leiden, eine qualitativ schlechtere Beziehung zu ihren Studierenden haben. Dadurch, dass sie sich emotional von ihren Studierenden distanzieren – als Mittel zur Bewältigung ihrer Erschöpfung – rufen sie selbst beanspruchende und emotional belastende Verhaltensweisen bei ihren Studierenden hervor, die sich wiederum – wie in meiner Studie nachgewiesen – auf das Burnout der Dozierenden auswirken. Ähnliches konnten zum Beispiel Bakker, Schaufeli et al. (2000) anhand einer Untersuchung bei Zahnärzten aufzeigen. Zur Betrachtung solcher Spiralen sind mehr als zwei Erhebungszeitpunkte notwendig. Dies hätte jedoch den Rahmen meiner Datenerhebung gesprengt, da die Dozierenden aufgrund der in die Längsschnittstudie integrierten Tagebuchstudie bereits sieben Fragebogen ausfüllen sollten. Fraglich ist zudem, ob das Zeitfenster eines Semesters ausreicht, um diese wechselseitigen Einflüsse in messbarer Stärke hervor zu bringen. So erstrecken sich Studien mit bedeutsamen Befunden meist über Monate bis Jahre (vgl. Bakker, Schaufeli et al., 2000; de Lange et al., 2005; Salanova et al., 2006; Schaufeli, Bakker & van Rhenen, 2009). Zukünftige Studien sollten jedoch die Möglichkeit solcher reziproken Effekte nicht außer Acht lassen und dafür geeignete Zeitfenster wählen.

Die vorliegende Studie basiert auf Selbstauskünften der Hochschullehrenden und unterliegt damit den typischen Einschränkungen dieser Befragungsmethode (Frese & Zapf, 1988; Zapf et al., 1996). Da sowohl die abhängigen, als auch die unabhängigen Variablen durch die gleiche Methode erhoben wurden, kann ich nicht ausschließen, dass die gemeinsame Methodenvarianz die gefundenen Effekte verursacht. Jedoch sprechen einige Argumente gegen die Zufälligkeit meiner Befunde: (1) Die Tagebuchdaten wurden am Personenmittelwert zentriert. Dadurch können Beeinflussungen durch Antworttendenzen oder Einflüsse durch eine Drittvariable (personenbezogene oder Umweltfaktoren wie zu Beispiel unterschiedliche Fachkulturen) ausgeschlossen werden. (2) In den Längsschnittanalysen wurden das Alter und das Geschlecht kontrolliert. (3) In fast allen Fällen waren, sowohl Arbeitsbelastungen als auch Ressourcen signifikante Prädiktoren für Burnout und Arbeitsengagement. Eine gemeinsame Methodenvarianz kann die gefundenen Effekte jedoch nicht ausschließlich erklären, da alle Prädiktoren die gleiche Methodenvarianz mit den abhängigen Variablen gemein haben. Um jedoch verzerrte Ergebnisse aufgrund von geteilter Methodenvarianz zu vermeiden, sollten zukünftige Studien verschiedene Erhebungsarten für die abhängigen und unabhängigen Variablen wählen. Die Beobachtung oder Fremdeinschätzung von sozialen Belastungen, Zeitdruck, aber auch sozialer Ressourcen und Handlungsspielraum wäre eine Möglichkeit.

Eine dritte Einschränkung betrifft die Tagebuchstudie und die damit einhergehende Belastung über fünf Wochen einmal wöchentlich einen Fragebogen auszufüllen. Diese Häufung an Befragungen kann die Bereitschaft zur Teilnahme an der Studie und die Ernsthaftigkeit, mit der die Fragen beantwortet werden beeinträchtigen. Da ich meine Erhebung mithilfe von Papierfragebögen durchführte, sind Falschangaben nicht kontrollierbar. Obwohl ich das Datum der Umfrage erfasste, kann ich nicht ausschließen, dass Personen ein anderes als das tatsächliche Datum eintrugen. Jedoch ist die Methode der Papierfragebögen weithin das meistgenutzte Verfahren (Bolger, Davis & Rafaeli, 2003). In nachfolgenden Studien können jedoch auch alternative Methoden wie Onlineumfragen oder Tablets bzw. Smartphones eingesetzt werden.

Als letztes ist die Einschränkung der Generalisierbarkeit meiner Befunde zu nennen. Da ich lediglich Dozierende einer deutschen Universität in meiner Stichprobe hatte, kann ich meine Ergebnisse zum Beispiel nicht auf Hochschulen anderer Art (z. B. (Fach-)Hochschulen oder private Hochschulen) oder anderer Länder übertragen. Anderseits waren in meiner Stichprobe neben Professoren, Juniorprofessoren und Akademischen Räten auch Doktoranten und Post-Doktoranden vertreten, die aus verschiedenen Fachkulturen kamen und unterschiedlich viel Lehrerfahrung und Studierendenkontakt aufwiesen, so dass die Ergebnisse auf viele Hochschullehrenden einer Universität übertragen werden können. Folgestudien sollten jedoch in Betracht ziehen, die Lehrenden mehrerer bzw. verschiedener Hochschularten zu befragen bzw. internationale Studien durchzuführen.

Insgesamt sollten die Einschränkungen meiner Studie in Beziehung zu ihren Stärken gesetzt werden. Beispielsweise wurde in der Tagebuchstudie nach dem aktuellen Befinden sowie den Belastungen und Ressourcen der letzten Tage gefragt. Somit sollte ein potentieller Rückschaufehler minimal gehalten werden. Im Vergleich zu längeren Intervallen (z. B. das Befinden der letzten vier Wochen) sind bei kürzer zurückliegenden Zeiträumen weniger kognitive und emotionale Prozesse aktiv, so dass meine Daten als „objektiver" eingeschätzt werden können (Frese & Zapf, 1988). Zudem wurden die Tagebuchdaten am Personenmittelwert zentriert, wodurch Beeinflussungen durch Antworttendenzen oder Einflüsse durch personenbezogene oder Umweltfaktoren ausgeschlossen werden können. In den Längsschnittanalysen wurden das Alter und das Geschlecht kontrolliert. In diesen Analysen wurde zudem der Stressor bzw. die Ressource zeitverzögert vor den abhängigen Variablen gemessen, sodass Kausalaussagen möglich sind. Nach DeLongis, Folkman und Lazarus (1988) sind Längsschnittstudien die beste Methode, um auf nicht-experimentellem Wege Kausalitäten zu prüfen. Da in der vorliegenden Studie die gleichen Personen, die gleiche Tätigkeit in einem äußerst ähnlichen Zeitraum verrichteten, können methodische Erklärungen für meine Befunde ausgeschlossen werden. Die Ergebnisse sind daher optimal zum Vergleich geeignet. Darüber hinaus wurden sowohl intra-, als auch interindividuelle Effekte untersucht und ähnliche Ergebnisse gefunden. Dadurch wird die Generalisierbarkeit der Ergebnisse gestützt. Insgesamt konnte eine Forschungslücke geschlossen werden, da im Bereich der Hochschullehre zum Thema Burnout und Arbeitsengagement kaum Längsschnitt- und keine Tagebuchstudien zu finden sind. Die mit dem Ergebnis verbundenen praktischen Implikationen sind im nachfolgenden Kapitel zusammengefasst.

Praktische Implikationen

Burnout kann viele schwerwiegende dysfunktionale Folgen nach sich ziehen (Cordes & Dougherty, 1993). Neben gesundheitliche Folgen auf körperlicher Ebene (Armon, Melamed, Shirom & Shapira, 2010; Sonnenschein et al., 2008), zeigen sich auch Zusammenhänge mit Depression, Angst und Alkohol-missbrauch (Ahola, 2007). Berufsbezogene Folgen sind eine Abnahme der Arbeitsleistung (Bakker, Demerouti & Sanz Vergel, 2014; Halbesleben & Buckley, 2004; Keijsers, Schaufeli, Le Blanc, Zwerts & Miranda, 1995; Singh, Goolsby & Rhoads, 1994; Taris, 2006) und eine Zunahme an Fehlzeiten (Ahola, 2007; Borritz, Rugulies, Christensen, Villadsen & Kristensen, 2006; Peterson et al., 2011; Schaufeli, Bakker & van Rhenen, 2009). Arbeitsengagement wiederum wirkt sich positiv auf die Gesundheit aus (Seppälä et al., 2012) und fördert positive Emotionen (Rodriguez-Munoz, Sanz Vergel, Demerouti & Bakker, 2014; Schaufeli & van Rhenen, 2006), Kreativität (Bakker, Demerouti & Sanz Vergel, 2014) sowie proaktives Verhalten und persönliche Initiative (Bakker, Demerouti & Ten Brummelhuis, 2012; Bakker & Xanthopoulou, 2013; Sonnentag, 2003). Zudem hat Arbeitsengagement eine Reihe an positiven berufsbezogenen Folgen. Zu den wichtigsten zählt eine bessere Arbeitsleistung sowohl auf individueller, als auch auf Teamebene (Bakker, Demerouti & Sanz Vergel, 2014). Das JD-R Modell zeigt Wege auf, wie Burnout verhindert oder zumindest gemindert und Arbeitsengagement gefördert werden kann. Die Ergebnisse meiner Studie deuten an, dass die Reduktion von Arbeitsbelastungen wie Zeitdruck und Bereitstellung oder Maximierung von Ressourcen wie Handlungsspielraum und Unterstützung durch die Universität prioritär bedacht werden sollten, wenn es um die Prävention von Burnout und die Förderung von Arbeitsengagement geht.

Bestimmte Belastungen wie die studentischen Stressoren sind sehr schwer direkt zu beeinflussen, können aber indirekt angegangen werden. Auf der Seite der Hochschule können die Arbeitsbedingungen so ausgerichtet werden, dass zufrie-denstellende Interaktionen zwischen Dozierenden und Studierenden möglich sind. Beispielsweise können positive Rahmenbedingungen für Sprechstunden geschaffen werden, indem den Dozierenden mehr Zeit (ein Kontingent an Sprechstundenzeit könnte neben der Unterrichtszeit in Form von Semesterwochenstunden im Arbeitsvertrag festgehalten werden) und besseren Räumlichkeiten zur Verfügung gestellt werden. Die Dozierenden selbst können unfreundliche und verbal aggressive Studierende indirekt beeinflussen, indem sie ihnen freundlich und serviceorientiert begegnen. Dormann et al. (2003) sprechen in diesem Sinne von einer persönlichen Dienstleistungsorientierung, die sich auf den individuellen Wunsch, die Kunden zufrieden zu stellen und auf den Willen bzw. die Anstrengungsbereitschaft, dementsprechend zu handeln, bezieht. Hiervon kann die organisationale Dienstleistungsorientierung abgegrenzt werden. Dies sind die Wahrnehmung von Gewohnheiten, Vorgehensweisen und Routinen im Umgang mit Kunden und das erwartete, geförderte und belohnte Arbeitsverhalten hinsichtlich der Erbringung von hochwertigen Dienstleistungen am Kunden. Beides kann durch organisationale Dienstleistungsgrundlagen beeinflusst werden (Schneider, White & Paul, 1998). Im Wesentlichen geht es dabei um Merkmale, die den Beschäftigten und ihrer Arbeitsausführung dienlich sind (concern for employees; Mitarbeiterorientierung) und darüber vermittelt auch dem Kunden nützen. In diesem Zusammenhang kann, wie bereits oben angedeutet, die Organisation indirekt Einfluss auf die studentischen aber auch auf andere soziale Stressoren nehmen.

In der Regel lassen sich soziale Stressoren jedoch nicht gänzlich ausschalten. Um diesen Stressoren besser begegnen zu können, sollten bestimmte Ressourcen gefördert werden. Hier zeigen meine Ergebnisse jedoch, dass nicht jede Art von Arbeitsressource dazu geeignet ist, jede Art von Belastung ab zu aufzufangen. Wichtig ist dabei die Passung der Arbeitsressource (kognitiv, emotional oder physisch) zur Beschaffenheit der Arbeitsbelastung (ebenfalls kognitiv, emotional oder physisch), um eine puffernde Wirkung auf ein entsprechendes Belastungserleben (ebenfalls kognitiv, emotional oder physisch) zu haben (Chrisopoulos et al., 2010). Daher scheint es notwendig diejenigen Arbeitsbelastungen, die zu Burnout oder einer Minderung des Arbeitsengagements führen, genau zu kennen, um mit der Förderung der entsprechenden Ressourcen das bestmögliche Arbeitsergebnis zu erzielen.

Schlussfolgerung

Hochschullehrende arbeiten keineswegs in belastungsarmen Arbeitsumgebungen. Zeitdruck und Belastungen durch Studierende können zu Burnout führen. Gleichzeit erfahren Dozierende Unterstützung durch Studierende und durch die Universität als Ganzes und verfügen über einen gewissen Handlungsspielraum. Diese Ressourcen können die Wirkung der Belastungen puffern, wenn eine Passung zur Beschaffenheit der Arbeitsbelastung gegeben ist. Zudem haben die Ressourcen eigenständige Effekte auf das Arbeitsengagement, welches in Zusammenhang mit guten Arbeitsergebnissen wie guter Lehre stehen kann. Hierzu sollten weitere Forschungsstudien durchgeführt werden, um zu zeigen, ob und wie sich Arbeitsengagement und Burnout auf die Qualität der Lehre auswirken. Gleichzeitig ist es wichtig, Belastungen und Arbeitsressourcen der Hochschullehrenden zu eruieren, um Burnout zu verhindern und Arbeitsengagement zu fördern. Die vorliegende Arbeit versuchte eine erste Klärung zum Verständnis der Prozesse und Mechanismen zu liefern, die der Wirkung von Arbeitsbelastungen und -ressourcen zu Grunde liegen. Eine gute Hochschullehre und damit verbunden die Gesundheit der Hochschullehrenden stellen im Hinblick des politisch forcierten Bildungsauftrages ein wichtiges Element unserer Gesellschaft dar. Ferner soll meine Studie dazu anregen weitere Forschung zu initiieren, um so den vorliegenden Erkenntnisstand weiter auszubauen.

8. Unvereinbarkeit von Forschung und Lehre[18]

In den letzten drei Dekaden wuchs das Forschungsinteresse an den Arbeitsplatzbedingungen von Hochschulwissenschaftlern und vor allem an den negativen gesundheitlichen Auswirkungen der Arbeitsbelastungen (Abouserie, 1996; Gillespie et al., 2001; Gmelch et al., 1986). Dabei zeigte sich, dass Hochschulwissenschaftler immer komplexere Aufgaben in Wissenschaft und Lehre erfüllen müssen (Houston et al., 2006). Im deutschen Hochschulsystem stellen diese beiden Aufgaben die zentralen Arbeitsbereiche der Hochschul-wissenschaftler dar, was bedeutet, dass die Beschäftigten sowohl die Rolle als Lehrender als auch die Rolle als Forscher einnehmen müssen. Aufgrund dessen, dass die Hochschulmitarbeiter nur einen begrenzten Pool an Ressourcen in Form von Zeit sowie physischer und psychischer Energie haben, priorisieren sie denjenigen Bereich, in den sie Zeit und Energie investieren wollen (vgl. Theorie des menschlichen Kapitals nach Becker, 1991, 1993). Konzentriert sich ein Universitätswissenschaftler auf die Forschung, so kann er die verbrauchte Zeit und Energie nicht in die Lehre stecken. Gleiches gilt auch umgekehrt. Lehre und Forschung sind somit unvereinbare Aufgaben und können nach der „Role scarcity"-Hypothese von Edwards und Rothbard (2000) als Interrollen-Konflikt definiert werden.

Studien zur Wirkung von Rollenkonflikten zeigen auf, dass diese zu den bedeutsamsten Arbeitsbelastungen zur Vorhersage von Burnout zählen (Alarcon, 2011). Burnout ist ebenfalls ein relevantes Thema im Hochschulbereich (Watts & Robertson, 2011). Ebenso zeigen erste Untersuchungsbefunde aber auch, dass Hochschullehrende engagiert sind, sich durch ihre Aufgaben herausgefordert, aber auch motiviert fühlen und sich mit ihrer Arbeit identifizieren (Kinman & Jones, 2003). Zur Untersuchung der Ursachen von Burnout und Arbeitsengagement wird häufig das Job Demands-Resources Modell herangezogen (Bakker &

---

[18] In dieser Studie wurde die gleiche Stichprobe wie in Studie 1 verwendet. Da Hypothesen und Ergebnisse zu den Haupteffekten der Ressourcen, denen aus Studie 1 entsprechen, werden diese hier nicht noch einmal berichtet.

Demerouti, 2014). Um die belastende Wirkung durch eine Unvereinbarkeit von Lehre und Forschung zu untersuchen, wird in dieser Arbeit ebenfalls das JD-R Modell herangezogen. Im Folgenden werden daher die in diesem Modell postulierten Prozesse vorgestellt, in denen Burnout und Arbeitsengagement eine Schlüsselposition einnehmen.

8.1   Das Job Demands-Resources Modell

Das Job Demands-Resources (JD-R) Modell (Bakker & Demerouti, 2007) ist ein heuristisches Rahmenmodell, das auf jede Arbeitstätigkeit angewendet werden kann. Zentral sind drei Annahmen: (1) Die Merkmale aller möglichen Arbeitstätigkeiten lassen sich in die zwei Kategorien Arbeitsbelastungen und Arbeitsressourcen einordnen. Arbeitsbelastungen erfordern körperliche und physische Anstrengung und sind daher mit physiologischen und psychischen Kosten verbunden (Demerouti, Bakker, Nachreiner et al., 2001). Arbeitsressourcen sind jene körperliche, psychologische, soziale oder organisationale Aspekte der Arbeit, die funktionell für das Erreichen von arbeitsbezogenen Zielen sind, Arbeitsbelastungen und die damit verbundenen körperlichen und psychologischen Kosten minimieren und persönliche Entwicklung und Lernen stimulieren (Demerouti, Bakker, Nachreiner et al., 2001). (2) Durch eine Häufung an Belastungen (z. B. Zeitdruck, ungünstige Umgebungsbedingungen, Rollenkonflikte) kommt es über einen Prozess der Gesundheitsbeeinträchtigung zu negativen Folgen wie Burnout. Im Gegensatz. dazu führen Ressourcen (z.B. Handlungsspielraum, soziale Unterstützung) über den motivationalen Prozess des Modells zu höherem Arbeitsengagement und besserer Leistung bei der Arbeit (Bakker & Demerouti, 2007). Diese Zwei-Prozess-Annahme konnte in einer Vielzahl an Studien, die in unterschiedlichsten Branchen und mit vielen verschiedenen Arbeitsbelastungen und Arbeitsressourcen durchgeführt wurden, nachgewiesen werden (für einen Überblick siehe Bakker & Demerouti, 2014). In Bezug auf Hochschullehrende untermauern die Ergebnisse einer südafrikanischen Studie die Existenz beider Prozesse (Barkhuizen et al., 2014). Die Autoren untersuchten den Zusammenhang zwischen Arbeitsbelastungen und -ressourcen, mit Burnout und Arbeitsengagement anhand einer Stichprobe von 595 Akademikern. Die Ergebnisse deuten darauf hin, dass auch bei Hochschul-lehrenden Arbeitsbelastungen und fehlende Arbeitsressourcen zu mehr Burnout und Arbeitsressourcen zu mehr Arbeitsengagement führen.

(3) Neben den eigenständigen haben beide Kategorien interagierende Effekte auf Burnout und Arbeitsengagement. Hier werden eine puffernde Wirkung der Ressourcen auf die negativen Effekte von Arbeitsbelastungen und verstärkende Effekte der Belastungen auf die motivierende Wirkung von Ressourcen angenommen. In verschiedenen Studien konnte der Puffer-Effekt aufgezeigt werden (Bakker, Demerouti & Euwema, 2005; Bakker, Hakanen et al., 2007; Hakanen et al., 2005; Xanthopoulou et al., 2007). Anhand einer Stichprobe von 1.012 Hochschulwissenschaftlern zeigten Bakker, Demerouti und Euwema, dass Arbeitsressourcen wie soziale Unterstützung und Handlungsspielraum den Einfluss von Arbeitsbelastungen (z. B. fehlende technische Unterstützung und die Beeinträchtigung des Arbeits- auf das Privatleben) auf Burnout mindern. Die Autoren konstatieren daher: „because employees never experience work overload isolated without having some kind of support or interaction with their supervisor, it is prudent to examine combinations of work characteristics when explaining the experience of job stress" (S. 178). Die zweite Interaktion zwischen den Arbeitsmerkmalen zeigt sich darin, dass der positive Einfluss der Arbeitsressourcen auf das Arbeitsengagement dann am höchsten ist, wenn viele Arbeitsbelastungen vorhanden sind. Bakker, Hakanen et al. (2007) führten eine Studie an finnischen Lehrern durch. Sie fanden, dass Arbeitsressourcen insbesondere dann das Arbeitsengagement der Lehrenden beeinflussten, wenn diese mit einem häufigen Fehlverhalten ihrer Schüler konfrontiert waren. Nach Hobfoll (2002) entwickeln Ressourcen ein motivierendes Potential, wenn sie hohen Arbeitsbelastungen gegenüberstehen, da ein Verhalten zur Ressourcen-gewinnung erst initiiert wird, wenn Ressourcen verbraucht werden.

Da Burnout und Arbeitsengagement Schlüsselpositionen im JD-R Modell einnehmen, werden diese Aspekte des psychologischen Wohlbefindens nachfolgend beschrieben.

8.2   Definition von Burnout und Arbeitsengagement

Die Kernelemente des *Burnouts* stellen emotionale Erschöpfung und Depersonalisation dar (Maslach et al., 1996; Schaufeli & Taris, 2005). *Emotional erschöpfte* Personen erleben sich als energielos, hoffnungsarm und hilflos. Sie haben jegliche Unbekümmertheit im Umgang mit Kunden, Klienten oder Patienten verloren und sind gefühlsmäßigen in der Zusammenarbeit mit anderen Menschen überfordert. *Depersonalisation* charakterisiert die Entwicklung einer negativen, gefühllosen und zynischen Haltung gegenüber Kunden, Klienten oder Patienten. Die Betroffenen zeigen ein gleichgültiges, erniedrigendes oder aggressives Verhalten.

Arbeitsengagement wird meist als „a positive, fulfilling, work-related state of mind that is characterized by vigor, dedication, and absorption" beschrieben (Schaufeli, Salanova et al., 2002 S. 74). *Vitalität* ist charakterisiert durch ein hohes Energieniveau sowie mentale Widerstandsfähigkeit während der Arbeit. Dies äußert sich in der Bereitschaft, Anstrengung in die Arbeit zu investieren und auch bei Schwierigkeiten durchzuhalten. Für die Dimension *Hingabe* ist eine äußerst starke Beteiligung an der Arbeit und das Erleben von Bedeutsamkeit, Begeisterung, Inspiration und Herausforderung kennzeichnend. *Absorption* bezieht sich auf die vollkommene Konzentration auf die Arbeit. Dabei vergeht die Zeit sehr schnell und es entstehen Schwierigkeiten, sich von der Arbeit zu lösen. In diesem Sinne wird Arbeitsengagement auch in meiner Arbeit verwendet.

8.3 Unvereinbarkeit von Forschung und Lehre als Prädiktoren

Da in bisherigen Veröffentlichungen die gegenseitige Beeinträchtigung von Forschung und Lehre häufig nur unter der Fragestellung, für welche Arbeitsaufgaben mehr Zeit investiert wird, betrachtet wurde, gibt es kaum Studien die sich mit den gesundheitlichen Folgen dieses Rollenkonfliktes auseinandersetzte. Eine Ausnahme bildet die Studie von Taris et al. (2001). Die Autoren gehen in ihrer Studie von der Grundannahme aus, dass Universitätswissenschaftler sich in erster Linie als Forscher und erst in zweiter Linie als Lehrende sehen. Das problematische daran ist, dass verschiedene obligatorische Lehraufgaben mit aktuellen Forschungsarbeiten koordiniert werden müssen. Daher beeinträchtigen insbesondere Lehraufgaben die Forschungstätigkeit. Zusammengefasst mit anderen Quellen des Zeitdrucks zu zeitbedingten Arbeitsbelastungen untersuchten die Autoren Effekte auf emotionale Erschöpfung und andere gesundheitliche Folgen und fanden positive Zusammenhänge. Je mehr die 131 Universitätswissenschaftler angaben, dass die Lehraufgaben überhandnahmen und keinen Raum für die Erfüllung von Forschungsaufgaben ließen, und je mehr Zeitdruck sie im gesamten empfanden, desto mehr fühlten sich die Hochschulwissenschaftler emotional erschöpft, desto mehr beklagten sie sich über psychosomatische Probleme und berichteten eine geringere mentale Gesundheit. Offen bleibt jedoch die Frage, in welcher Weise die Forschungsaufgaben die Tätigkeit in der Lehre beeinträchtigen und inwiefern sich dies auf Burnout und Arbeitsengagement auswirkt. In meiner Arbeit soll diese Forschungslücke geschlossen werden. Dabei soll untersucht werden, ob ein potentieller Interrollen-Konflikt zwischen Forschung und Lehre, aber auch *Lehre und Forschung* Auswirkungen auf das arbeitsbezogene Wohlbefinden hat. Dass Beeinträchtigungen in beide Richtungen möglich sind, ergibt sich aus dem Arbeitsalltag der Universitätswissenschaftler. Bezugnehmend auf den Lehre-Forschung-Konflikt kann der Argumentation Taris et al. gefolgt werden. Sehen sich die Lehrenden in erster Linie als Forscher, erschweren Lehraufgaben die Erfüllung von Aufgaben in diesem Bereich. Ein einfaches Beispiel für einen Forschung-Lehre-Konflikt bildet der Besuch von Tagungen während der Vorlesungszeit und dem damit verbundenen Ausfall von Unterricht, der in der einen oder anderen Weise kompensiert werden muss. Es lassen sich daher, basierend auf dem Gesundheitsbeeinträchtigungsprozess des JD-R Modells folgende Hypothesen ableiten:

H1: Beeinträchtigen die Lehraufgaben die Forschungstätigkeit verursacht dies Burnout und reduziert das Arbeitsengagement der Hochschullehrenden.

H2: Beeinträchtigt die Forschungstätigkeit die Lehre verursacht dies Burnout und reduziert das Arbeitsengagement der Hochschullehrenden.

Nach dem JD-R Modell können die Effekte der Belastungen durch Arbeitsressourcen gemindert werden (Schaufeli & Bakker, 2004). Hochschullehrende können besser auf Arbeitsbelastungen, wie die Unverein-barkeit von Forschung und Lehre, reagieren und diese bewältigen, wenn ihnen viele Ressourcen zur Verfügung stehen. Gleichzeitig ist der positive Einfluss von Arbeitsressourcen auf das Arbeitsengagement am höchsten, wenn viele Belastungen vorhanden sind (Bakker, Hakanen et al., 2007). Arbeitsressourcen können auf vier Ebenen klassifiziert werden (Bakker & Demerouti, 2007). Auf der unteren Ebene finden sich Ressourcen, die aus Organisation der Aufgabe hervorgehen. In der Lehraufgabe der Hochschulwissenschaftler liegt mehr oder weniger Handlungsspielraum, um auf die Wünsche, Bedürfnisse und Eigenschaften der Studierenden einzugehen. Auf der nächsthöheren Ebene lassen sich Ressourcen lokalisieren, die aus zwischenmenschlichen und sozialen Beziehungen resultieren. Die oberste Ebene in der Klassifikation von Ressourcenquellen bildet die Organisation als Ganzes. Da in meiner Studie eine puffernde Wirkung möglichst vieler Ressourcenquellen untersucht werden soll, werden der studierendenorientierte Handlungsspielraum, die soziale Unterstützung durch Studierende und die wahrgenommene Unterstützung der Universität in Bezug auf die Hochschullehre betrachtet.

H3: Der studierendenorientierte Handlungsspielraum und die soziale Unterstützung durch die Studierenden sowie der Universität puffern den

Effekt der Unvereinbarkeit von Lehre und Forschung auf das Burnout der Hochschullehrenden.

H4: Je mehr Lehraufgaben und Forschungstätigkeit unvereinbar sind, desto stärker wirken sich der studierendenorientierte Handlungsspielraum und die soziale Unterstützung durch die Studierenden sowie der Universität auf das Arbeitsengagement aus.

8.4   Methode

Um meine Hypothesen zu prüfen, wurde sowohl ein Längsschnitt-Studiendesign mit zwei Messzeitpunkten, als auch ein Tagebuchdesign mit fünf wöchentlichen Befragungen gewählt. Die Längsschnittstudie erstreckte sich über die Vorlesungszeit eines Semesters mit einer Erhebung eine Woche vor Beginn (t1) und einer Erhebung eine Woche nach Ende der Vorlesungszeit (t2). Hierdurch können zeitverzögerte Effekte über 14 Wochen hinweg betrachtet werden. Innerhalb der Vorlesungszeit fand in fünf aufeinanderfolgenden Veranstaltungssitzungen eines jeden teilnehmenden Lehrenden eine Kurzbefragung statt. Aufgrund von Feiertagen oder anderer Hinderungsgründen entsprachen diese fünf Erhebungszeitpunkte nicht in jedem Fall fünf aufeinanderfolgenden Wochen.

Stichprobe und Prozedur

Zu Beginn des Sommersemesters 2011 wurden 524 Hochschullehrende mit den Positionen Professor, Juniorprofessor, Akademischer Rat, Doktorand oder Post-Doktorand per Email zur Studie eingeladen. 67 Personen erklärten sich bereit teilzunehmen. Die Teilnehmerquote lag somit bei 12,8 %, was als akzeptabel für eine zeitaufwendige Tagebuch- und Langzeitstudie eingeschätzt wird.

Erste allgemeine Befragung in der ersten Woche vor Beginn der Vorlesungszeit.

Die Befragung vor Beginn der Vorlesungszeit (t1) fand mittels paper&pencil-Verfahren statt. Der Fragebogen enthielt Skalen zur Erfassung des allgemeinen Levels an Unvereinbarkeit von Forschung und Lehre, drei Skalen zur Erfassung des allgemeinen Levels an Arbeitsressourcen (wahrgenommene organisationale Unterstützung, soziale Unterstützung durch die Studierenden und studierenden-orientierter Handlungsspielraum) und zwei Skalen zur Erfassung von Arbeitsen-gagement und Burnout. 62 Fragebögen wurden zurückgesandt (62/67= 92,5 % aller Untersuchungsteilnehmer).

Wöchentliche Befragung (Tagebuchstudie).

Die Hochschullehrenden wurden gebeten in fünf aufeinanderfolgenden Wochen einen Fragebogen auszufüllen. Um jede Woche den gleichen Erhebungszeitpunkt zu realisieren, wurde nach Ende einer ausgewählten Veranstaltung der Fragebo-gen durch einen Studierenden dem Dozierenden zur Verfügung gestellt und in einem verschlossenen Umschlag an die Autorin zurückgesendet. Der Fragebogen umfasste die Erhebung der in der vergangenen Woche aufgetretenen Unverein-barkeit von Lehre und Forschung und der aktuellen Ausprägung des Arbeitsen-gagements und Burnouts. Für die erste Erhebungswoche der Tagebuchstudie betrug der Rücklauf 64 Fragebögen (64/67= 95,6 %). In der zweiten Woche erreichten die Autorin 66 Fragebögen (66/67 = 98,5 %). In der dritten Woche waren es 61 (61/67 = 91,0 %), in der vierten Woche 63 Rückläufer (63/67 = 94,0 %). In der letzten Woche betrug der Rücklauf noch 59 ausgefüllte Fragebögen (59/67 = 88,1 %).

Zweite allgemeine Befragung eine Woche nach Ende der Vorlesungszeit.

Eine Woche nach Ende der Vorlesungszeit wurde ein zweiter Fragebogen an die Lehrenden gesandt (t2). Dieser Fragebogen beinhaltete Fragen zu Burnout und Arbeitsengagement. Es antworteten 52 Hochschullehrende auf diesen zweiten Fragebogen (52/67= 77,6 % aller Befragungsteilnehmer).

Aufgrund von fehlenden Werten in mindestens einer Variablen wurden insgesamt acht Befragungsteilnehmer aus dem Datensatz ausgeschlossen werden. Alle nachfolgenden Analysen basierten daher auf den Daten von 59 Personen bzw. 280 Tagebuchdatensätzen. Die Studienteilnehmer waren 25 bis 64 Jahre alt (M = 42,3; SD = 8,8). 61,0 % waren männlich. Die Mehrheit der Studienteilnehmer lehrte in Geistes-, Sozial- und Kulturwissenschaften (84,0 %). Weitere Disziplinen waren Naturwissenschaft (15,3 %) und Medizin (1,7 %). Gut die Hälfte der Probanden hatte die Position eines wissenschaftlichen Mitarbeiters inne (28,8 % Post-Doktoranden und 23,7 % Doktoranden). 35,6 % waren Professoren. Die verbleibenden Teilnehmer waren als Juniorprofessoren tätig (11,9 %).

Die Längsschnitt-Analysen wurden auf Grundlage der Daten von 49 Studienteilnehmern durchgeführt. Wegen fehlender Werte in mindestens einer Skala mussten aus der Gesamtstichprobe von 52 TN drei Personen ausgeschlossen werden. Die verbleibenden 49 Personen waren im Durchschnitt 41,3 Jahre alt (*Range* = 25 - 54 Jahre; *SD* = 8,3). 53,1 % der Probanden dieser Teilstichprobe waren männlich. Die Verteilung der Positionen im Universitätsbetrieb in dieser Teilstichprobe unterschied sich unwesentlich von der Verteilung in der Gesamtstichprobe.

Messung

Tabelle 16 gibt einen Überblick zu den in dieser Studie genutzten Skalen, welche im Wortlaut an die Struktur der deutschen Universitäten als Arbeitgeber und die Situation der Hochschullehrer als Arbeitnehmer angepasst wurde. So wurden Begriffe wie „Kunden" oder „Patienten" durch „Studierende", „Arbeit" durch „Lehrtätigkeit" ersetzt. Die Mehrheit Antworten wurden anhand einer 5er-Skala erfasst, die von 1 (trifft überhaupt nicht zu) bis 5 (trifft völlig zu) reichte. Wurde eine andere Antwortskala verwendet, so wird dies explizit in der Beschreibung erwähnt. Im Folgenden werden die verwendeten Skalen ausführlich und die anpassten Items exemplarisch dargestellt. Die eingesetzten Fragebogen können bei der Autorin eingesehen werden.

Tabelle 16 Erfasste Konstrukte in den allgemeinen Befragungen und Cronbachs α zu t1 und t2

Konstrukt	Itemanzahl	Format[a]	α zu t1	α zu t2	Literaturquelle
Arbeitsbelastungen					
Forschung-Lehre-Konflikt	5	7er-Skala	0,94	--[c]	Netemeyer, Boles & McMurrian, 1996
Lehre-Forschung-Konflikt	5	7er-Skala	0,95	--[c]	
Arbeitsressourcen					
Studierendenorientierter Handlungsspielraum	5	5er-Skala	0,74	--	Dormann et al., 2003
Soziale Unterstützung durch die Studierenden	3	5er-Skala	0,82	--	Zimmermann et al., 2011
Wahrgenommene organisationale Unterstützung	4	5er-Skala	0,88	--	Eisenberger et al., 1986
Psychologisches Wohlbefinden					
Arbeitsengagement					Schaufeli, Bakker & Salanova, 2006
Vitalität	3	7er-Skala	0,75	0,77	
Hingabe	3	7er-Skala	0,83	0,90	
Absorption	3	7er-Skala	0,84	0,86	
Burnout					Maslach et al., 1996
Emotionale Erschöpfung	9	6er Skala	0,93	0,90	
Depersonalisation	5	6er Skala	0,68	0,69	

Anmerkung: [a]Für weitere Informationen siehe Beschreibung der Untersuchungsskalen.

In Bezug auf die Tagebuchstudie befürworten Reis und Gable (2000), dass wiederholte Einschätzungen insgesamt fünf bis sieben Minuten nicht überschreiten sollten. Skalen mit mehr als fünf Items sind daher nicht geeignet. Um der Empfehlung zu folgen, wurden die Unvereinbarkeit von Forschung und Lehre anhand zweier Items erfasst, jeweils eins für eine Konfliktrichtung[19]. Dieses Vorgehen entspricht der üblichen Vorgehensweise, bei der vorhandene Originalskalen vor-

---

[19]   Die Einordnung der wöchentlich erhobenen Kennwerte in den Rahmen der allgemeinen Erhebungen findet sich im Anhang (Kapitel 10.1)

zugsweise gekürzt und so für Tagebuchstudien angepasst werden; teilweise werden auch nur einzelne Items verwendet (Ohly et al., 2010). Ebenfalls aus ökonomischen Gründen wurden die Arbeitsressourcen nur zu t1 erhoben. Gleichzeitig lässt sich argumentieren und es wurde auch schon mehrfach nachgewiesen, dass nicht die reine Verfügbarkeit, sondern die Wahrnehmung der Ressourcen einen Effekt auf das Wohlbefinden hat (Cohen et al., 1986; Wethington & Kessler, 1986). Ich gehe daher davon aus, dass die *Wahrnehmung* des studierendenorientierten Handlungsspielraumes, der Unterstützung durch Studierende und Universität über den Zeitraum eines Semesters konstant ist. Wöchentliche Schwankungen sollten nicht auftreten.

Unvereinbarkeit von Forschung und Lehre

Um den Forschung-Lehre Konflikt (FLK) und den Lehre-Forschung Konflikt (LFK) zu messen, wurde eine verbal angepasste Form der Selbstbeurteilungsskalen „Beruf-Familie-Konflikt" (engl. work–family conflict; WFC) und „Familien-Beruf-Konflikt" (engl. family–work conflict; FWC) verwendet. Die Originalskalen wurden von Netemeyer et al. (1996) entwickelt. Jede Skala umfasste fünf Items. Ein Beispiel für die Subskala FLK ist: „Die Anforderungen meiner Forschungsprojekte beeinträchtigen meine lehrbezogenen Aktivitäten". Ein Beispiel für die Subskala LFK ist „Der Zeitumfang meiner Lehre macht es schwierig, Aufgaben in der Forschung zu erfüllen". Beide Skalen hatten eine gute interne Konsistenz (siehe Tabelle 16). In den wöchentlichen Erhebungen wurde nur ein Item pro Skala eingesetzt. Diese wurden anhand der hohen Korrelationen zur Gesamtskala ausgewählt (FLK: $r = 0{,}87$, $p < 0{,}01$ und LFK: $r = 0{,}96$, $p < 0{,}01$). Beide Aussagen wurden inhaltlich an die wöchentliche Befragung angepasst. Für die FLK-Skala lautete das Item „Aufgrund von Anforderungen, die meine Zeit für Forschungsprojekte betreffen, musste ich Dinge, die ich für diese Lehrveranstaltungen zu erledigen hatte, verschieben". Zur Erfassung des wöchentlichen LFK wurde das Item „In der letzten Woche hat der Zeitumfang meiner Lehraufgaben es schwierig gemacht, meine Verpflichtungen in Forschungsprojekten zu erfüllen" genutzt.

Studierendenorientierter Handlungsspielraum

Dormann et al. (2003) entwickelten eine Skala zur Erhebung des kundenorientierten Handlungsspielraumes. Beispielitems lauten: „Bei meiner Lehrtätigkeit habe ich die Möglichkeit, individuell auf die Wünsche der Studierenden eingehen zu können" und „Ich habe genügend Freiraum, um auf die Wünsche der Studierenden einzugehen". Cronbachs α zu t1 betrug 0,74.

Soziale Unterstützung durch die Studierenden

Zur Messung der sozialen Unterstützung durch die Studierenden wurden drei Items verwendet. Die Originalskala wurde von Zimmermann et al. (2011) entwickelt, um den Einfluss von Kundenverhalten (soziale Unterstützung durch Kunden) auf den Affekt der Mitarbeiter einer Dienstleistungsbranche zu untersuchen. Ein Beispiel für die Items lautet „Die Studierenden würdigen meine Bemühungen um ihre Anliegen". Die Interne Konsistenz war sehr gut (Cronbachs α zu t1 = 0,82).

Wahrgenommene organisationale Unterstützung

Die wahrgenommene organisationale Unterstützung wurde mittels vier ausgesuchten Items des Survey of Perceived Organizational Support (SPOS; Eisenberger et al., 1986) beurteilt. Diese vier Items wurden anhand ihrer Faktorladung in der Originalstudie von Eisenberger et al. (S. 502) ausgewählt. Sie sind repräsentativ für die beiden Kategorien „organisationale Fürsorge" und „organisationale Bereitschaft bei Problemen zu helfen". Beispiele sind: „Die JGU Mainz sorgt sich um mein Wohlbefinden" und „Wenn ich ein Problem habe, kann ich Hilfe von meinem Arbeitgeber bekommen". Die Interne Konsistenz war sehr gut (Cronbachs α zu t1 = 0,88).

Burnout

In dieser Studie wurde alleinig der "Kern" des Burnout-Syndroms, nämlich emotionale Erschöpfung und Depersonalisation (Schaufeli & Taris, 2005), betrachtet.

Beide Charakteristika wurden mit der deutschen Version des Maslach-Burnout-Inventars erfasst (MBI; Buessing & Perrar, 1992; Maslach et al., 1996). Anhand von neun Aussagen bewerteten die Befragungsteilnehmer wie häufig Gefühle der emotionalen Erschöpfung in Bezug auf ihre Lehrtätigkeit auftraten. Zur Einschätzung der Depersonalisation wurden fünf Items herangezogen. Beispiele für die zwei Kernsubskalen sind: „Ich fühle mich durch meine Lehrtätigkeit gefühlsmäßig erschöpft" (emotionale Erschöpfung) und „Es ist mir eigentlich egal, was aus manchen Studenten wird" (Depersonalisation). Dabei wurden die Items so abgeändert, dass sich die Inhalte speziell auf die Lehrtätigkeit und die Studierenden bezogen. Beide Subskalen wurden auf einer sechsstufigen Antwortskala bewertet. Die Polung reichte von 1 (nie) bis 6 (sehr oft). Die Subskala „emotionale Erschöpfung" hatte eine gute interne Konsistenz (Cronbachs α zu t1 = 0,93; Cronbachs α zu t2 = 0,90; siehe Tabelle 16). Diese entsprachen den Angaben des Testmanuals (Maslach et al., 1996) und den Werten der Metaanalyse von Lee & Ashforth, 1996. Die interne Konsistenz der Subskala Depersonalisation war akzeptabel (Cronbachs α zu t1 = 0,68; Cronbachs α zu t2 = 0,69; siehe Tabelle 16). Im Vergleich zu den beschriebenen Werten des Testmanuals und den Werten der Metaanalyse von Lee und Ashforth ist dieser Wert etwas geringer. Schaufeli et al. (1993) berichten jedoch, dass bisweilen häufiger eine interne Konsistenz unter 0,70 errechnet wurde. Schaufeli und Enzmann (1998) führten dies auf die Tatsache zurück, dass diese Subskala verschiedene Aspekte wie Distanzierung, Feindseligkeit und Ablehnung vereint. So ist die geringe interne Konsistenz nicht nur auf die geringe Anzahl an Items zurückzuführen, sondern könnte auch auf konzeptuelle Probleme hinweisen.

Zur Erhebung der wöchentlichen Levels an emotionaler Erschöpfung und Depersonalisation wurden ebenfalls die Items des Maslach-Burnout-Inventars genutzt. Diese wurden durch den Hinweis eingeleitet, sich bei der Beantwortung auf die letzte Woche zu beziehen, so dass die Skalen die emotionalen Erschöpfung und Depersonalisation in einer spezifischen Woche maßen. Für emotionale Erschöpfung lag Cronbachs α zwischen 0,84 und 0,91 ($M = 0,88$). Für Depersonalisation reichte Cronbachs α von 0,77 zu 0,84 (M = 0,79) für die fünf Erhebungszeitpunkte.

Arbeitsengagement

Das Arbeitsengagement der Hochschullehrenden wurde anhand der Kurzversion der Utrecht Work Engagement Skala (UWES-9) gemessen. Die Originalskala wurde von Schaufeli, Bakker und Salanova (2006) entwickelt. Das Arbeitsengagement ist durch Vitalität, Hingabe und Absorption charakterisiert und wurde mit drei Items erhoben, wobei. nach der Häufigkeit der Erlebnisse in den letzten vier Wochen gefragt wurde. Die Antworten konnten auf einer Skala mit sieben Abstufungen gegeben werden. Die Polung reichte von 1 (nie) bis 7 (immer). „Beim Lehren fühlte ich mich fit und tatkräftig" (Vitalität), "Ich war stolz auf meine Lehre" (Hingabe) und "Meine Lehrtätigkeit riss mich mit" (Absorption) sind Itembeispiele für die drei Subskalen. Zu beiden Erhebungszeitpunkten t1 und t2 hatten die Skalen eine gute interne Konsistenz (Cronbachs α zu t1 = 0,75 bis 0,84; Cronbachs α zu t2 = 0,77 bis 0,90; siehe Tabelle 16).

Die wöchentlichen Befragungen erfassten, wie engagiert sich die Lehrenden in der letzten Woche erlebten. Dabei wurden alle neun Aussagen der zu t1 und t2 genutzten Skala in den Fragebogen aufgenommen. Es wurde die gleiche Antwortskala wie zu t1 und t2 gebraucht. Für die Subskala Vitalität reichte Cronbachs α von 0,68 zu 0,88 (M = 0,80). Für die Subskala Hingabe lag Cronbachs α zwischen 0,69 und 0,90 (M = 0,85). Cronbachs α Absorption betrug im Minimum 0,81 und maximal 0,87 (M = 0,84).

Analytische Strategie

Um meine Hypothesen zu testen wurden verschiedene Analysemethoden genutzt. Eine erste Sichtung der Daten erfolgte anhand der deskriptiven Statistik (Mittelwert und Standardabweichung) und Korrelationsanalysen. Dabei wurden die Kennwerte der allgemeinen Erhebungen (t1 und t2) und die Tagebuchdaten betrachtet. Letztere wurden über die fünf wöchentlichen Erhebungszeitpunkte hinweg aggregiert, um die Zusammenhänge der wöchentlich erhobenen Werte mit den Daten der allgemeinen Erhebungen bestimmen zu können. Zur Determinierung der Korrelationen der Tagebuchdaten wurden die Daten am Personenmittelwert zentriert. Dadurch wurde eine Eliminierung interpersonellen Varianz erreicht; folglich können gefundene Einflüsse auf intrapersonelle Effekte zurückgeführt werden. Das bedeutet, dass im Folgenden die Frage untersucht werden konnte, ob Personen in einer Woche mit mehr oder weniger Forschung-Lehre- oder Lehre-Forschung-Konflikten mehr oder weniger Arbeitsengagement oder Burnout berichteten, ohne auf die Unterschiede zwischen den Personen eingehen zu müssen.

Die Tagebuchdaten dienten weiterhin einer intra-individuellen Veränderungsanalyse mittels hierarchisch-linearen Modellen (Hox, 2010; Raudenbush & Bryk, 2002; Snijders & Bosker, 2012). Diese ermöglichen die Beantwortung der Frage, ob es in den Erhebungswochen unterschiedliche Zusammenhänge zwischen den Arbeitsbelastungen und -ressourcen auf der einen und Burnout bzw. Arbeitsengagement auf der anderen Seite gab. Hierfür wurden Daten jedes Studienteilnehmers auf zwei Ebenen erhoben: (1) auf Ebene der Person (Level 2-Daten; Erfassung in der allgemeinen Befragung zu t1) und (2) auf Ebene der einzelnen Wochen (Level 1-Daten; Erfassung in der Tagebuchstudie). Alle Individualebene-Prädiktoren wurden am korrespon-dierenden Personenmittelwert zentriert, da in meiner Analyse die intra-individuelle Veränderungen von Interesse sind und die interpersonelle Varianz eliminiert werden sollte. Dementsprechend können alle Effekte der Individualebene-Prädiktoren als intra-individuelle Effekte interpretiert werden. Eine Zentrierung am Gesamtmittelwert (grand mean) wurde für alle Prädiktoren auf Ebene 2 durchgeführt. Somit entsprach die Regressionskonstante dem Erwartungswert, wenn die Prädiktoren auf Ebene zwei den Gesamtmittelwert der Stichprobe annahmen. Dies erlaubte es zum Beispiel, das Intercept als erwartetes Level an Burnout oder Arbeitsengagement zu interpretieren, wenn die sozialen Ressourcen den Stichprobenmittelwert annahmen (Paccagnella, 2006).

Die erhobenen Kennwerte in der allgemeinen Erhebung zu t1 und t2 gingen in inter-individuelle Längsschnittanalysen ein. Hierfür wurden hierarchische Regressionen berechnet. Dadurch wird die Beantwortung der Frage ermöglicht, ob Lehrende, die vor der Vorlesungszeit mehr oder weniger Belastungen oder Ressourcen wahrnehmen, nach der Vorlesungszeit mehr oder weniger Burnout und Arbeitsengagement berichten. Alter und Geschlecht wurden als Kontrollvariablen verwendet. Um eine multiple Regression und die in ihr enthaltenen Signifikanztests rechnen zu können, sind bestimmte Voraussetzungs-prüfungen durchzuführen. Dies sind (1) lineare Zusammenhänge zwischen den Variablen und die damit verbundene Kontrolle von Ausreißern, (2) Ausschluss von Autokorrelationen der Fehlerterme und (3) die Vermeidung von Multi-kollinearität. Die Ergebnisse der Voraussetzungsprüfungen können bei der Autorin eingesehen werden.

8.5   Ergebnisse

Die deskriptive Statistik (Mittelwerte und Standardabweichungen) sowie die Ergebnisse der Korrelationsanalysen der Daten auf Personen- und Wochenebene sind in Tabelle 17 zusammengefasst. Die Korrelationen gaben erste Hinweise auf die Beziehungen zwischen den Variablen. Sowohl in den wöchentlichen Messungen, als auch im Querschnitt zu t1 und t2 sowie im Längsschnitt hing Burnout mit dem Lehre-Forschung-Konflikt (LFK) zusammen. Vitalität korrelierte signifikant negativ mit dem LFK. Dies stellt eine erste Evidenz für Hypothese H1 (beeinträchtigen die Lehraufgaben die Forschungstätigkeit verursacht dies Burnout und reduziert das Arbeitsengagement) dar.

Der Forschung-Lehre-Konflikt (FLK) korrelierte ausschließlich in den wöchentlichen Erhebungen signifikant mit emotionaler Erschöpfung ($r = 0,18$; $p < 0,01$) und Depersonalisation ($r = 0,19$; $p < 0,01$). Zu keinem weiteren Zeitpunkt wurden die Befunde bezüglich dieser Variablen signifikant. Jedoch hing der FLK auf wöchentlichem und aggregiertem Niveau der Tagebuchdaten sowie der t1-Messung signifikant mit dem Arbeitsengagement zusammen (siehe Tabelle 17). Dies spiegelt einen ersten Beleg für die Hypothese H2 (beeinträchtigen die Lehraufgaben die Forschungstätigkeit verursacht dies Burnout und reduziert das Arbeitsengagement) wieder.

Tabelle 17 Deskriptive Statistik und Zusammenhangsanalysen der Variablen in Studie 2 [Fortsetzung auf den folgenden zwei Seiten]

Variable	M	SD	1	2	3	4	5	6	7	8	9	10	11	12
1. FLK	2,24	1,28												
2. LFK	3,24	1,33	,11											
3. AEv	4,38	1,25	-,46**	-,26*	-,15*									
4. AEh	4,24	1,25	-,37**	-,07	,86**	,83**								
5. AEa	4,48	1,29	-,48**	-,15	,87**	,86**	,82**							
6. EE	2,36	0,94	,25	,54**	-,42**	-,23	-,35**	-,33**						
7. DP	1,45	0,55	,34**	,30**	-,35**	-,23	-,35**	,49**						
8. SHS (t1)	3,4	0,7	-,27*	-,24	,41**	,25	,36**	,58**	-,47**					
9. SUS (t1)	3,87	0,71	-,08	-,03	,41**	,34**	,38**	-,51**	-,49**	,25				
10. WOU (t1)	2,85	0,92	-,17	-,13	,33**	,31*	,35**	-,10	-,35**	,34**	,06			
11. FLK (t1)	1,98	1,02	,50**	,24	-,32*	-,21	-,29*	-,41**	,16	-,14	,03	-,05		
12. LFK (t1)	4,39	1,57	,20	,52**	-,30*	-,06	-,25	,11	,47**	-,41	-,01	-,15	,17	
13. AEv (t1)	4,54	1,14	-,21	-,07	,73**	,67**	,68**	,32*	-,38**	,25	,38**	,32*	-,12	-,17
14. AEh (t1)	4,46	1,29	-,26*	-,06	,70**	,80**	,73**	-,31*	-,42**	,30*	,40**	,28*	-,08	-,05
15. AEa (t1)	4,36	1,38	-,36**	-,07	.68**	,68**	,72**	-,24	-,38**	,36**	,30*	,31*	-,05	-,12
16. EE (t1)	2,49	1,02	,26	,42**	-,33*	-,14	-,29*	,86**	,52**	-,51**	,04	-,41**	,19	,57**
17. DP (t1)	1,57	0,51	,33**	,11	-,34**	-,32*	-,37**	,77**	,48**	-,27*	,29**	-,25	,21	,23
18. FLK (t2)	2,78	1,07	,54**	-,09	-,20	-,19	-,27	,07	,40**	-,07	-,10	-,19	,43**	,05
19. LFK (t2)	5,06	1,61	,10	,64**	-,28	-,18	-,26	,53**	,16	-,11	,19	-,33*	,16	,49**
20. AEv (t2)	4,27	1,08	-,38**	-,08	,82**	,80**	,80**	-,39**	-,23	,36*	,34*	,38**	-,12	-,29*
21. AEh (t2)	4,35	1,23	-,30*	-,11	,69**	,82**	,74**	-,17	-,07	,27	,30*	,31*	-,15	-,09
22. AEa (t2)	4,34	1,19	-,38**	-,14	,67**	,72**	,80**	-,24	-,19	,22	,33*	,44**	-,26	-,17
23. EE (t2)	2,49	0,98	,09	,51**	-,38**	-,2	-,30*	,82**	,14	-,44**	,01	-,41**	,11	,41**
24. DP (t2)	1,57	0,55	,12	,09	-,34*	-,28*	-,42**	,48**	,45**	-,36*	-,30*	-,41**	,09	,27

Variable	13	14	15	16	17	18	19	20	21	22	23
1. ZD											
2. SSS											
3. AEv											
4. AEh											
5. AEa											
6. EE											
7. DP											
8. SHS (t1)											
9. SUS (t1)											
10. WOU (t1)											
11. ZD (t1)											
12. SSS (t1)											
13. AEv (t1)	,83**										
14. AEh (t1)	,78**	,85**									
15. AEa (t1)	-,24	-,11	-,11								
16. EE (t1)	-,29*	-,33**	-,26*	,54**							
17. DP (t1)	-,01	-,08	-,03	,20	,48**						
18. ZD (t2)	,20	-,10	-,18	,52**	,04	,01					
19. SSS (2)	,72**	,75**	,71**	-,39**	-,39**	-,24	-,21				
20. AEv (t2)	,62**	,83**	,71**	-,13	-,36*	-,19	-,06	,84**			
21. AEh (t2)	,64**	,74**	,70**	-,24	-,43**	-,25	-,15	,79**	,85**		
22. AEa (t2)	-,17	-,12	-,16	,74**	,30*	,05	,58**	-,34*	-,19	-,22	
23. EE (t2)	-,36*	-,33*	-,31*	,37*	,55**	,27	,23	-,41**	-,39**	-,47**	,45**
24. DP (t2)											

Anmerkungen:

Korrelationen unterhalb der Diagonalen sind Korrelationen auf Ebene der Personen (N = 59). Korrelationen oberhalb der Diagonalen sind Korrelationen auf Ebene der Tagebuchdaten (N = 280). FLK = Forschung-Lehre-Konflikt; LFK = Lehre-Forschung-Konflikt; AEv = Arbeitsengagement - Vitalität; AEh = Arbeitsengagement - Hingabe; AEa = Arbeitsengagement - Absorption; EE = emotionale Erschöpfung; DE = Depersonalisation; SHS = studierendenorientierter Handlungsspielraum; SUS = soziale Unterstützung durch die Studierenden; WOU = wahrgenommene organisationale Unterstützung.

†p < 0,10, *p < 0,05; **p < 0,01 (zweiseitige Testung)

Um diese Ergebnisse genauer analysieren und die Korrelations-Befunde zu den aufgestellten Hypothesen weiter untermauern zu können, wurden für jede der Subkomponenten von Burnout und Arbeitsengagement hierarchisch lineare Modelle berechnet. Die dabei verwendete Analysestrategie umfasste jeweils vier Analyseschritte: (1) Berechnung des Nullmodells (Modell 0): Modellierung des Mittelwerts der abhängigen Variable auf beiden Ebenen und Aufschluss über die inter-individuelle Varianz in der anhängigen Variable; (2) Bestimmung des Intercept-as-Outcome-Modells (Modell 1): Berechnung der Haupteffekte der Level 2-Prädiktoren; (3) Modellierung einer klassischen Level 1-Regressionen (Modell 2): Bestimmung standardisierten Regressionsgewichte; (4) Bestimmung des Slope-as-Outcome (Modell 3): Berechnung von „cross-level"-Interaktionen. Für alle hierarchisch-lineare Modelle wurde ein Full Maximum Likelihood-Verfahren (MLF) zur Parameterschätzung verwendet. Die Signifikanzniveaus der Haupteffekt-Testungen waren einseitig auf 5 % festgelegt. In Bezug auf Modell 3 wurde ein liberales Signifikanzkriterium gewählt ($\alpha = 0,10$), da in dieser Form des Regressionsansatzes oft die statistische Power fehlt (Aiken & West, 1991; Alexander & DeShon, 1994; Stone-Romero & Anderson, 1994). In gleicher Weise wurde in anderen Studien vorgegangen (z. B. Frese, 1999; LaRocco et al., 1980; Winnubst et al., 1982). Zudem wird dieses Vorgehen von Pedhauzer (1982) empfohlen. Andere (z. B. Weede, 1977) regen sogar an, 1 % zusätzlich aufgeklärte Varianz als Kriterium heranzuziehen. Für die Überprüfung der Hypothese, dass komplexere Modelle in ihrer Passung weniger komplexen Modellen überlegen sind, wurden Likelihood-Quotienten-Differenz-Tests berechnet, deren Signifikanz zweiseitig betrachtet wurde. Die Analyseergebnisse, Modellparameter und -vergleiche werden in den nachfolgenden Tabellen zusammengefasst. In den Analysen wurden Interaktionen berechnet, welche im Falle der Signifikanz graphisch aufbereitet wurden.

Eine Mehrebenenanalyse ist nur dann sinnvoll, wenn ein Minimum von 12 % der Varianz eines Tagebuch-Items durch intra-individuelle Variationen erklärt wird. Als Kennwert wurde hierfür der ICC_1 (intraclass correlation coefficient) herangezogen. Der Anteil der intra-individuellen Varianz an der Gesamtvarianz der

Tagebuchdaten reichte von 15 % (emotionale Erschöpfung) bis 43 % (FLK). Somit lagen alle ICC_1-Werte über der kritischen Grenze von 12 %.

Tabelle 18 bis Tabelle 22 beinhalten die Analyseergebnisse, Modellparameter und -vergleiche zu den abhängigen Variablen. In den Ergebnissen der hierarchisch-linearen Modelle zeigten sich signifikante Effekte beider Konfliktrichtungen bezüglich des Burnout-Konstruktes. So hatten sowohl der Forschung-Lehre- (*Koeffizient* = 0,04; *SE* = 0,03; *t* = 1,39; *p* < 0,10), als auch der Lehre-Forschung-Konflikt (*Koeffizient* − 0,13; *SE* − 0,03; *t* − 4,18; *p* < 0,01), einen signifikant positiven Einfluss auf die emotionale Erschöpfung. In Bezug auf Depersonalisation fand sich lediglich ein moderat signifikanter, aber auch positiver Effekt des Lehre-Forschung-Konfliktes (*Koeffizient* = 0,04; *SE* = 0,03; *t* = 1,33; *p* < 0,10). Bezüglich des Arbeitsengagements hatte der Forschung-Lehre-Konflikt einen signifikant negativen Einfluss auf alle drei Subkomponenten. In Wochen, in denen das Maß an Forschungsaufgaben es schwierig machte, den Lehraufgaben nachzukommen, wurde weniger Vitalität (*Koeffizient* = -0,08; *SE* = 0,06; *t* = -1,54; *p* < 0,10), Hingabe (*Koeffizient* = -0,12; *SE* = 0,04; *t* = -2,31; *p* < 0,05) und Absorption (*Koeffizient* = -0,08; *SE* = 0,05; *t* = -1,54; *p* < 0,10) berichtet. Gleichzeitig gaben die Lehrenden an, dass sie in Wochen, in denen es die Anforderungen in der Lehre schwer machten, den Anforderungen in der Forschung nachzukommen, weniger Absorption empfanden (*Koeffizient* = -0,11; *SE* = 0,06; *t* = -1,90; *p* < 0,10). Insgesamt sprechen die Ergebnisse für die Hypothese 1 und 2. Sowohl der Forschung-Lehre als auch der Lehre-Forschung-Konflikt verursacht Burnout und reduziert das Arbeitsengagement.

Tabelle 18 Geschätzte Kennwerte der hierarchisch-linearen Modelle zur Vorhersage der wöchentlichen emotionalen Erschöpfung

	Modell 0			Modell 1			Modell 2			Modell 3		
	Koeff.	SE	t	Koeff.	SE	t	Koeff.	SE	t	Koeff.	SE	t
Intercept	2,39	,12	20,02**	2,38	,10	24,37**	2,38	,10	24,65**	2,38	,10	24,63**
SHS^b				-,52	,15	-3,40**	-,51	,15	-3,37**	-,51	,15	-3,38**
SUS^b				,03	,14	,22	,03	,14	,23	,03	,14	,22
WOU^b				-,31	,11	-2,75**	-,32	,11	-2,89**	-,32	,11	-2,88**
FLK^a							,04	,03	1,39†	-,02	,03	,02
LFK^a							,13	,03	4,18**	,00	,03	-,78
FLK^a x SHS^b										-,01	,05	-,24
FLK^a x SUS^b										,05	,05	1,02
FLK^a x WOU^b										,00	,04	,01
LFK^a x SHS^b										-,06	,06	-,93
LFK^a x SUS^b										,07	,05	-1,46†
LFK^a x WOU^b										-,03	,05	-,68
-2 x log (lh)	453,15			429,90			401,33			396,34		
Δ -2 x log (lh)				23,24**			28,58**			4,99		
Δ Df				3			2			6		
Level 1 Intercept Varianz (SE)	,15 (,01)			,15 (,01)			,14 (,01)			,13 (,01)		
Level 2 Intercept Varianz (SE)	,80 (,16)			,53 (,11)			,52 (,10)			,52 (,10)		

Anmerkungen:
^{a}Prädiktor auf Ebene 1 (wöchentliche Tagebuchdaten). ^{b}Prädiktor auf Ebene 2 (Personendaten erhoben zu t1). Personendaten (N = 59). Tagebuchdaten (N = 280). *Koeff.* = Koeffizient: Geschätzter Kennwert im jeweiligen Modell. *SE* = Standardfehler. FLK = Forschung-Lehre-Konflikt; LFK = Lehre-Forschung-Konflikt; SHS = studierendenorientierter Handlungsspielraum; SUS = soziale Unterstützung durch die Studierenden; WOU = wahrgenommene organisationale Unterstützung

†p < 0,10, *p < 0,05; **p < 0,01. Schätzwerte wurden einseitig getestet; bei Modellvergleichen erfolgte eine zweiseitige Testung.

Tabelle 19 Geschätzte Kennwerte der hierarchisch -linearen Modelle zur Vorhersage der wöchentlichen Depersonalisation

	Modell 0			Modell 1			Modell 2			Modell 3		
	Koeff.	SE	t	Koeff.	SE	t	Koeff.	SE	t	Koeff.	SE	t
Intercept	1,50	,06	23,25**	1,49	,05	30,89**	1,48	,05	31,10**	1,48	,05	31,07**
SHS^b				-,19	,08	-2,48**	-,18	,08	-2,41**	-,18	,08	-2,41**
SUS^b				-,29	,06	-4,06**	-,28	,07	-4,00**	-,28	,07	-4,00**
WOU^b				-,14	,07	-2,61**	-,16	,06	-2,97**	-,16	,06	-2,97**
FLK^a							-,02	,03	-,69	,00	,02	-,21
LFK^a							,04	,03	1,33†	,00	,03	-,04
FLK^a x SHS^b										,04	,04	1,15
FLK^a x SUS^b										-,02	,03	-,74
FLK^a x WOU^b										-,02	,04	-,52
LFK^a x SHS^b										-,05	,05	-1,03
LFK^a x SUS^b										-,05	,04	-1,35†
LFK^a x WOU^b										,05	,04	1,28
-2 x log (lh)	296,76			263,74			251,68			246,08		
Δ -2 x log (lh)				33,03**			12.06**			5,61		
Δ Df				3			2			6		
Level 1 Intercept Varianz (SE)	,10 (,01)			,10 (,01)			,10 (,01)			,10 (,01)		
Level 2 Intercept Varianz (SE)	,22 (,05)			,12 (,03)			,11 (,03)			,11 (,03)		

Anmerkungen:
^aPrädiktor auf Ebene 1 (wöchentliche Tagebuchdaten). ^bPrädiktor auf Ebene 2 (Personendaten erhoben zu t1). Personendaten ($N = 59$). Tagebuchdaten ($N = 280$). *Koeff.* = Koeffizient: Geschätzter Kennwert im jeweiligen Modell. *SE* = Standardfehler. FLK = Forschung-Lehre-Konflikt; LFK = Lehre-Forschung-Konflikt; SHS = studierendenorientierter Handlungsspielraum; SUS = soziale Unterstützung durch die Studierenden; WOU = wahrgenommene organisationale Unterstützung

†$p < 0,10$, *$p < 0,05$; **$p < 0,01$. Schätzwerte wurden einseitig getestet; bei Modellvergleichen erfolgte eine zweiseitige Testung.

Tabelle 20 Geschätzte Kennwerte der hierarchisch-linearen Modelle zur Vorhersage der wöchentlichen Vitalität

	Modell 0 Koeff.	SE	t	Modell 1 Koeff.	SE	t	Modell 2 Koeff.	SE	t	Modell 3 Koeff.	SE	t
Intercept	4,36	,15	29,80**	4,37	,12	35,69***	4,33	,12	35,18**	4,36	,12	35,17**
SHS^b				,51	,19	2,63**	,51	,19	2,64**	,52	,19	2,65**
SUS^b				,51	,18	2,84**	,52	,18	2,86**	,52	,18	2,86**
WOU^b				,18	,14	1,33†	,17	,14	1,17	,16	,14	1,16
FLK^a							-,08	,06	-1,54†	-,01	,06	-,11
LFK^a							-,07	,06	-1,22	,03	,07	,46
FLK^a x SHS^b										,04	,09	,48
FLK^a x SUS^b										-,09	,09	-1,07
FLK^a x WOU^b										,00	,07	,02
LFK^a x SHS^b										,21	,11	1,92*
LFK^a x SUS^b										-,17	,08	-2,04*
LFK^a x WOU^b										-,05	,09	-,54
-2 x log (lh)	728,60			706,96			686,40			678,15		
Δ-2 x log (lh)				21,64**			29,56**			8,25†		
ΔDf				3			2			6		
Level 1 Intercept Varianz (SE)	,46 (,04)			,46 (,04)			,46 (,05)			,43 (,05)		
Level 2 Intercept Varianz (SE)	1,16 (,24)			,79 (,16)			,80 (,17)			,80 (,17)		

Anmerkungen:
^{a}Prädiktor auf Ebene 1 (wöchentliche Tagebuchdaten). ^{b}Prädiktor auf Ebene 2 (Personendaten erhoben zu t1). Personendaten (N = 59). Tagebuchdaten (N = 280). *Koeff.* = Koeffizient: Geschätzter Kennwert im jeweiligen Modell. *SE* = Standardfehler. FLK = Forschung-Lehre-Konflikt; LFK = Lehre-Forschung-Konflikt; SHS = studierendenorientierter Handlungsspielraum; SUS = soziale Unterstützung durch die Studierenden; WOU = wahrgenommene organisationale Unterstützung

†p < 0,10, *p < 0,05; **p < 0,01. Schätzwerte wurden einseitig getestet; bei Modellvergleichen erfolgte eine zweiseitige Testung.

Tabelle 21 Geschätzte Kennwerte der hierarchisch-linearen Modelle zur Vorhersage der wöchentlichen Hingabe

	Modell 0			Modell 1			Modell 2			Modell 3		
	Koeff.	SE	t	Koeff.	SE	t	Koeff.	SE	t	Koeff.	SE	t
Intercept	4,21	,15	29,16**	4,22	,13	32,35**	4,21	,13	31,99**	4,21	,13	31,98**
SHS[b]				,21	,21	1,02	,23	,21	1,10	,23	,21	1,11
SUS[b]				,46	,19	2,40**	,47	,19	2,42**	,47	,19	2,43**
WOU[b]				,26	,15	1,72*	,23	,15	1,54†	,23	,15	1,53†
FLK[a]							-,12	,04	-2,31*	,03	,07	,43
LFK[a]							,03	,07	,52	,01	,07	,08
FLK[a] x SHS[b]										,03	,09	,28
FLK[a] x SUS[b]										,02	,09	,37
FLK[a] x WOU[b]										,03	,07	,20
LFK[a] x SHS[b]										,06	,10	,57
LFK[a] x SUS[b]										-,14	,09	-1,53†
LFK[a] x WOU[b]										-,09	,09	-1,04
-2 x log (lh)	709,18			696,80			675,91			667,57		
Δ -2 x log (lh)				12,38**			19,89**			9,34†		
Δ Df				3			2			6		
Level 1 Intercept Varianz (SE)	,43 (,04)			,43 (,04)			,43 (,04)			,38 (,05)		
Level 2 Intercept Varianz (SE)	1,13 (,23)			,91 (,19)			,92 (,19)			,93 (,19)		

Anmerkungen:
[a]Prädiktor auf Ebene 1 (wöchentliche Tagebuchdaten). [b]Prädiktor auf Ebene 2 (Personendaten erhoben zu t1). Personendaten (N = 59). Tagebuchdaten (N = 280). *Koeff.* = Koeffizient: Geschätzter Kennwert im jeweiligen Modell. *SE* = Standardfehler. FLK = Forschung-Lehre-Konflikt; LFK = Lehre-Forschung-Konflikt; SHS = studierendenorientierter Handlungsspielraum; SUS = soziale Unterstützung durch die Studierenden; WOU = wahrgenommene organisationale Unterstützung

†p < 0,10, *p < 0,05; **p < 0,01. Schätzwerte wurden einseitig getestet; bei Modellvergleichen erfolgte eine zweiseitige Testung.

Tabelle 22 Geschätzte Kennwerte der hierarchisch-linearen Modelle zur Vorhersage der wöchentlichen Absorption

	Modell 0			Modell 1			Modell 2			Modell 3		
	Koeff.	SE	t	Koeff.	SE	t	Koeff.	SE	t	Koeff.	SE	t
Intercept	4,47	,15	29,38**	4,47	,13	34,48**	4,47	,13	34,38	4,47	,13	34,36**
SHS^b				,36	,20	1,79*	,38	,20	1,85*	,38	,20	1,86*
SUS^b				,52	,19	2,73**	,52	,19	2,72**	,52	,19	2,72**
WOU^b				,30	,15	2,04*	,29	,15	1,94*	,29	,15	1,93*
FLK^a							-,08	,05	-1,54†	,01	,07	,11
LFK^a							-,11	,06	-1,90*	,09	,09	1,10
FLK^a x SHS^b										,11	,09	1,30†
FLK^a x SUS^b										-,09	,07	-1,00
FLK^a x WOU^b										,01	,06	-,10
LFK^a x SHS^b										,19	,11	1,76*
LFK^a x SUS^b										-,12	,09	-1,36†
LFK^a x WOU^b										-,16	,08	-1,86*
-2 x log (lh)	731,36			712,36			689,42			676,53		
Δ -2 x log (lh)				19,00**			22,94**			12,89*		
Δ Df				3			2			6		
Level 1 Intercept Varianz (SE)	,46 (,04)			,46 (,04)			,45 (,04)			,42 (,04)		
Level 2 Intercept Varianz (SE)	1,26 (,25)			,89 (,18)			,89 (,18)			,90 (,18)		

Anmerkungen:

^{a}Prädiktor auf Ebene 1 (wöchentliche Tagebuchdaten). ^{b}Prädiktor auf Ebene 2 (Personendaten erhoben zu t1). Personendaten ($N = 59$). Tagebuchdaten ($N = 280$). *Koeff.* = Koeffizient: Geschätzter Kennwert im jeweiligen Modell. *SE* = Standardfehler. FLK = Forschung-Lehre-Konflikt; LFK = Lehre-Forschung-Konflikt; SHS = studierendenorientierter Handlungsspielraum; SUS = soziale Unterstützung durch die Studierenden; WOU = wahrgenommene organisationale Unterstützung

†$p < 0,10$, *$p < 0,05$; **$p < 0,01$. Schätzwerte wurden einseitig getestet; bei Modellvergleichen erfolgte eine zweiseitige Testung.

In Bezug auf die Interaktionen zeigte sich für beide Burnout-Komponenten, dass das komplexere Modell 3 nicht den weniger komplexen Modellen überlegen war (siehe Tabelle 18 und Tabelle 19). Daher muss Hypothese 3 (Ressourcen puffern die Effekte beider Konfliktrichtungen) verworfen werden. Hingegen fand sich bezüglich Arbeitsengagement, dass für alle drei Subskalen die Passung des Modells 3 - zumindest auf dem Niveau $\alpha = 0,10$ - besser als die Passung des Modells 2 war. Die Interaktion zwischen LFK und dem studierendenorientierten Handlungsspielraum war für Vitalität (*Koeffizient* = 0,21; *SE* = 0,06; *t* = 1,92; *p* < 0,05) und Absorption (*Koeffizient* = 0,19; *SE* = 0,11; *t* = 1,76; *p* < 0,05) signifikant. Beide Interaktionen sind in Abbildung 11 graphisch dargestellt.

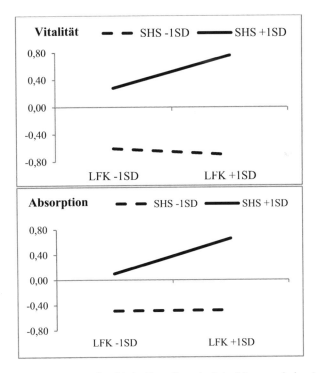

Abbildung 11 Arbeitsengagement: Graphische Darstellung der Interaktionen zwischen Lehre-Forschung-Konflikt (LFK) und dem studierendenorientierten Handlungsspielraum (SHS)

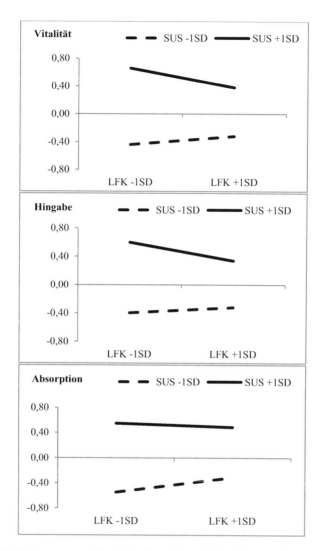

Abbildung 12 Arbeitsengagement: Graphische Darstellung der Interaktionen zwischen Lehre-Forschung-Konflikt (LFK) und der Unterstützung durch die Studierenden (SUS)

Des Weiteren ergaben sich signifikante Effekte bezüglich des Interaktionsterms LFK und der Unterstützung durch die Studierenden (SUS) für alle drei Elemente des Arbeitsengagements (siehe Abbildung 12). Die Richtung der Effekte war dabei jedoch anders als im vorherigen beschriebenen Abschnitt. In diesen Fällen berichteten Lehrende in Wochen mit wenigen LFK, aber viel SUS das höchste Maß an Arbeitsengagement.

Darüber hinaus war die Interaktion zwischen dem LFK und der wahrgenommenen Unterstützung durch die Universität (WOU) in Bezug auf Absorption signifikant (*Koeffizient* = -0,16; *SE* = 0,08; *t* = -1,86; *p* < 0,05). Sie ist in Abbildung 13 graphisch dargestellt. Die Absorption war dann am höchsten, wenn viel WOU und gleichzeitig wenig LFK angegeben wurde.

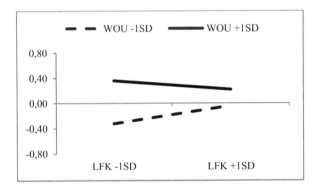

Abbildung 13 Absorption: Graphische Darstellung der Interaktionen zwischen Lehre-Forschung-Konflikt (LFK) und der wahrgenommenen organisationalen Unterstützung (WOU)

Die letzte signifikante Interaktion zeigte zwischen dem FLK und dem Handlungsspielraum. Dieser Interaktionsterm wurde im Modell 3 (AV = Absorption) auf dem Niveau α = 0,10 signifikant (*Koeffizient* = 0,11; *SE* = 0,09; *t* = 1,30; *p* < 0,10). Das höchste Maß an Absorption wurde dann berichtet, wenn sowohl die Ausprägung der Ressource, als auch der Belastung hoch war.

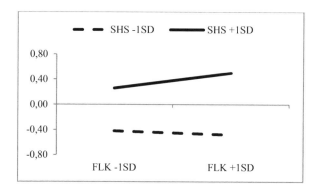

Abbildung 14 Absorption: Graphische Darstellung der Interaktionen zwischen Forschung-Lehre-Konflikt (FLK) und der wahrgenommenen organisationalen Unterstützung (WOU)

Insgesamt hatten sieben von 18 möglichen Interaktionen einen signifikanten Einfluss. Ausgehend von einem etwas höheren, aber dennoch tolerierbaren Signifikanzniveau ($\alpha = 0{,}10$), würden im Rahmen zufällig zustande gekommener Befunde 1,8 Interaktionen bedeutsame Effekte aufweisen. Dies spricht für Hypothese 4: Je mehr Lehraufgaben und Forschungstätigkeit unvereinbar sind, desto stärker wirken sich der studierendenorientierte Handlungsspielraum und die soziale Unterstützung durch die Studierenden sowie der Universität auf das Arbeitsengagement aus.

In den nachfolgenden Abschnitten werden die Analyseergebnisse der *im Längsschnitt erhobenen Daten* berichtet. Erste korrelative Analysen (siehe Tabelle 17) zeigten kaum Hinweise für die Bestätigung der Hypothesen 1 und 2 (LFK und FLK verursachen Burnout und reduzieren das Arbeitsengagement). Lediglich zwischen dem LFK (gemessen vor Beginn der Vorlesungszeit) und emotionaler Erschöpfung sowie Vitalität (beides gemessen nach dem Ende der Vorlesungszeit) bestand eine empirisch bedeutsame Beziehung. Trotzdem wurden multiple Regressionsanalysen berechnet, um die Hypothesen auch auf potentielle Effekte der Interaktionsterme zu prüfen. Im ersten Schritt wurden das Alter, das Geschlecht und die Ausprägung der abhängigen Variable zu t1 kontrolliert. Dadurch konnte sichergestellt werden, dass nur die Veränderungen der abhängigen Variable von t1 zu t2 durch die Variablen der nachfolgenden Schritte vorhergesagt werden. Im zweiten Schritt der multiplen Regressionen wurden die Arbeitsbelastungen und -ressourcen als Prädiktoren in die Regressionsmodelle aufgenommen. Die Interaktionsterme beider Arbeitsmerkmale wurden im dritten und letzten Schritt ins Modell einbezogen.

Die Ergebnisse der hierarchischen Regressionen sind in Tabelle 23 bis Tabelle 27 zusammengefasst. In allen regressionsanalytischen Berechnungen waren die Stabilitäten (bzw. autoregressiven Effekte) signifikant (siehe Schritt 1 in Tabelle 23 bis Tabelle 27). In Bezug auf Burnout zeigte sich im zweiten Schritt lediglich ein signifikanter Effekt des FLK auf Depersonalisation ($\beta = 0{,}21$; $p < 0{,}10$) auf dem $\alpha = 0{,}10$ Niveau. Dies war jedoch nur in Kombination mit der Ressource „Unterstützung durch die Studierenden" (SUS) zu beobachten. Mit Blick auf die Modellpassung zeigte sich keine signifikant bessere im Vergleich zum vorherigen Modell. Bezüglich der emotionalen Erschöpfung fanden sich ebenfalls keine signifikanten Ergebnisse. Ferner belegen die in Schritt 2 berechneten Regressionsanalysen mit den abhängigen Variablen Vitalität, Hingabe und Absorption nur ein signifikantes Ergebnis. Der einzig bedeutsame zeitverzögerte Effekt fand sich für den LFK, der signifikant das Level an Vitalität zu t2 vorhersagte ($\beta = -0{,}21$; $p < 0{,}05$). Aus diesem Grund wurden die Hypothesen 1 und 2 (LFK und FLK verursachen Burnout und reduzieren das Arbeitsengagement) insgesamt verworfen.

Im dritten Schritt der hierarchischen Regressionsmodelle wurden die Interaktionsterme des FLK, LFK und der Arbeitsressourcen in die Analyse aufgenommen. Bezüglich der Annahme, dass die Ressourcen das Ausmaß an FLK moderieren und sich auf das Ausmaß von Burnout auswirken, fand sich keinerlei Evidenz. Hinsichtlich des LFK waren zwei von zwölf Interaktionen bedeutsam. Ausgehend von einem liberalen Signifikanzniveau von $\alpha = 0{,}10$, wären 1,2 zufällig zustande gekommene Interaktionen zu erwarten gewesen. Schlussfolgernd kann Hypothese 3 (Arbeitsressourcen puffern den Effekt der Unvereinbarkeit von Lehre und Forschung auf Burnout) zumindest für den Lehre-Forschung-Konflikt bestätigt werden. So konnten die Kreuzprodukte LFK x SHS und LFK x SUS Depersonalisation zu t2 signifikant vorhersagen. Die niedrigsten Deperso-nalisationswerte berichteten diejenigen Lehrenden, die viele LFK und viele Res-sourcen berichteten. Die Interaktionen sind in Abbildung 15 veranschaulicht.

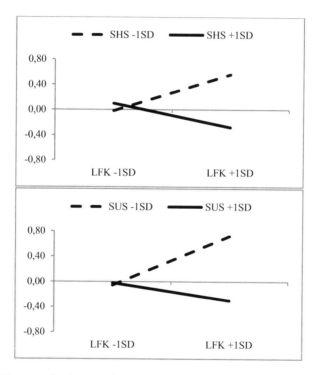

Abbildung 15 Depersonalisation: Interaktion zwischen Lehre-Forschung-Konflikt (LFK) und dem studierendenorientierten Handlungsspielraum (SHS) bzw. der Unterstützung durch die Studierenden (SUS)

Tabelle 23 Hierarchische Regressionen von emotionale Erschöpfung auf FLK, LFK und Arbeitsressourcen sowie deren Interaktionsterme

	B	SE B	β	B	SE B	β	B	SE B	β	B	SE B	β	B	SE B	β	B	SE B	β
Schritt 1																		
Alter	-,01	,01	-,07	-,01	,01	-,06	-,01	,01	-,09	-,01	,01	-,10	-,01	,01	-,17*	-,01	,01	-,10
Geschlecht	-,35	,23	-,17	-,37	,22	-,18	-,37	,22	-,18	-,34	,23	-,17	-,33	,22	-,06	-,33	,22	-,16
AV zu t1	,75	,13	,74**	,80	,12	,78**	,71	,13	,70**	,74	,11	,72**	,69	,11	,74**	,69	,11	,67**
	$\Delta R^2 = 59,2\%$; $\Delta F = 21,75**$			$\Delta R^2 = 59,2\%$; $\Delta F = 21,75**$			$\Delta R^2 = 59,2\%$; $\Delta F = 21,75**$			$\Delta R^2 = 59,2\%$; $\Delta F = 21,75**$			$\Delta R^2 = 59,2\%$; $\Delta F = 21,75**$			$\Delta R^2 = 59,2\%$; $\Delta F = 21,75**$		
Schritt 2																		
LFK (t1)	-,05	,08	-,08	-,05	,08	-,08	-,03	,09	-,05									
FLK (t1)										-,04	,11	-,04	,01	,11	,10	-,01	,11	-,01
SHS	-,10	,18	-,06							-,03	,18	-,02						
SUS				-,11	,14	-,08							-,10	,15	-,07			
WOU							-,14	,11	-,14							-,17	,11	-,16
	$\Delta R^2 = 0,7\%$; $\Delta F = ,40$			$\Delta R^2 = 0,9\%$; $\Delta F = ,46$			$\Delta R^2 = 1,8\%$; $\Delta F = ,99$			$\Delta R^2 = 0,4\%$; $\Delta F = ,21$			$\Delta R^2 = 0,5\%$; $\Delta F = ,26$			$\Delta R^2 = 1,7\%$; $\Delta F = ,92$		
	$R^2 = 60,0\%$; $F = 10,51**$			$R^2 = 60,3\%$; $F = 10,61**$			$R^2 = 61,0\%$; $F = 10,94**$			$R^2 = 61,4\%$; $F = 11,16**$			$R^2 = 59,7\%$; $F = 10,36**$			$R^2 = 61,2\%$; $F = 11,04**$		
Schritt 3																		
LFK x SHS	-,03	,10	-,03															
LFK x SUS				,04	,09	,05												
LFK x WOU							,00	,06	-,01									
FLK x SHS										-,24	,17	-,15						
FLK x SUS													,02	,17	,01			
FLK x WOU																-,09	,14	-,06
	$\Delta R^2 = 0,1\%$; $\Delta F = ,10$			$\Delta R^2 = 0,2\%$; $\Delta F = ,23$			$\Delta R^2 = 0,4\%$; $\Delta F = ,00$			$\Delta R^2 = 1,9\%$; $\Delta F = 2,05$			$\Delta R^2 = 0,0\%$; $\Delta F = ,10$			$\Delta R^2 = 0,3\%$; $\Delta F = ,36$		
	$R^2 = 60,0\%$; $F = 10,51**$			$R^2 = 60,3\%$; $F = 10,61**$			$R^2 = 61,0\%$; $F = 10,94**$			$R^2 = 61,4\%$; $F = 11,16**$			$R^2 = 59,7\%$; $F = 10,36**$			$R^2 = 61,2\%$; $F = 11,04**$		

Tabelle 24 Hierarchische Regressionen von Depersonalisation auf FLK, LFK und Arbeitsressourcen sowie deren Interaktionsterme

	B	SE B	β	B	SE B	β	B	SE B	β	B	SE B	β	B	SE B	β	B	SE B	β
Schritt 1																		
Alter	-,02	,01	-,25*	-,01	,01	,16	-,02	,01	-,26*	-,01	,01	-,04	-,01	,01	-,04	-,02	,08	-,24†
Geschlecht	,00	,14	,00	-,12	,14	-,10	-,04	,14	-,03	-,05	,16	-,15	-,13	,15	-,15	-,10	,14	-,08
AV zu t1	,60	,13	,52**	,43	,13	,38**	,51	,05	,44**	,58	,14	,51**	,58	,08	,51**	,52	,14	,46**
	ΔR² = 36,3 %; ΔF = 8,53**			ΔR² = 36,3 %; ΔF = 8,53**			ΔR² = 36,3 %; ΔF = 8,53**			ΔR² = 36,3 %; ΔF = 8,53**			ΔR² = 36,3 %; ΔF = 8,53**			ΔR² = 36,3 %; ΔF = 8,53**		
Schritt 2																		
LFK (t1)	,05	,05	,14	,08	,04	,21†	,05	,05	,14									
FLK (t1)										-,02	,08	-,04	,01	,08	,02	-,01	,07	,00
SHS	-,07	,10	-,09							-,20	,11	-,24†						
SUS				-,13	,09	-,16							-,12	,11	-,15			
WOU							-,19	,07	-,33**							-,17	,07	-,30*
	ΔR² = 6,2 %; ΔF = 2,29			ΔR² = 6,2 %; ΔF = 2,24			ΔR² = 12,1 %; ΔF = 5,05*			ΔR² = 4,6 %; ΔF = 1,68			ΔR² = 2,6 %; ΔF = ,90			ΔR² = 9,6 %; ΔF = 3,81*		
Schritt 3																		
LFK x SHS	-,17	,06	-,33**															
LFK x SUS				-,18	,06	-,35**												
LFK x WOU							-,04	,04	-,11									
FLK x SHS										,01	,12	,01						
FLK x SUS													,04	,12	,05			
FLK x WOU																,07	,10	,09
	ΔR² = 9,3 %; ΔF = 8,06**			ΔR² = 10,6 %; ΔF = 9,46**			ΔR² = 1,0 %; ΔF = ,81			ΔR² = 0,0 %; ΔF = ,00			ΔR² = 0,2 %; ΔF = ,13			ΔR² = 0,6 %; ΔF = ,51		
	R² = 51,7 %; F = 7,49**			R² = 52,9 %; F = 7,86**			R² = 49,4 %; F = 6,82**			R² = 40,9 %; F = 4,84**			R² = 39,0 %; F = 4,48**			R² = 46,5 %; F = 6,08**		

Auch im Hinblick auf die Annahme, dass sich die Ressourcen stärker auf das Arbeitsengagement auswirken, je mehr Lehr- und Forschungsaufgaben unvereinbar sind (Hypothese 4), konnten Belege gefunden werden. Zwei der 18 Interaktionen stellten sich als kennzeichnende Prädiktoren für die Subomponenten heraus. Dieses Ergebnis liegt nahe beim Zufallsbefund, der von 1,8 signifikant erwarteten Interaktionen ausgeht. Statistisch bedeutsam war der Interaktionsterm LFK x SUS als Prädiktor für Vitalität (β = 0,20; p < 0,10) und Absorption (β = 0,25; p < 0,05). Eine graphische Darstellung findet sich in Abbildung 16. Beide Interaktionen äußern sich darin, dass das Niveau an Vitalität oder Absorption zu t2 am höchsten ist, wenn viele Ressourcen und viele LFK zu t1 berichtet wurden.

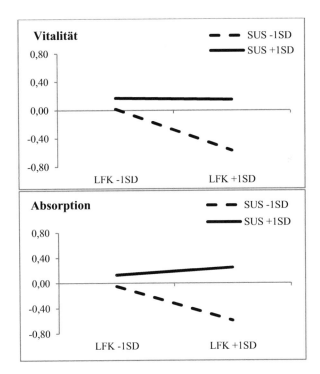

Abbildung 16 Arbeitsengagement: Graphische Darstellung der Interaktionen zwischen Lehre-Forschung-Konflikt (LFK) und der Unterstützung durch die Studierenden (SUS)

Tabelle 25 Hierarchische Regressionen von Vitalität auf FLK, LFK und Arbeitsressourcen sowie deren Interaktionsterme

	B	SE B	β	B	SE B	β	B	SE B	β	B	SE B	β	B	SE B	β	B	SE B	β
Schritt 1																		
Alter	,01	,01	,05	,00	,01	,01	,01	,01	,08	,00	,01	,01	,00	,02	,00	,01	,02	,06
Geschlecht	-,16	,25	-,07	,00	,24	,00	-,11	,25	-,05	-,03	,27	-,01	,14	,26	,06	,08	,26	,04
AV zu t1	,63	,11	,65**	,60	,10	,63**	,64	,11	,67**	,66	,11	,68**	,63	,11	,66**	,65	,11	,68**
	ΔR² = 52,8 %; ΔF = 16,78**			ΔR² = 52,8 %; ΔF = 16,78**			ΔR² = 52,8 %; ΔF = 16,78**			ΔR² = 52,8 %; ΔF = 16,78**			ΔR² = 52,8 %; ΔF = 16,78**			ΔR² = 52,8 %; ΔF = 16,78**		
Schritt 2																		
LFK (t1)	-,11	,08	-,15	-,15	,08	-,21*	-,12	,08	-,16									
FLK (t1)										-,07	,13	-,06	-,12	,12	-,11	-,09	,13	-,08
SHS	,25	,19	,15							,33	,19	,20†						
SUS				,25	,16	,16							,32	,18	,20†			
WOU							,05	,07	,07							,14	,13	,13
	ΔR² = 5,5 %; ΔF = 2,87†			ΔR² = 5,7 %; ΔF = 2,94†			ΔR² = 4,4 %; ΔF = 2,24			ΔR² = 3,9 %; ΔF = 1,93			ΔR² = 3,0 %; ΔF = 1,43			ΔR² = 2,0 %; ΔF = ,94		
Schritt 3																		
LFK x SHS	,08	,11	,08															
LFK x SUS				,20	,10	,20†												
LFK x WOU							,05	,07	,07									
FLK x SHS										-,03	,19	-,02						
FLK x SUS													,26	,19	,14			
FLK x WOU																-,02	,17	,01
	ΔR² = 10,6 %; ΔF = 9,46**			ΔR² = 3,6 %; ΔF = 3,97†			ΔR² = 0,4 %; ΔF = ,40			ΔR² = 0,0 %; ΔF = ,21			ΔR² = 1,8 %; ΔF = 1,81			ΔR² = 0,0 %; ΔF = ,01		
	R² = 52,9 %; F = 7,86**			R² = 62,1 %; F = 11,46**			R² = 57,7 %; F = 9,53**			R² = 56,7 %; F = 9,17**			R² = 57,6 %; F = 9,50**			R² = 54,8 %; F = 8,49**		

Tabelle 26 Hierarchische Regressionen von Hingabe auf FLK, LFK und Arbeitsressourcen sowie deren Interaktionsterme

	B	SE B	β	B	SE B	β	B	SE B	β	B	SE B	β	B	SE B	β	B	SE B	β
Schritt 1																		
Alter	,01	,01	,08	,00	,01	,03	,01	,01	,06	,01	,01	,04	,00	,01	,02	,01	,01	,34
Geschlecht	-,36	,23	-,15	-,29	,23	-,12	-,35	,23	-,15	-,24	,24	-,10	-,21	,23	-,09	-,21	,23	-,09
AV zu t1	,76	,08	,83**	,75	,08	,82**	,77	,08	,84**	,77	,08	,84**	,77	,08	,83**	,77	,08	,84**
	$\Delta R^2 = 69,7\%$; $\Delta F = 34,49^{**}$			$\Delta R^2 = 69,7\%$; $\Delta F = 34,49^{**}$			$\Delta R^2 = 69,7\%$; $\Delta F = 34,49^{**}$			$\Delta R^2 = 69,7\%$; $\Delta F = 34,49^{**}$			$\Delta R^2 = 69,7\%$; $\Delta F = 34,49^{**}$			$\Delta R^2 = 69,7\%$; $\Delta F = 34,49^{**}$		
Schritt 2																		
LFK (t1)	-,06	,07	-,08	-,07	,07	-,08	-,05	,07	-,06									
FLK (t1)										-,08	,11	-,06	-,10	,11	-,08	-,11	,11	-,09
SHS	-,04	,17	-,02							,03	,17	,02						
SUS				,11	,15	,06							,17	,15	,10			
WOU							,05	,11	,04							,01	,11	,00
	$\Delta R^2 = 0,7\%$; $\Delta F = ,48$			$\Delta R^2 = 1,0\%$; $\Delta F = ,75$			$\Delta R^2 = 0,7\%$; $\Delta F = ,54$			$\Delta R^2 = 0,5\%$; $\Delta F = ,37$			$\Delta R^2 = 0,9\%$; $\Delta F = ,65$			$\Delta R^2 = 0,6\%$; $\Delta F = ,62$		
Schritt 3																		
LFK x SHS	,14	,10	,13															
LFK x SUS				,10	,09	,09												
LFK x WOU							,04	,07	,06									
FLK x SHS										,03	,17	,02						
FLK x SUS													,24	,17	,12			
FLK x WOU																-,15	,15	-,09
	$\Delta R^2 = 1,3\%$; $\Delta F = 1,98$			$\Delta R^2 = 1,0\%$; $\Delta F = 1,17$			$\Delta R^2 = 0,3\%$; $\Delta F = ,31$			$\Delta R^2 = 0,0\%$; $\Delta F = ,04$			$\Delta R^2 = 1,4\%$; $\Delta F = 2,06$			$\Delta R^2 = 0,7\%$; $\Delta F = 1,04$		
	$R^2 = 71,7\%$; $F = 17,72^{**}$			$R^2 = 71,5\%$; $F = 17,57^{**}$			$R^2 = 63,1\%$; $F = 13,39^{**}$			$R^2 = 70,2\%$; $F = 16,51^{**}$			$R^2 = 72,0\%$; $F = 17,96^{**}$			$R^2 = 71,0\%$; $F = 17,13^{**}$		

Tabelle 27 Hierarchische Regressionen von Absorption auf FLK, LFK und Arbeitsressourcen sowie deren Interaktionsterme

	B	SE B	β	B	SE B	β	B	SE B	β	B	SE B	β	B	SE B	β	B	SE B	β
Schritt 1																		
Alter	.02	.02	.11	.00	.02	-.01	.01	.02	.09	.01	.02	.04	.00	.02	-.03	.01	.02	.04
Geschlecht	-.38	.29	-.16	-.22	.27	-.09	-.35	.28	-.15	-.04	.29	-.02	-.01	.27	.00	-.05	.28	-.02
AV zu t1	.62	.10	.73**	.55	.09	.65**	.56	.10	.66**	.61	.10	.72**	.55	.09	.65	.54	.09	.64**
	ΔR²= 50,4 %; ΔF= 15,23**			ΔR²= 50,4 %; ΔF= 15,23**			ΔR²= 50,4 %; ΔF= 15,23**			ΔR²= 50,4 %; ΔF= 15,23**			ΔR²= 50,4 %; ΔF= 15,23**			ΔR²= 50,4 %; ΔF= 15,23**		
Schritt 2																		
LFK (t1)	-.14	.10	-.18	-.13	.08	-.17	-.08	.09	-.11									
FLK (t1)										-.28	.14	-.23*	-.29	.13	-.24*	-.26	.13	-.22†
SHS	-.15	.09	-.09							-.08	.21	-.05						
SUS				.31	.17	.19†							.41	.18	.25*			
WOU							.27	.13	.23*							.22	.13	.18
	ΔR²= 2,6 %; ΔF= 1,19			ΔR²= 6,0 %; ΔF= 2,94†			ΔR²= 6,1 %; ΔF= 3,03†			ΔR²= 4,7 %; ΔF= 2,23			ΔR²= 8,4 %; ΔF= 4,40*			ΔR²= 8,0 %; ΔF= 4,12*		
Schritt 3																		
LFK x SHS	.14	.12	.13															
LFK x SUS				.25	.11	.23*												
LFK x WOU							.09	.08	.13									
FLK x SHS										-.01	.21	.00						
FLK x SUS													.23	.20	.12			
FLK x WOU																-.08	.17	-.05
	ΔR²= 1,5 %; ΔF= 1,35			ΔR²= 5,0 %; ΔF= 5,48*			ΔR²= 1,4 %; ΔF= 1,37			ΔR²= 0,0 %; ΔF= .00			ΔR²= 1,4 %; ΔF= 1,48			ΔR²= 0,2 %; ΔF= 0,21		
	R²= 54,5 %; F= 8,37**			R²= 61,4 %; F= 11,13**			R²= 57,9 %; F= 9,62**			R²= 55,1 %; F= 8,57**			R²= 60,2 %; F= 10,59**			R²= 58,6 %; F= 9,90**		

Anmerkungen zu Tabelle 23 bis 27:

$N = 49$. Geschlecht: 0 = weiblich, 1 = männlich; FLK = Forschung-Lehre-Konflikt; LFK = Lehre-Forschung-Konflikt; SHS = studierendenorientierter Handlungsspielraum; SUS = soziale Unterstützung durch die Studierenden; WOU = wahrgenommene organisationale Unterstützung. Die Koeffizienten wurden sämtlich dem finalen Modell (Schritt 3) entnommen. B = unstandardisiertes Regressionsgewicht; $SE\ B$ = Standardfehler des unstandardisierten Regressionsgewichtes; β = standardisiertes Regressionsgewicht.

Für Schritt 1, *Dfs* = 3; Schritt 2, *Dfs* = 2; Schritt 3, *Dfs* = 1; Gesamtmodell, *Dfs* = 6.

†$p < 0{,}10$, *$p < 0{,}05$; **$p < 0{,}01$. Schätzwerte und Modellvergleiche wurden zweiseitig getestet.

8.6   Diskussion

Ziel meiner Studie war es, eine Forschungslücke zu schließen, die zwischen der Unvereinbarkeit von Lehre und Forschung und den Auswirkungen auf Burnout und Arbeitsengagement bestand. Konflikte zwischen Lehr- und Forschungsaufgaben der Universitätswissenschaftler können als Interrollen-Konflikt definiert werden. Der „Role scarcity"-Hypothese von Edwards und Rothbard (2000) folgend, können die Anforderungen an die Hochschullehrerrolle (Forscherrolle) die Leistung der Forscherrolle (Hochschullehrerrolle) erschweren. In Studien über Hochschullehrende wurde ein solcher Konflikt oberflächlich beschrieben, wobei überwiegend berichtet wird, dass die Lehre die Forschungsaufgaben beeinträchtigt (Chalmers & Boyd, 1998; Enders & Teichler, 1995; Vera et al., 2010). In der vorliegenden Studie wurde diese Konfliktrichtung, aber auch der gegensätzliche Konflikt (Forschung beein-trächtigt die Lehraufgaben) betrachtet, um das Bild der Unvereinbarkeit beider Aufgaben und deren Auswirkungen zu komplettieren. Dazu wurden sowohl intra- als auch inter-individuelle Daten erhoben. Neben Zusammenhängen im Querschnitt und Auswirkungen im Längsschnitt wurden Ergebnisse intra-individueller Veränderungsanalysen betrachtet. Es war intendiert, Fragen danach zu beantworten, ob sich Hochschullehrende durch die Unvereinbarkeit von Forschung und Lehre in manchen Wochen bzw. zeitverzögert (über 14 Wochen hinweg) mehr oder weniger engagiert oder erschöpft fühlen. In weiteren Analysen wurden Puffereffekte durch situationsspezifische und soziale

Ressourcen, aber auch effektverstärkende Wirkungen der Belastung auf die Wirkung der Ressourcen, wie sie das JD-R Modell spezifiziert, untersucht.

Zusammenfassung und Diskussion der Ergebnisse

Die an dieser Untersuchung teilnehmenden Hochschullehrer gaben öfter an, dass ihre Lehrverpflichtung es schwieriger machte, den Aufgaben in der Forschung nachzukommen. Seltener verhinderten die Anforderungen in Forschungsprojekten, die Lehraufgaben zu erfüllen. Demnach scheinen sich die Teilnehmer der vorliegenden Studie in erster Linie als Forscher und erst in zweiter Linie als Lehrende zu sehen. Diese Interpretation meiner Ergebnisse wurde ebenfalls von Taris et al. (2001) als Annahme postuliert und bildete eine Grundlage ihrer Untersuchungen. Auch Schimank (2010) konstatiert: „Als Professor definiert man den eigenen Wert über die knappere zugeschriebene persönliche Eigenschaft, versteht sich also in erster Linie als Forscher und erst nachrangig als Lehrender" (S. 52). Insgesamt wirkten sich diese unterschiedlich stark ausgeprägten Konfliktrichtungen unterschiedlich stark auf das Ausmaß von Burnout und Arbeitsengagement aus, was in den folgenden Abschnitten veranschaulicht wird.

Sowohl in den Korrelationsbefunden als auch in der Auswertung der Tagebuch-Daten zeigte sich, dass sich beide Konfliktarten positiv auf die emotionale Erschöpfung auswirken. Je mehr Interferenzen zwischen den beiden Rollen in einer Woche bestehen, desto mehr fühlen sich die Lehrenden in dieser Woche ausgebrannt und gefühlsmäßig erschöpft. Eine ablehnende Haltung gegenüber den Studierenden wird in dieser Woche jedoch nur eingenommen, wenn die Lehre es erschwerte Forschungsprojekten nachzukommen. Allerdings war dieser Effekt insgesamt gering. Im Längsschnitt über die Vorlesungszeit wurde eine moderate Auswirkung des FLK auf die Depersonalisation gefunden. Das bedeutet, dass sich Lehrende von ihren Studierenden distanzieren, wenn Forschungsprojekte im laufenden Semester überhand nehmen und Lehraufgaben nicht oder lediglich unter großer Anstrengung erfüllt werden können. Es ist alles in allem festzuhalten, dass sich der stärker wahrgenommene LFK stärker als der FLK auswirkt.

Gleichzeitig unterscheiden sich die Beziehungen beider Konflikte zu Depersonalisation und emotionaler Erschöpfung. Dozierende fühlten sich eher emotional erschöpft, als das sie sich von ihren Studierenden distanzierten, wenn sich ihre Lehraufgaben nicht mit der benötigten Zeit und Energie für Forschungsprojekte vereinbaren ließen.

Anders sieht es in Bezug auf eine verringernde Wirkung auf das Arbeitsengagement aus. In den intra-individuellen Analysen ging ein höheres Maß an FLK mit einem niedrigeren Niveau an Arbeitsengagement einher. In Wochen, in denen die Forschungsaufgaben es schwierig machen, den Lehraufgaben nachzukommen, wird weniger Arbeitsengagement berichtet. Umgekehrt geben die Lehrenden aber auch an, dass sie in Wochen, in denen es die Anforderungen in der Lehre schwer machen, den Anforderungen in der Forschung nachzukommen, weniger Absorption in der Lehrtätigkeit empfinden. Im Längsschnitt fand sich lediglich eine negative Auswirkung des LFK auf Vitalität. Urteilten die Lehrenden vor dem Semester, dass ihre Lehraufgaben die Forschungsprojekte beeinträchtigen, so sind sie nach der Vorlesungszeit weniger tatkräftig und fit.

Das drückt insgesamt aus, dass zumindest bei der Betrachtung kurzzeitlicher Wirkungen der häufiger berichtete LFK zu mehr emotionaler Erschöpfung, der seltener wahrgenommene FLK zu weniger Arbeitsengagement führt. Da sich die Dozierenden in erster Linie eher als Forscher wahrnehmen, versuchen sie diese priorisierte Ausgabe auch eher zu erfüllen, obgleich Lehraufgaben genau dies erschweren. Das Kontrollmodell zum Belastungsmanagement (Hockey, 1995, 1997) nimmt diesbezüglich an, das in solchen Situationen kognitive und physische Reserven mobilisiert werden. Auf längere Sicht hin verursacht die Aufwandssteigerung psychologische und physiologische Kosten. Demnach versuchen die Dozierenden trotz Lehraufgaben, wie die wöchentliche Vorbereitung der Veranstaltungssitzung, auch Zeit und Energie in Forschungsprojekte zu investieren. Diese Mobilisierung zusätzlicher Energie führt zu emotionaler Erschöpfung. Im Vergleich dazu bewirkt der FLK eher ein Rückzugsverhalten. Wenn Forschungsprojekte sehr viel Aufmerksamkeit erfordern, distanzieren sich die Hochschulwissenschaftler in ihrer Hochschullehrerrolle von den Lehraufgaben und nehmen eher eine depersonalisierte Haltung gegenüber den Studierenden ein.

In meiner Studie konnten diese Effekte des LFK und FLK fast ausschließlich in den Auswertungen der Tagebuchdaten gefunden werden. Dass im Längsschnitt keine Effekte gefunden werden konnten, könnte am kleinen Stichprobenumfang liegen. Aufgrund von fehlenden Werten in einigen Variablen, mussten Studienteilnehmer ausgeschlossen werden. Die Zahl derer, die in den Analysen berücksichtigt wurden, lag daher bei $N = 49$. Dies unterschreitet die Mindest-grenze von $N = 50$, welche von Urban und Mayerl (2011) festgesetzt wird. Um präzise Schätzungen und zuverlässige Signifikanztests zu erhalten, empfehlen diese Autoren sogar eher eine Stichprobengröße von $N = 100$. Zusätzlich bringen Dormann und Zapf (2002) ein weiteres Argument an, warum keine signifikanten l Effekte im Längsschnitt nachweisbar waren. Die Autoren konstatieren, dass eine wichtige Kontrolle die Messung der abhängigen Variable zu t1 ist, welche in alle meinen Regressionen signifikante und hohe Effekte hervorbrachte. Daher können jegliche in der Längsschnittstudie erhobene Stressoren niemals eine sehr hohe Aufklärungskraft an der Varianz der abhängigen Variable zu t2 besitzen. Die a priori erhobenen Belastungen klären bereits zwischen 60 % und 90 % an der Varianz auf. Demnach konnte möglicherweise auch die verbleibende aufzuklärende Variation zu gering sein, um im Zusammenhang mit dem geringen Stichprobenumfang Effekte hervorzurufen.

Neben den Haupteffekten der Unvereinbarkeit von Forschung und Lehre wurden zusätzlich Hypothesen zur Interaktion dieser Belastungen mit den drei Ressourcen studierendenorientierter Handlungsspielraum, soziale Unterstützung durch die Studierenden sowie wahrgenommene organisationale Unterstützung aufgestellt. Dabei wurden auf Grundlage der Annahmen des JD-R Modells Hypothesen abgeleitet, die beinhalten, dass die erhobenen Ressourcen die Einflüsse der Unvereinbarkeit von Forschung und Lehre auf Burnout abschwächen bzw. die Arbeitsressourcen sich dann am stärksten auf das Arbeitsengagement auswirken, wenn die meisten Konflikte berichtet werden. Nur im Längsschnitt über das

Semester hinweg kann belegt werden, dass sowohl der studierendenorientierte Handlungsspielraum, als auch die Unterstützung durch die Studierenden den Einfluss des LFK auf Depersonalisation mindern. Erklärungen für die Wirkung der beiden Ressourcen liegen darin, dass der Handlungsspielraum genügend Möglichkeiten zulässt um zu entscheiden, wann und wie auf die Wünsche der Studierenden eingegangen wird. Dadurch kann selbstständig geregelt werden, inwiefern aktuellen Forschungsprojekten trotz Lehraufgaben nachgekommen wird. Der soziale Support durch die Studierenden erfolgte in Form von emotionaler Unterstützung. Die Hochschullehrenden sind sich der Würdigung der Lehrarbeit gewiss, auch wenn diese sich gerade negativ auf einen anderen Arbeitsbereich auswirkt. Beide Interaktionen stellen eine Erweiterung des Anforderungs-Kontroll-Modells von Karasek (1979) dar bzw. unterstützen sie die Hypothesen des Demand-Control-Support-Modells (Johnson & Hall, 1988). Das Demand-Control-Support Modell postuliert die gleichen Annahmen wie das Vorgängermodell, wurde allerdings um die Ressource „soziale Unterstützung" erweitert. Die Interaktionen können damit als Evidenz für die Annahme der Wechselbeziehung im JD-R Modell erachtet werden.

Nach Bakker, Hakanen et al. (2007) ist der positive Einfluss von Arbeitsressourcen auf das Arbeitsengagement am höchsten, wenn die Arbeitsbelastungen hoch sind. In der Tagebuch-Studie beeinflusste der studierendenorientierte Handlungsspielraum insbesondere dann das Arbeitsengagement positiv, wenn die Hochschullehrenden angaben, dass der Zeitumfang für Lehraufgaben es schwierig machte den Verpflichtungen in Forschungsprojekten nachzukommen. Können die Dozierenden frei entscheiden, wann und wie sie den Wünschen der Studierenden nachkommen, so fühlen sie sich voll überschäumender Energie, gehen in ihrer Lehre auf und sind stolz auf diese Arbeit, obwohl die Lehraufgaben die Forschungsarbeit stark erschweren. Der gleiche Befund zeigt sich in Bezug auf den FLK. Stört die Forschungsarbeit die wöchentliche Vorbereitung der Lehrveranstaltung, so fühlen sich die Lehrenden trotzdem von ihrer Lehrarbeit mitgerissen, solange der studierenden-orientierte Handlungsspielraum hoch ist. Insgesamt sprechen auch diese Ergebnisse für die Interaktionsannahme im JD-R Modell.

Neben diesen theoriekonformen Interaktionen zeigten sich sechs Interaktionen, deren multiplikative Effekte auf das Wohlbefinden von anderer Natur, als die durch das JD-R Modell beschriebene, waren. Die wöchentlich erhobene Beeinträchtigung der Forschung durch die Lehre führt in Kombination mit verstärkt wahrgenommener Unterstützung durch die Studierenden und durch die Universität zu weniger Lehrengagement. Im Gegensatz zu einer effekt-verstärkenden Wirkung scheint die emotionale Unterstützung durch Studierende im Falle starker Unvereinbarkeit von Lehre und Forschung eine Quelle für weitere Belastung zu sein, infolge dessen das Arbeitsengagement sinkt. Dies entspricht der Annahme von Kaufmann und Beehr (1989), die in ihrer Studie einen potenzierenden Effekt von Ressourcen fanden. Weitere Studien, die gleiche Effekte vorweisen, wurden von Beehr (1976) und Frese (1999) vorgelegt. Darüber hinaus liefert das „triple match"-Prinzip (TMP), das eine zentrale Annahme des „demand-induced strain compensation"-Modells (DISC-Modell; Jonge & Dormann, 2002, 2006; Jonge et al., 2008) darstellt, eine weitere Erklärung. Das TMP postuliert, dass die Art der Arbeitsressource (kognitiv, emotional oder physisch) zur Beschaffenheit der Arbeitsbelastung (ebenfalls kognitiv, emotional oder physisch) passen muss, um eine puffernde Wirkung auf ein wiederum entsprechendes Belastungserleben (ebenfalls kognitiv, emotional oder physisch) zu haben. Passen die Ressourcen nicht zum psychologischen Prozess, der durch die Belastung ausgelöst wird, so erhöht sich das Belastungsempfinden (Chrisopoulos et al., 2010) und verringert das psychische Wohlbefinden (Jonge & Dormann, 2002). Nach Chrisopoulos et al. (2010) handelt es sich hierbei um einen „reverse buffering" oder „enhancer" Effekt. In Wochen, in denen die Lehraufgaben es erschweren der Forschungstätigkeit nachzukommen, geben die Lehrenden weniger Arbeitsengagement an, wenn sie sich generell durch die Studierenden unterstützt fühlen. Ist sich ein Dozierender demnach gewiss, dass die Studierenden seinen Kompetenzen vertrauen, so steckt er weniger Energie in Lehre und ist weniger von seiner Lehrtätigkeit verein-nahmt. Die Anwesenheit dieser Ressource führt demzufolge dazu, dass die Anstrengungen für Lehraufgaben reduziert werden, da das Anspruchsniveau „gut zu lehren" gesenkt wird. Dies entspricht dem "passive coping mode", wie ihn Hockey (1995, 1997) in seinem Kontrollmodell zum Belastungsmanagement beschreibt. Bestimmte Kombinationen von Ressourcen und Belastung machen es wahrscheinlicher, dass zur Bewältigung der "passive coping mode" angewandt wird und es zu einer Anpassung der Arbeitsziele („indirect control") kommt, indem diese verschoben werden oder das Anspruchsniveau gesenkt wird. Dies führt letztendlich dazu, dass die Anstrengung auf einem normalen Niveau gehalten werden kann und damit weitere psychologische und physiologische Kosten verhindert werden.

Die Ergebnisse der Längsschnitterhebung zeigen indes ein anderes Bild der Effekte auf das Arbeitsengagement. Sie machen deutlich wie Arbeitsengagement durch die Wechselwirkung zwischen Belastung und Ressource ausgelöst werden kann. Unter der Bedingung hoher SUS berichteten die Dozierenden ein ähnlich hohes Niveau an Arbeitsengagement, unabhängig davon, ob viel oder wenig LFK angegeben wird. Nehmen die Lehrenden zu Beginn des Semesters keine emotionale Unterstützung durch die Studierenden wahr, so führt eine stärkere Beeinträchtigung der Lehre auf die Forschung zu weniger Vitalität und Absorption zum Ende des Semesters. Interpretiert werden kann dieses Ergebnis als Puffer-Effekt der Ressource SUS, jedoch ohne eigenständige Wirkungen dieser Ressource an sich, da Haupteffekte gänzlich fehlten.

Stärken und Einschränkungen

Meine Studie ist nicht ohne Einschränkungen. Zunächst ist zu benennen, dass die wöchentlichen Konflikte zwischen Forschung und Lehre jeweils mit nur einem Item erfasst wurden. Hierbei können Reliabilität und Validität der Messung in Frage gestellt werden. Ich bin so vorgegangen, um die Belastung der Befragungsteilnehmer durch das wöchentliche Ausfüllen der Fragebögen so gering wie möglich zu halten. Auf diese Weise wollte ich versuchen die Teilnahmemotivation an der Studie möglichst lange aufrecht zu erhalten. Für die Validität der

Messung durch ein Item spricht jedoch, dass die durchführten Korrelationsanalysen zeigen, dass die gewählten Items signifikant mit der gesamten Skala zusammenhängen. Zukünftige Studien könnten überdies Fremdeinschätzungen durch
Kollegen oder Beobachtungen durch Dritte heranziehen, um die ausschließliche
Selbstbeurteilung zu überwinden Dies ist ebenfalls eine Lösung für die zweite
Schwäche meiner Studie. Alle Daten wurden als Selbstauskünfte der Hochschullehrenden erhoben. Daher unterliegt meine Studie den typischen Einschränkungen dieser Befragungsmethode (Frese & Zapf, 1988; Zapf et al., 1996). Podsakoff, MacKenzie, Lee und Podsakoff (2003) sprechen von einem „common
method bias", der sich darin ausdrückt, dass eine gemeinsame Methodenvarianz
die gefundenen Effekte verursacht. Gegen die Zufälligkeit meiner Befunde
spricht, dass (1) die Tagebuchdaten am Personenmittelwert zentriert wurden und
somit Einflüsse durch Antwort-tendenzen oder durch eine Drittvariable (personenbezogene oder Umwelt-faktoren wie zu Beispiel unterschiedliche Fachkulturen) ausgeschlossen werden können. (2) In den Längsschnittanalysen wurden das
Alter und das Geschlecht kontrolliert. (3) In den unterschiedlichen Analysemodellen unterschied sich das Muster der bedeutsamen Prädiktoren für Burnout und
Arbeitsengagement. Eine gemeinsame Methodenvarianz kann diese gefundenen
Unterschiede nicht erklären, da alle Prädiktoren die gleiche Methodenvarianz mit
den abhängigen Variablen gemein haben. Um verzerrte Ergebnisse aufgrund der
geteilten Methodenvarianz zu vermeiden, sollten zukünftige Studien verschiedene Erhebungsarten für die abhängigen und unabhängigen Variablen wählen.

Neben den unidirektionalen und multiplikativen Effekten von Arbeitsbelastungen
und Arbeitsressourcen auf Burnout und Arbeitsengagement haben verschiedene
Studien überdies wechselseitige und umgekehrt kausale Einflüsse aufzeigen
können (Bakker et al., 2004; Bakker, Schaufeli et al., 2000; de Lange et al.,
2005; Salanova et al., 2006); siehe auch das frühere Review von Zapf et al.,
1996). Das JD-R Modell postuliert einen Prozess der Gesundheitsbeeinträchtigung, in dem Arbeitsbelastungen zu Burnout führen. Burnout wiederum kann zu
einer veränderten Wahrnehmung von Belastungen oder zu einem veränderten
Verhalten führen, welches zum Beispiel Ressourcen reduziert oder Belastungen

potenziert. Diese Steigerung an Belastungen oder die Abnahme an Ressourcen verursacht mehr emotionale Erschöpfung und Depersonalisation (Bakker, Schaufeli et al., 2000; Demerouti et al., 2004). Für die Unvereinbarkeit von Forschung und Lehre mag dies bedeuten, dass Gefühle der Erschöpfung mit Unkonzentriertheit und weniger Leistungsfähigkeit einhergehen. Hochschul-wissenschaftler kommen somit ihren Aufgaben in der Lehre nicht mehr nach. In der Folge, um mehr Zeit für Vorbereitung der Lehre zu haben und als Mittel zur Bewältigung ihrer Erschöpfung, distanzieren sich die Lehrenden von ihren Forschungsaufgaben. Dadurch aber nehmen sie einen stärkeren Lehre-Forschung-Konflikt wahr, der sich auf das Ausmaß von Burnout der Dozierenden auswirkt. Zur exakteren Erfassung dieser Spirale sind dagegen mehr als zwei Erhebungszeitpunkte notwendig. Dies übersteigt allerdings den Rahmen meiner Datenerhebung, da die Dozierenden aufgrund der in die Längsschnittstudie integrierten Tagebuchstudie bereits sieben Fragebogen ausfüllen sollten. Fraglich ist zudem, ob das Zeitfenster eines Semesters ausreicht, um diese wechselseitigen Einflüsse in messbarer Stärke hervor zu bringen. So erstrecken sich Studien mit aussagekräftigen Befunden meist über Monate bis Jahre (vgl. Bakker, Schaufeli et al., 2000; de Lange et al., 2005; Salanova et al., 2006; Schaufeli, Bakker & van Rhenen, 2009). Zukünftige Studien sollten die Möglichkeit solcher reziproken Effekte nicht außer Acht lassen und dafür geeignete Zeitfenster wählen.

Abschließend ist noch anzumerken, dass die Befragungsteilnehmer eine Gruppe von Dozierenden *einer* deutschen Universität darstellt. Die Generalisierbarkeit meiner Befunde ist dadurch eingeschränkt, wodurch ich zum Beispiel meine Ergebnisse nicht auf Hochschulen anderer Art (z. B. (Fach-)Hochschulen oder private Hochschulen) oder anderer Länder übertragen kann. Anderseits waren in meiner Stichprobe neben Professoren, Juniorprofessoren und Akademischen Räten auch Doktoranten und Post-Doktoranden vertreten, die aus verschiedenen Fachkulturen kamen und unterschiedlich viel Lehrerfahrung und Studierendenkontakt aufwiesen, so dass die Ergebnisse zumindest auf fast alle Positionen des wissenschaftlichen Personals einer Universität übertragen werden können. Folgestudien sollten jedoch in Betracht ziehen, die Lehrenden mehrerer bzw. verschiedener Hochschularten zu befragen bzw. internationale Studien durchzuführen.

Diese Einschränkungen sollten insgesamt in Relation zu den Stärken meiner Studie gesetzt werden. Im Gegensatz zu anderen Untersuchungen im Hochschulbereich zum Thema Stress und Gesundheit (Abouserie, 1996; Blix et al., 1994; Gillespie et al., 2001; Lackritz, 2004; Taris et al., 2001) habe ich in meiner Studie ein Tagebuch- und ein Längsschnittdesign gewählt. In den letzteren Analysen wurde der Stressor bzw. die Ressource zeitverzögert vor den abhängigen Variablen gemessen, sodass Kausalaussagen möglich sind. Nach DeLongis et al. (1988) sind Längsschnittstudien die beste Methode, um auf nicht-experimentellem Wege Kausalitäten zu prüfen. Durch die Tagebuchdaten kann ein potentieller Rückschaufehler minimal gehalten werden. Im Vergleich zu längeren Intervallen (z. B. das Befinden der letzten vier Wochen) sind bei kürzer zurückliegenden Zeiträumen weniger kognitive und emotionale Prozesse aktiv, so dass meine Daten als „objektiver" eingeschätzt werden können (Frese & Zapf, 1988). Zudem wurden die Tagebuchdaten am Personenmittelwert zentriert, wodurch Beeinflussungen durch Antworttendenzen oder Einflüsse durch personenbezogene oder Umweltfaktoren ausgeschlossen werden können. In den Längsschnittanalysen wurden das Alter und das Geschlecht kontrolliert. Insgesamt konnten zwei Forschungslücken geschlossen werden. Zum einen wurde sowohl der Konflikt zwischen Lehre und Forschung, als auch der Konflikt zwischen Forschung und Lehre betrachtet. Zu letzterem gibt es keine weiterführenden Arbeiten. In den wenigen veröffentlichen Studien wird angenommen, dass Universitätswissenschaftler sich in erster Linie als Forscher und erst in zweiter Linie als Lehrende sehen (vgl. Taris et al., 2001). Des Weiteren lassen sich zum Thema Burnout und Arbeitsengagement kaum Längsschnitt- und keine Tagebuchstudien finden.

Praktische Implikationen

Auch in meiner Studie zeigte sich, dass Hochschulwissenschaftler eher die Lehre als Beeinträchtigung der Forschungsaufgaben empfinden als sich umgekehrt bei der Konzentration auf die Lehre durch anstehende Forschungsaufgaben gestört zu fühlen. Jedoch haben beide Konfliktrichtungen Auswirkungen auf das arbeitsbezogene Wohlbefinden. Dabei kann Burnout sowohl körperliche (Armon et al., 2010; Sonnenschein et al., 2008), als auch psychische gesundheitliche Folgen (Ahola, 2007) haben. Ebenso zeigen sich negative Folgen für die Arbeitstätigkeit wie eine Abnahme der Arbeitsleistung (Bakker, Demerouti & Sanz Vergel, 2014; Halbesleben & Buckley, 2004; Keijsers et al., 1995; Singh et al., 1994; Taris, 2006) und eine Zunahme an Fehlzeiten (Ahola, 2007; Borritz et al., 2006; Peterson et al., 2011; Schaufeli, Bakker & van Rhenen, 2009). Dagegen wirkt sich Arbeitsengagement positiv auf die Gesundheit aus (Seppälä et al., 2012) und fördert positive Emotionen (Rodriguez-Munoz et al., 2014; Schaufeli & van Rhenen, 2006), Kreativität (Bakker, Demerouti & Sanz Vergel, 2014) sowie proaktives Verhalten und persönliche Initiative (Bakker et al., 2012; Bakker & Xanthopoulou, 2013; Sonnentag, 2003). Es führt zudem zu besseren Arbeitsleistungen sowohl auf individueller, als auch Teamebene (Bakker, Demerouti & Sanz Vergel, 2014). Um präventiv gegen Burnout vorzugehen oder es zu mindern und Arbeitsengagement zu fördern, sollten zum Beispiel Lehr- und Forschungsaufgaben getrennt werden. Es könnten zum Beispiel reine Forschungs- und Lehrprofessuren eingeführt werden. Zumindest sollte jedoch die Last durch Forschung und Lehre gemindert werden, damit beide Arbeitsaufgaben möglichst konfliktfrei erfüllt werden können.

Da sich in der Regel solche Konflikte jedoch nicht gänzlich vermeiden lassen, sollten bestimmte Ressourcen gefördert werden, um die entstandenen Belastungen besser bewältigen zu können. In meinen Ergebnissen zeigte sich, dass der Handlungsspielraum hierbei eine wichtige Rolle einnimmt. So sollte die Maximierung dieser Ressource prioritär bedacht werden, wenn es um die Prävention von Burnout und die Förderung von Arbeitsengagement geht.

In meiner Studie zeigte sich, dass nicht jede Art von Arbeitsressource dazu geeignet ist, jede Art von Belastung ab zu puffern. Wichtig ist dabei die Passung der Arbeitsressource (kognitiv, emotional oder physisch) zur Beschaffenheit der

Arbeitsbelastung (ebenfalls kognitiv, emotional oder physisch), um eine puffernde Wirkung auf ein entsprechendes Belastungserleben (ebenfalls kognitiv, emotional oder physisch) zu gewährleisten (Chrisopoulos et al., 2010). Daher scheint
es dringend notwendig diejenigen Arbeitsbelastungen, die zu Burnout oder einer
Minderung des Arbeitsengagements führen, genau zu kennen, um durch die
entsprechende Förderung der Ressourcen das bestmögliche Arbeitsergebnis zu
erzielen.

Schlussfolgerung

Die Arbeitsaufgaben Forschung und Lehre sind keineswegs konfliktfreie Aufgaben. Beide Tätigkeiten beeinträchtigen die jeweils andere in ihrer Ausführung.
Beide Konfliktrichtungen stellen Belastungen dar, die zu Burnout und zu einer
Minderung des Arbeitsengagements führen können. Ressourcen wie der studierendenorientierte Handlungsspielraum können die negative Wirkung der Unvereinbarkeit von Forschung und Lehre puffern. Meine Ergebnisse zeigen, dass dies
der Fall ist, wenn die Art der Ressource zur Beschaffenheit der Arbeitsbelastung
passt. Ist dies nicht der Fall haben Ressourcen eine effektverstärkende Wirkung.
In diesem Zusammenhang sollten weitere Forschungsstudien durchgeführt werden. Dabei ist es wichtig möglichst viele Belastungen und Ressourcen und deren
Wechselwirkung zu eruieren, um ein möglichst umfassendes Bild der gesund-
heitsbeeinträchtigenden Faktoren zu erhalten. Diese Arbeit konnte hilfreiche
Erkenntnisse liefern und zum Verständnis der Prozesse und Mechanismen beitragen, die der Wirkung von Arbeitsbelastungen und -ressourcen zugrunde liegen.
Gleichzeitig ist es von Interesse wie sich Gesundheitsbeeinträchtigungen auf
Forschungs- und Lehraufgaben auswirken. Hochschullehre stellt, im Hinblick
auf den politisch forcierten Bildungsauftrag, ein wichtiges Element unserer Gesellschaft dar. Ebenso wertvoll ist die Forschung als systematische, planvolle,
wissenschaftlich zu begründende Suche nach Wegen und Lösungen in allen Bereichen gesellschaftlichen Lebens, ohne die weder Fortschritt in der Wissenschaft
noch in der Wirtschaft denkbar wäre. Ich hoffe, meine Arbeit kann hier weitere
Forschung initiieren und so zu einer weiteren Klärung beitragen.

9. Diskussion

Ziel meiner Dissertation war es, bestehende Forschungslücken in Bezug auf Burnout und vor allem Arbeitsengagement im Hochschulkontext zu schließen. Dabei sollten Schwächen bereits veröffentlichter Studien überwunden werden. Diese Schwächen bestehen darin, dass entweder ausschließlich das (negative) Wohlbefinden oder dessen Prädiktoren, also Belastungen und Ressourcen, untersucht wurden. Wurden beide Aspekte in Verbindung gebracht, so beschränkten sich die Autoren entweder auf belastende Arbeitsmerkmale *oder* auf Arbeitsressourcen, wobei Interaktionen beider Arbeitsmerkmale außer Acht gelassen wurden. Zusätzlich zu dieser meist einseitigen Betrachtung wurde den Ursachen von Burnout und Arbeitsengagement bei Hochschulwissenschaftlern fast ausschließlich in Querschnittstudien nachgegangen. Aus diesem Grund wurden in meiner Arbeit Arbeitsbelastungen und Ressourcen sowie deren Interaktionen in den Fokus gerückt. Gleichzeitig wurden sowohl Burnout, als auch das im Hochschulkontext weniger untersuchte Konzept des Arbeitsengagements betrachtet. Insgesamt umfasst meine Arbeit zwei unabhängige Studien, in denen jeweils sowohl ein Längsschnitt-, als auch ein Tagebuchdesign zum Einsatz kamen, um die Einschränkungen der Querschnittanalysen älterer Studien zu überwinden. Anhand des Tagebuchdesigns können Fluktuationen in Burnout und Arbeitsengagement der Hochschullehrenden und deren Ursachen betrachtet werden. Durch die Längsschnittanalysen kausale Interpretation der Ergebnisse möglich, da aufgrund der der zeitlichen Reihenfolge der Variablen eine kausale Ordnung hergestellt werden kann. Im Folgenden fasse ich meine Befunde zusammen und diskutiere die Ergebnisse. Darüber hinaus ordne ich den Beitrag in den aktuellen Forschungsstand ein und zeige Stärken und Einschränkungen der Arbeit auf. Es folgen Implikationen für zukünftige Forschungsarbeiten und die praktische Anwendung. Abschließen werde ich meine Arbeit mit einer generellen Schlussfolgerung.

9.1   Zentrale Ergebnisse der Untersuchungen

In Übereinstimmung mit anderen Studien zu Burnout (vgl. beispielsweise das Review von Watts & Robertson, 2011, aber auch Avargues Navarro et al., 2010; Barraca Mairal, 2010; Blix et al., 1994; Johnson, 1989) und Arbeitsengagement (Alzyoud et al., 2014; Bezuidenhout & Cilliers, 2010; Rothmann & Jordaan, 2006; Silman, 2014; Takawira et al., 2014; Vera et al., 2010) aus dem Hochschulkontext sind die Burnout- und Arbeitsengagement-Werte meiner Studienteilnehmer moderat ausgeprägt. Die in meinen Studien untersuchten Prädiktoren für Burnout und Arbeitsengagement wurden unter Berücksichtigung verschiedener Ursachen- und Quellebenen ausgesucht. In Bezug auf Arbeitsbelastungen wurden Zeitdruck, soziale Stressoren und Rollenkonflikte betrachtet, da sich diese metaanalytisch als die bedeutsamsten Arbeitsbelastungen zur Vorhersage von Burnout erwiesen (Alarcon, 2011). Als Arbeitsressourcen wurden der Handlungsspielraum und die soziale und organisationale Unterstützung gewählt, da es sich hierbei um klassische Ressourcen handelt, die häufig in Untersuchungen Eingang finden und deren positive Wirkungen auf das Arbeitsengagement ebenfalls in einer Metaanalyse bestätigt werden konnten (Christian et al., 2011). Gleichzeitig erlaubt die Auswahl ebendieser Ressourcen einen Überblick zur Wirkung der den Hochschulwissenschaftlern zur Verfügung stehenden Ressourcen zu gewinnen, da hierdurch viele Ebenen der Klassifikation der vier Ressourcenquellen (Bakker & Demerouti, 2007) bedacht wurden. Auf einer der unteren Ebenen stehen Ressourcen, die aus der Organisation der Aufgabe hervorgehen. In der Lehraufgabe selbst gibt es mehr oder weniger Handlungsspielraum, um auf die Wünsche, Bedürfnisse und Eigenschaften der Studierenden einzugehen. Die soziale Unterstützung durch die Studierenden lässt sich auf der nächsthöheren Ebene lokalisieren. Hier finden sich Ressourcen, die aus zwischenmenschlichen Beziehungen resultieren. Die oberste Ebene bildet die Organisation als Ganzes. In meiner Arbeit wurde die wahrgenommene Unterstützung durch die Universität in Bezug auf die Hochschullehre betrachtet. Während diese Ressourcen (Handlungsspielraum/soziale und organisationale Unterstützung) in beiden Untersuchungen meiner Arbeit berücksichtigt wurden, wurden in der ersten Studie zusätzlich soziale Aspekte und Randbedingungen der Arbeit von Hochschullehrenden betrachtet. Die zweite Studie legte den Fokus auf die Unvereinbarkeit von Forschung und Lehre sowie deren Auswirkung auf Burnout und Arbeitsengagement. Beide Studien und deren zentrale Ergebnisse werden im Folgenden zusammengefasst.

In meiner ersten Studie wurden die sozialen Interaktionen zwischen Hochschullehrenden ($N = 64$) und Studierenden als Belastung und Ressource aufgenommen. Ergänzend wurden die Wirkungen von Zeitdruck bei der Vorbereitung der Lehre, studentenorientiertem Handlungsspielraum und organisationaler Unterstützung eruiert. Als Rahmenmodell diente das Job Demands-Resources Modell, aus dem alle Hypothesen zur Wirkung der Belastungen und Ressourcen einschließlich der Interaktionseffekte abgeleitet wurden. Angenommen wurde, dass sich die Belastungen durch Studierende und Zeitdruck negativ auf das arbeitsbezogene Wohlbefinden auswirken, während Arbeitsressourcen einen positiven Effekt haben. Weiterhin wurde vermutet, dass sich die Interaktionen beider Arbeitsmerkmale derart auswirken, dass der studentenorientierte Handlungsspielraum und die soziale Unterstützung durch Studierende und Universität die negativen Effekte der Belastungen puffern. Umgekehrt sollten die direkten Auswirkungen der Ressourcen dann am stärksten sein, wenn viele Belastungen vorliegen. Es wurde ein 14-Wochen-Längsschnittdesign gewählt, um Kausalaussagen treffen zu können. Gleichzeitig wurde eine fünfwöchige Tagebuchstudie in die Längsschnitterhebung eingebettet, um Aussagen über die kurzzeitige Wirkung der Stressoren treffen zu können ($N = 302$).

Die Ergebnisse zeigen, dass soziale Arbeitsbelastungen und ein Mangel an sozialen Ressourcen durch die Studierenden sowohl zeitverzögert, als auch kurzzeitig zu höheren Burnout-Werten führen. Gleichzeitig haben Arbeitsressourcen sowohl zeitverzögert, als auch kurzzeitig eine positive Wirkung auf das Arbeitsengagement. Neben diesen Haupteffekten fanden sich theoriekonforme, den Effekt der Ressourcen verstärkende Wirkungen der Belastungen. In der Tagebuch-Studie beeinflusste der studierendenorientierte Handlungsspielraum insbesondere dann

das wöchentliche Arbeitsengagement positiv, wenn die Lehrenden bei der Vorbereitung ihrer Veranstaltungssitzung unter Zeitdruck standen. Des Weiteren zeigten sich sowohl in Bezug auf die Wirkung der Belastungen, als auch der Ressourcen Enhancer-Interaktionseffekte, die auftreten können, wenn Arbeitsressourcen nicht zur Beschaffenheit der Arbeitsbelastung passen (Chrisopoulos et
al., 2010). Zum Beispiel gaben Dozierende, die viele Konflikte mit Studierenden
und dabei einen hohen studierendenorientierten Handlungsspielraum hatten,
auch das höchste Ausmaß an emotionaler Erschöpfung an. Diese Ressource hatte
demnach keine puffernde, sondern eine potenzierende Wirkung. Solche Interaktionseffekte traten sowohl in der Tagebuch-, als auch in der Längsschnittstudie
auf. In den Längsschnittuntersuchungen äußerte sich der Enhancer-Effekt darin,
dass das Arbeitsengagement am höchsten ist, wenn viele Ressourcen wahrgenommen, aber nur wenige studentische soziale Stressoren berichtet werden.
Zudem hatten die Lehrenden unter der Voraussetzung von vielen Ressourcen und
hohen Belastungen sogar das niedrigste Arbeitsengagement. Die Quelle der Ressource ist hier gleichzeitig eine Quelle der Belastung und potenzierte daher die
negative Wirkung der Arbeitsbelastung.

Die zweite Studie befasste sich mit der Unvereinbarkeit von Forschung und
Lehre in der Tätigkeit von Universitätswissenschaftlern. Dabei stand im Fokus
inwiefern sich diese als Rollenkonflikt ausgefasste Belastung auf Burnout und
Arbeitsengagement auswirkt und ob Ressourcen die negative Wirkung puffern
oder ob die Unvereinbarkeit von Forschung und Lehre die Wirkung der Ressourcen verstärken kann. Auch in dieser Untersuchung wurde auf das Job Demands-
Resources Modell zurückgegriffen, welches die theoretische Grundlage bildet
und anhand dessen alle Hypothesen dieser Studie abgeleitet wurden. Insgesamt
wurden die Daten von 59 Hochschullehrenden vor Beginn der Vorlesungszeit, an
fünf aufeinanderfolgenden Wochen (280 Tagebuch-datensätze) in der Vorlesungszeit sowie zum Ende der Vorlesungszeit erhoben. Insbesondere auf Ebene
der Tagebuch-Studien zeigte sich, dass sich überwiegend der Lehre-Forschung-
Konflikt positiv auf Burnout und der Forschung-Lehre-Konflikt negativ auf das
Arbeitsengagement auswirkten. In Wochen, in denen die Lehrverpflichtungen die

Forschungsarbeit erschwerten, fühlten sich die Hochschullehrenden häufig emotional erschöpft und nahmen eine distanzierte Haltung zu den Studierenden ein. Berichteten die Hochschulwissenschaftler, dass ihre Forschungsarbeit sie in Konflikt mit den Lehraufgaben brachte, so fühlten sie sich auch weniger engagiert. Es konnten einige Interaktionseffekte zwischen den Arbeitsbelastungen und Ressourcen gefunden werden. Teilweise stellen diese Interaktionen Evidenzen für die im JD-R Modell postulierten Wechselwirkungen dar. Zum Beispiel zeigte sich im Längsschnitt, dass sowohl der studierendenorientierte Handlungsspielraum, als auch die Unterstützung durch die Studierenden den Einfluss des Lehre-Forschung-Konfliktes auf Depersonalisation mindern. In der Tagebuch-Studie beeinflusste der studierendenorientierte Handlungsspielraum insbesondere dann das Arbeitsengagement positiv, wenn die Hochschullehrenden angaben, dass der Zeitumfang für Lehraufgaben es schwierig macht den Verpflichtungen in Forschungsprojekten nachzukommen. Gleichzeitig fanden sich erneut Enhancer-Effekte. Beispielsweise führt die wöchentlich erhobene Beeinträchtigung der Forschung durch die Lehre zu deutlich weniger Arbeitsengagement, wenn gleichzeitig auch viel Unterstützung durch die Studierenden und durch die Universität wahrgenommen wird.

Insgesamt zeigen beide Studien der vorliegenden Arbeit, dass Hochschulwissenschaftler Belastungen aus verschiedenen Quellen ausgesetzt sind und sowohl Zeitdruck, als auch soziale Stressoren sowie Rollenkonflikte, wie die Unvereinbarkeit von Forschung und Lehre, negative Auswirkungen auf das arbeitsbezogene Wohlbefinden haben. Dies bestätigt die in Kapitel 5 aufgestellten Hypothesen 1 und 4 (Zeitdruck, studentische soziale Stressoren und die Unvereinbarkeit von Lehre und Forschung verursachen Burnout und mindern das erlebte Arbeitsengagement). Im Gegensatz dazu wirkten sich die wahrgenommenen Ressourcen positiv auf das Arbeitsengagement aus (Bestätigung von Hypothese 3). Ein Mangel an Ressourcen führt jedoch zu höheren Burnout-Werten der Hochschullehrenden (Bestätigung von Hypothese 2). Insgesamt sind diese Ergebnisse mit Befunden vorangegangener Studien konsistent, die meist mittels Querschnittdesign die Wirkung von Arbeitsbelastungen und einen Mangel an

Arbeitsressourcen auf Burnout (Anbar & Eker, 2008; Avargues Navarro et al., 2010; Bakker, Demerouti & Euwema, 2005; Chand & Monga, 2006; Hogan et al., 2002; Karabıyık et al., 2008; Lackritz, 2004; McClenahan et al., 2007; Otero-López et al., 2008; Taris et al., 2001; Zhong et al., 2009) und den Einfluss von Arbeitsressourcen auf das Arbeitsengagement von Hochschullehrenden (Alzyoud et al., 2014; Bakker, Demerouti & Euwema, 2005; Rothmann & Jordaan, 2006; Taris et al., 2001) untersuchten. Anders als in diesen früheren Studien wurde in der vorliegenden Arbeit eine Tagebuchstudie durchgeführt. Diese Methode ermöglicht einerseits die Erfassung kurzfristiger Auswirkungen von Arbeitsbelastungen und Arbeitsressourcen auf das gesundheitliche Wohlbefinden, und andererseits können Fragen danach beantwortet werden, warum Lehrende sich in manchen Wochen mehr oder weniger engagiert oder erschöpft fühlen. Die Ergebnisse der Tagebuchstudien attestieren, dass Zeitdruck, soziale Stressoren und Rollen-konflikte wie die Unvereinbarkeit von Forschung und Lehre über eine Woche hinweg akkumuliert das Wohlbefinden der Hochschuldozenten beeinflussen. Gleichzeitig wirkt sich die generelle Wahrnehmung der Arbeitsressourcen positiv auf die psychische Gesundheit der Studienteilnehmer aus. Die Ergebnisse der Längsschnittstudien belegen, dass Arbeitsbelastungen, über die 14 Wochen Vorlesungszeit hinweg akkumuliert, mittelfristige Folgen haben. Vor allem die studentischen Stressoren, als auch der Lehre-Forschung-Konflikt führen zu höheren Burnout-Werten. Die zeitdynamischen Einflüsse der Arbeitsbelastungen lassen sich wie folgt erklären: In Wochen mit stärker ausgeprägten oder mehr Stressoren reagieren die Hochschulmitarbeiter mit stärker ausgeprägten Stressreaktionen. Zum Beispiel können die Lehrenden unter Zeitdruck ihren Arbeitsaufwand steigern und so kognitive und physische Reserven mobilisieren (work harder, for longer, to get the work completed). Können sich die Hochschulwissenschaftler nicht ausreichend von dieser Anstrengung erholen, so kommt es zur Fehlbeanspruchung mit psychologischen (evtl. auch physiologischen) Kosten, wenn sich die Stressreaktionen akkumulieren. Auf längere Sicht entstehen daraus negative Konsequenzen, die sich affektiv (z. B. Burnout und Depression), psycho-physiologisch (z. B. psychosomatische Beschwerden) oder auf der Verhaltensebene (beständige Abwesenheit am Arbeitsplatz) äußern können (Lazarus, 1990; Sonnentag & Frese, 2003). Nach Lazarus (1990) mediieren kurzfristig auftretende Stressreaktionen die Entwicklung von mittel- und langfristigen Konsequenzen.

Die in dieser Arbeit betrachteten Arbeitsbelastungen interagieren mit dem wahrgenommenen studierendenorientierten Handlungsspielraum und der sozialen Unterstützung durch Studierende und durch die Universität. Dabei finden sich sowohl dem JD-R Modell entsprechende, als auch theorie-non-konforme Ergebnisse. Erstgenannte bestätigen sowohl den im JD-R Modell postulierten Puffereffekt, als auch die effektverstärkende Wirkung der Belastungen auf den Einfluss der Ressourcen. Dies spricht für Hypothese 5 und 6 (siehe Kapitel 5; je mehr Ressourcen zur Verfügung stehen, desto weniger wirken sich die Arbeitsbelastungen auf Burnout aus und je mehr Belastungen angegeben werden, desto größer ist der positive Effekt der Ressourcen auf das Arbeitsengagement). Ergebnisse, die entgegen der JD-R Modellannahmen sind, können durch den von Chrisopoulos et al. (2010) benannten *„reverse buffering"* oder *„enhancer effect"* erklärt werden. Hierbei wird unterstellt, dass die Art der Arbeitsressource (kognitiv, emotional oder physisch) zur Beschaffenheit der Arbeitsbelastung (ebenfalls kognitiv, emotional oder physisch) passen muss, um eine puffernde Wirkung auf ein übereinstimmendes Belastungserleben (ebenfalls kognitiv, emotional oder physisch) zu erreichen. Dies entspricht dem „triple match"-Prinzip (TMP), das die zentrale Annahme des „demand-induced strain compensation"-Modells darstellt (DISC-Modell; Jonge & Dormann, 2002, 2006; Jonge et al., 2008). Weitere Studien, die einen potenzierenden Effekt von Ressourcen berichteten, sind die Studien von Beehr (1976), Frese (1999) und Kaufmann und Beehr (1989). Ein möglicher Mechanismus, der diesem Effekt zu Grunde liegt, ist, dass die Quelle der Ressource gleichzeitig eine Quelle der Belastung wird (Kaufmann & Beehr, 1989). Nach dem TMP erhöht sich das potentielle Belastungsempfinden, wenn eine Ressource zur Verfügung steht, die nicht in adäquater Weise zum psychologischen Prozess, ausgelöst durch eine Arbeitsbelastung, passt. Dies ist eine mögliche Erklärung für die in meiner Untersuchung gefunden Effekte. Zum Beispiel führt die Interaktion zwischen den sozialen studentischen Stressoren und dem studierendenorientierten Handlungsspielraum mittelfristig zu weniger Arbeitsengagement. Die soziale Unterstützung durch die Studierenden in Interaktion mit dem Rollenkonflikt zwischen Lehre und Forschung wirkt sich ebenfalls kurz- und mittelfristig negativ auf das Arbeitsengagement aus. Bei den studentischen sozialen Stressoren handelt es sich um eine emotionale Anforderung. Der studierenden-orientierte Handlungsspielraum stellt eine kognitive Ressource dar. Der Rollenkonflikt zwischen Lehrendem und Forscher mag kognitiver Natur sein, während die soziale Unterstützung durch Studierende und durch die Universität emotionale Ressourcen sind. Nach Chrisopoulos et al. (2010) passt der Spielraum bzw. die soziale Unterstützung nicht zum psychologischen Prozess, der durch die widersprüchlichen und ambivalenten Erwartungen der unangenehmen Studierenden oder dem Konflikt zwischen Lehrenden- und Forscherrolle ausgelöst wurde und mündet daher in weniger Arbeitsengagement.

Insgesamt unterstützen die Befunde der vorliegenden Studien die Annahmen des in dieser Arbeit verwendeten Rahmenmodells. Die Arbeitsmerkmale der Hochschulwissenschaftler lassen sind in die beiden Kategorien Arbeitsbelastungen und Arbeitsressourcen einteilen. Beide Merkmalsarten stoßen auch in der vorliegenden Arbeit zwei unterschiedliche Prozesse an. Zum einen zeigte sich, dass Burnout durch Arbeitsbelastungen und einen Mangel an Ressourcen kurzzeitig verstärkt, als auch mittelfristig auftreten kann. Dies entspricht dem Stress-/Gesundheitsprozess (Bakker et al., 2003; Hakanen et al., 2006). Abseits davon hatte der wöchentlich berichtete Zeitdruck einen *positiven* Einfluss auf das Lehrengagement (Studie 1). In diesem Falle stellt Zeitdruck nach dem „Challenge und Hindrance-Stressor-Rahmenmodell" (Cavanaugh et al., 2000) einen herausfordernden Stressor dar. Generell stehen herausfordernde Stressoren in positivem Zusammenhang mit dem Wohlbefinden und der Leistung (LePine et al., 2005). Die Arbeitsressourcen steuerten einen Motivationsprozess (Bakker, Hakanen et al., 2007; Bakker & Leiter, 2010), in dem sich die Wahrnehmung von Ressourcen positiv auf das Arbeitsengagement und negativ auf das Ausmaß von Burnout der Dozierenden auswirkt. Die Interaktion von Arbeitsbelastungen und -

ressourcen zur Vorhersage von arbeitsbezogenem Wohlbefinden stellt – wie in Kapitel 2.3 beschrieben - die dritte Grundannahme des JD-R Modells dar. Wie oben bereits beschrieben, zeigten sich in den hier vorliegenden Studien sowohl Puffereffekte, als auch solche Effekte, bei denen der positive Einfluss von Arbeitsressourcen auf das Arbeitsengagement am höchsten ist, wenn die Arbeitsbelastungen hoch sind. Neben diesen theoriekonformen Ergebnissen ergaben sich jedoch auch einige Enhancer-Interaktionseffekte, die dieser Annahme widersprechen. Daher sollten die Interaktionsannahmen des JD-R Modell durch die Einschränkung des TMP ergänzt werden. Eine graphische Zusammenfassung der hier diskutierten Befunde findet sich in Abbildung 17.

9.2   Beitrag zur Forschung

Die Befunde meiner Studien erweitern den Forschungsstand zu Burnout und Arbeitsengagement im Setting der Hochschullehre. Daneben tragen meine Ergebnisse aber auch zur Burnout-Forschung im Allgemeinen und zum Wissenstand bezüglich der interagierenden Wirkung von Arbeitsbelastungen und -ressourcen insbesondere auf Arbeitsengagement bei. Im Folgenden werde ich diese Forschungsbeiträge genauer erläutern.

Erstens erweitern meine Untersuchungen das Wissen um Belastungen und Ressourcen von Hochschullehrenden und wie sich diese auf deren arbeitsbezogenes Wohlbefinden auswirken. In Bezug auf die Belastungen wurden zum einen die Studierenden als Quelle sozialer Stressoren untersucht. Vorangegangene Studien, die sich mit dieser Art Stressoren befassten, nahmen meist nur die Kursgröße oder die Anzahl der zu betreuenden Haus- oder Abschlussarbeiten in den Fokus (vgl. Lackritz, 2004; Taris et al., 2001). Meine Ergebnisse zeigen, dass nicht nur die Anzahl der zu betreuenden Studierenden, sondern ebenso das negative Verhalten, unangemessene und uneindeutige Erwartungen der Studierenden die Vulnerabilität für Burnout verstärken und einen negativen Einfluss auf das Arbeitsengagement haben. Daher sollte auch in zukünftigen Untersuchungen neben der Quantität, auch die Qualität der Beziehungen zu Studierenden bedacht werden.

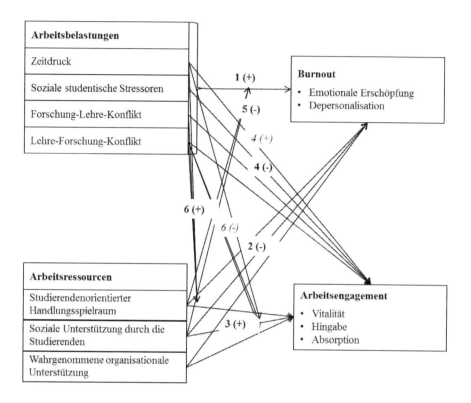

Abbildung 17 Zusammenfassung der Tagebuchanalysen und Integration ins JD-R Modell

Anmerkungen: Zahlen stellen die Nummerierung, der in Kapitel 5 aufgestellten Hypothesen dar. +/- symbolisieren die Wirkrichtung. Fett gedruckte Zahlen bedeuten eine Bestätigung der Hypothese. Kursiv gedruckte Zahlen Symbole stellen theorie-non-konforme Ergebnisse dar.

Zweitens wurde in meiner Arbeit, neben den Studierenden als Kunden der Hochschullehre, auch die Unvereinbarkeit der Arbeitsaufgaben in Forschung und Lehre als Belastung betrachtet. Dabei wurde diese Unvereinbarkeit als Rollenkonflikt definiert, der in beide Richtungen bestehen und negative Auswirkungen haben kann. Dies steht im Gegensatz zu früheren Studien, welche die gegenseitige Beeinträchtigung von Forschung und Lehre häufig nur unter der Fragestellung, für welche Arbeitsaufgaben mehr Zeit investiert wird, betrachteten (Chalmers & Boyd, 1998; Enders & Teichler, 1995; Vera et al., 2010) oder sich ausschließlich auf die gesundheitlichen Auswirkungen der Konfliktrichtung von Lehre auf Forschung beschränkten (Taris et al., 2001). In meiner Studie wurden dagegen sowohl der Lehre-Forschung- als auch der Forschung-Lehre-Konflikt in die Untersuchung aufgenommen. Obwohl auch die vorliegenden Ergebnisse zeigen, dass die Studienteilnehmer häufiger erleben, dass die Lehraufgaben es erschweren der Forschung nachzukommen, verursacht der Forschung-Lehre-Konflikt zumindest kurzfristig emotionale Erschöpfung und mindert das Maß an erlebter Vitalität. Dies deutet daraufhin, dass die Konfliktrichtungen der Unvereinbarkeit von Lehre und Forschung reziprok in Beziehung stehen, aber distinkte Konstrukte darstellen, da sie unterschiedliche Prävalenzen haben und sich unabhängig voneinander auf die psychische Gesundheit auswirken. Demnach sollten zukünftige Studien beide Konfliktrichtungen in ihr Untersuchungsdesign aufnehmen.

Im Gegensatz zu Arbeitsbelastungen wurden die positiven Wirkungen von Arbeitsressourcen der Hochschullehrenden in der bisherigen Forschung seltener beachtet. Auch hier leistet meine Arbeit auf zweierlei Weise einen Beitrag zum aktuellen Forschungsstand. Erstens wurden fast alle Ressourcenquellen, gemäß der Klassifikation nach Bakker und Demerouti (2007), in die vorliegenden Studien aufgenommen. Dies ermöglichte einen guten Überblick zur Wirkung der den Hochschulwissenschaftlern auf verschiedenen Ebenen zur Verfügung stehenden Ressourcen. Meine Ergebnisse zeigen, dass Ressourcen, die in der Aufgabe des Lehrens selbst liegen, soziale Ressourcen und Ressourcen, die die Organisation zur Verfügung stellt einen direkten negativen Einfluss auf Burnout und einen direkten positiven Effekt auf Arbeitsengagement haben. Zweitens konnte durch die gemeinsame Betrachtung von Ressourcen und Belastungen aufgezeigt werden, dass die Ressourcen aller drei Ebenen kurz- wie mittelfristig indirekte Effekte haben. So puffern diese zum Beispiel die negativen Einflüsse der Arbeitsbelastungen ab, wodurch erklärt werden kann, warum nicht jede vorliegende Belastung zu einem schlechteren Wohlbefinden führt. Da diese interagierenden Effekte bisher kaum im Forschungsfokus zu den Arbeitsbedingungen der Hochschullehrenden standen, zeigt meine Arbeit, dass es wichtig ist und der Komplexität der Arbeitsbedingungen der Universitätswissenschaftler gerechter wird, wenn beide Arbeitsmerkmale gleichzeitig untersucht werden.

Als zweiter Forschungsbeitrag ist zu nennen, dass in meiner Arbeit Burnout und Arbeitsengagement gleichzeitig betrachtet wurden. Es konnte bewiesen werden, dass sich die gleichen Arbeitsbelastungen und -ressourcen sowohl auf ein negatives, als auch auf ein positives arbeitsbezogenes Wohlbefinden auswirken. Während Burnout langfristig sowohl körperliche Folgen (Armon et al., 2010; Sonnenschein et al., 2008), als auch psychische gesundheitliche Folgen (Ahola, 2007) und negative Folgen für die Arbeitstätigkeit in Form einer Abnahme der Arbeitsleistung (Bakker, Demerouti & Sanz Vergel, 2014; Halbesleben & Buckley, 2004; Keijsers et al., 1995; Singh et al., 1994; Taris, 2006) und einer Zunahme an Fehlzeiten (Ahola, 2007; Borritz et al., 2006; Peterson et al., 2011; Schaufeli, Bakker & van Rhenen, 2009) hat, wirkt sich Arbeitsengagement positiv auf die Gesundheit aus (Seppälä et al., 2012) und fördert positive Emotionen (Rodriguez-Munoz et al., 2014; Schaufeli & van Rhenen, 2006), Kreativität (Bakker, Demerouti & Sanz Vergel, 2014) sowie proaktives Verhalten und persönliche Initiative (Bakker et al., 2012; Bakker & Xanthopoulou, 2013; Sonnentag, 2003). Es führt zudem zu besseren Arbeitsleistungen auf individueller und Teamebene (Bakker, Demerouti & Sanz Vergel, 2014). Da beide Konzepte unterschiedliche Folgen haben, aber von den gleichen Arbeitsmerkmalen beeinflusst werden, ist es für Interventionen und Prävention wichtig, über Forschungsergebnisse zu beiden Aspekten des arbeitsbezogenen Wohlbefindens zu verfügen. Um also die Frage beantworten zu können, warum nicht alle Hochschullehrenden mit ähnlichen Arbeitsmerkmalen an Burnout oder dessen Folgen erkranken oder andere unter denselben Bedingungen höchst engagiert sind, ist es wichtig beide Konzepte in die Untersuchungen aufzunehmen.

Drittens liefert meine Arbeit Kenntnisse über Arbeitsmerkmale von Hochschulwissenschaftlern, insbesondere deren Auswirkungen, da im Gegensatz zu voran-
gegangen Studien ein Tagebuch- sowie ein Längsschnittdesign genutzt wurden.
Es wurden kurzzeitliche Schwankungen von Burnout und Arbeitsengagement,
wie auch zeitverzögerte Effekte der Arbeitsbedingungen über die gesamte Vorlesungszeit betrachtet. Auf diese Weise konnten einerseits intra-individuelle als
auch inter-individuelle Veränderungen des arbeitsbezogenen Wohlbefindens und
dessen Ursachen beleuchtet und andererseits kausale Aussagen zu den involvierten psychologischen Prozessen gemacht werden. Die Tagebuchstudie trägt Ergebnisse zu einer dynamischen Forschungsperspektive innerhalb der Hochschul-
aber auch Stressforschung im Allgemeinen bei. Damit folge ich dem Appell von
Ilies, Schwind und Heller (2007). Die Autoren fordern, dass Schwankungen im
Wohlbefinden von Arbeitnehmern durch Fluktuationen in den Belastungen vorhergesagt werden sollten. Meine Ergebnisse zeigen deutlich, dass wöchentliche
Unterschiede in den sozialen studentischen Stressoren und im Zeitdruck (Studie
1), aber auch in der Unvereinbarkeit von Forschungs- und Lehraufgaben (Studie
2) zu Unterschieden in den Burnout- und Arbeitsengagement-Werten führen. So
berichten die Hochschullehrenden in Wochen mit mehr Belastungen mehr emotionale Erschöpfung und weniger Vitalität bei und Hingabe in die Lehraufgaben.
Diese Ergebnisse werden durch die Längsschnittanalysen überwiegend bestätigt,
so dass sich hier vergleichbare Ergebnismuster in der intra- als auch inter-
individuellen Perspektive wiederspiegeln. Dies ist nicht trivial, da durch die
Betrachtung im Längsschnitt kausale Aussagen zu Ursachen von Burnout und
Arbeitsengagement gemacht werden können. Insgesamt sind beide Perspektiven
und Untersuchungsdesigns, wie sie in meiner Arbeit zum Einsatz kamen, wichtig, um ein tieferes Verständnis für die Auswirkung der Arbeitsbelastungen und
Ressourcen auf die Gesundheit der Hochschullehrer zu erhalten.

Viertens tragen meine Ergebnisse zur Burnout-Forschung im Allgemeinen und
zum Wissensstand bezüglich der interagierenden Wirkung von Arbeitsbelastungen und-ressourcen insbesondere auf Arbeitsengagement bei. So wurde Burnout
in den überwiegenden Fällen der bisherigen Forschungsarbeiten als chronisches,

stabiles Merkmal behandelt. Im Gegensatz dazu präsentieren meine Untersuchungen jedoch, dass Burnout auch als Zustand aufgefasst werden kann, dessen Ausprägungen von Woche zu Woche schwanken. Dies ermöglicht eine zusätzlich Einsicht in die Art der Prädiktoren von Burnout, da neben den langfristig vorhandenen Ressourcen oder andauernden Arbeitsbelastungen, wie sie das JD-R Modell spezifiziert, weitere situationsspezifische Faktoren aufgezeigt werden konnten bzw. in weiteren Forschungsarbeiten dargetan werden können. Zudem zeigen meine Resultate, dass vor allem die Interaktionsannahmen des JD-R Modells sich nicht unter jeder Bedingung bestätigen lassen. In meiner Arbeit fand ich gerade in Bezug auf Arbeitsengagement theorie-non-konforme Ergebnisse, die sich durch weitere Modelle, wie dem DISC-Modell (Jonge & Dormann, 2002, 2006; Jonge et al., 2008) und dessen zentrale Annahme, dem TMP erklären lassen. Beispielsweise fanden sich in beiden Studien Interaktionen zwischen Arbeitsbelastungen und -ressourcen, bei denen die Arbeitsressource eine zusätzlich Quelle für Belastung darstellt und die negative Wirkung der Arbeitsbelastung potenziert. Dies wiederum kann als Einschränkung des JD-R Modells angesehen werden und sollte bei der Ableitung zukünftiger Forschungshypothesen bedacht werden. Eine ähnliche Ein-schränkung kann in Bezug auf die Wirkung von Belastungen gemacht werden, die nicht per se negativ sein muss. So zeigen meine Ergebnisse, dass Zeitdruck kurzfristig durchaus zu mehr Arbeitsengagement führen kann, was dem Gesundheitsbeeinträchtigungsprozess im JD-R Modell widerspricht. Erklärbar ist diese gegenteilige Auch dies sollte bei der zukünftigen Ableitung von Hypothesen aus dem JD-R Modell bedacht werden.

9.3   Stärke und Schwächen

In diesem Abschnitt zeige ich die generellen Stärken und Schwächen meiner Arbeit auf. Trotz der Nutzung von zwei verschiedenen Studiendesigns, Datenarten und Auswertungsformen können zur Begründung der Zusammen-hänge alternative Erklärungen herangezogen werden. Daher werde ich vor allem den

Gebrauch von Selbstauskünften und die Validität der Kausalannahmen diskutieren.

Damit kausale Interpretationen von Effekten zulässig sind, sollte der Stressor *vor* der Stressreaktion erhoben werden (Zapf et al., 1996). Um diesem Grundsatz gerecht zu werden, nutzte ich ein Längsschnittdesign. Die Arbeitsbelastungen und -ressourcen wurden 14 Wochen (erste allgemeine Befragung vor Beginn der Vorlesungszeit) vor den Burnout- und Arbeitsengagement-Werten (zweite allgemeine Befragung nach Ende der Vorlesungszeit) gemessen. Allerdings wurden in diesem Zusammenhang wechselseitige und umgekehrt kausale Einflüsse, wie sie in verschiedenen Studien bereits aufgezeigt werden konnten (Bakker et al., 2004; Bakker, Schaufeli et al., 2000; de Lange et al., 2005; Salanova et al., 2006); siehe auch das frühere Review von Zapf et al., 1996), nicht kontrolliert. So führen Arbeitsbelastungen zu Burnout. Dagegen kann Burnout wiederum zu einer veränderten Wahrnehmung von Belastungen oder zu einem veränderten Verhalten führen, welches zum Beispiel Belastungen potenziert und/oder Ressourcen reduziert. Diese Steigerung an Belastungen oder Abnahme an Ressourcen verursacht mehr emotionale Erschöpfung und Depersonalisation (Bakker, Schaufeli et al., 2000; Demerouti et al., 2004). In dieser Verlustspirale beeinflussen sich die Arbeitsbelastungen und Burnout wechselseitig. Aber auch positive Aufwärtsspiralen lassen sich nachweisen, in denen sich Arbeitsressourcen und positive Emotionen sowie Engagement reziprok bedingen (Schaufeli, Bakker & van Rhenen, 2009). Für Studie 1 bedeutet dies zum Beispiel, dass über das Semester hinweg Hochschullehrende, die mehr an Burnout leiden, eine qualitativ schlechtere Beziehung zu ihren Studierenden haben. Dadurch, dass sie sich emotional von ihren Studierenden distanzieren, rufen sie selbst beanspruchende und emotional belastende Verhaltensweisen bei ihren Studierenden hervor, die sich wiederum auf das Burnout der Dozierenden auswirken. Für die Unvereinbarkeit von Forschung und Lehre (Studie 2) bedeutet dies, dass Gefühle der Erschöpfung mit Unkonzentriertheit und eingeschränkter Leistungsfähigkeit einhergehen. Hochschulwissenschaftler kommen somit ihren Aufgaben in der Lehre nicht mehr nach. In der Folge, um mehr Zeit für die Vorbereitung der Lehre zu haben und als Mittel zur

Bewältigung ihrer Erschöpfung, distanzieren sich die Lehrenden von ihren Forschungsaufgaben. Dadurch aber nehmen sie einen stärkeren Lehre-Forschung-
Konflikt wahr, der sich auf das Burnout der Dozierenden auswirkt. Zur Untersuchung von Verlust-, aber auch Aufwärtsspiralen sind mindestens drei Erhebungszeitpunkte notwendig, um nachzuweisen, dass sich beispielsweise Belastungen
auf Burnout und dieses sich wiederum auf die Belastungen auswirkt. Dies hätte
jedoch den Rahmen meiner Datenerhebung gesprengt, da die Dozierenden aufgrund der in die Längsschnittstudie integrierten Tagebuchstudie bereits eine
Vielzahl an Fragebogen auszufüllen hatten. Fraglich ist zudem, ob das Zeitfenster eines Semesters ausreicht, um diese wechselseitigen Einflüsse in messbarer
Stärke hervor zu bringen. So erstrecken sich Studien mit bedeutsamen Befunden
meist über Monate bis Jahre (vgl. Bakker, Schaufeli et al., 2000; de Lange et al.,
2005; Salanova et al., 2006; Schaufeli, Bakker & van Rhenen, 2009). Zukünftige
Studien sollten die Möglichkeit solcher reziproken Effekte nicht außer Acht
lassen und dafür geeignete Zeitfenster wählen.

Eine weitere alternative Erklärung für die hier gefundenen Effekte können Einflüsse ungemessener Drittvariablen sein. Dies kann ich jedoch weitestgehend
ausschließen, da zum Beispiel die intra-individuellen Daten am Personenmittelwert zentriert wurden. Dadurch wird der Einfluss potentieller stabiler
Drittvariablen wie zum Beispiel demographische Daten, Personenunterschiede
(z. B. Stressanfälligkeit), umgebungsbedingte Unterschiede (z. B. Lehrkultur des
Faches, dem die Person angehört) und Antworttendenzen (z. B. soziale Er-
wünschtheit) kontrolliert. In Bezug auf die Längsschnittdaten wurden hierarchische Regressionen berechnet, bei denen im ersten Schritt eine statistische Kontrolle von Alter und Geschlecht sowie der Ausprägung des Arbeitsengagements
bzw. Burnouts zu t1 erfolgte. Vor allem die letztgenannte Variable kann als ein
kausal grundlegender Prädiktor für Arbeitsengagement bzw. Burnout zu t2 angesehen werden (Dormann & Zapf, 2002, S. 53). Dadurch konnte ich ermitteln,
welchen Netto-Effekt die Arbeitsbelastungen und -ressourcen über die Kontrollvariablen hinaus haben, wodurch Fehlinterpretationen durch sog. Scheinkorrelationen (spurious correlations) vermieden werden (Cohen et al., 2003).

Eine weitere Einschränkung meiner Arbeit stellt die Tatsache dar, dass die Daten ausschließlich durch Selbstauskünfte der Hochschullehrenden gewonnen wurden. Die vorliegenden Studien unterliegen daher den typischen Einschränkungen dieser Befragungsmethode (Frese & Zapf, 1988; Zapf et al., 1996). Podsakoff et al. (2003) sprechen von einem „common method bias", der sich darin ausdrückt, dass eine gemeinsame Methodenvarianz die gefundenen Effekte verursacht. Gegen die Zufälligkeit meiner Befunde spricht, dass sich in den unterschiedlichen Analysemodellen das Muster der bedeutsamen Prädiktoren für Burnout und Arbeitsengagement unterschied. In den Tagebuchstudien zeigte sich in Bezug auf die gemeinsam betrachteten Belastungen, wie die studentischen sozialen Stressoren und Zeitdruck, aber auch die beiden Konfliktrichtungen der Unvereinbarkeit von Forschung und Lehre, dass diese sich unterschiedlich bedeutsam auf die Subskalen von Burnout und Arbeitsengagement auswirken. Gleiches findet sich auch in den Längsschnittdaten wieder. Solche Ergebnisse sind sehr unwahrscheinlich, wenn sie auf eine geteilte Methodenvarianz zurückgeführt werden sollen, da sowohl die unabhängigen als auch die abhängigen Variablen die gleiche Varianz teilen (Erhebung zum gleichen Zeitpunkt und mit der gleichen Methode).

Im Längsschnitt wurden die Variablen zu unterschiedlichen Zeitpunkten erhoben. Diese zeitliche Trennung minimiert nach Podsakoff et al. (2003) einen common method bias. Gleichzeitig wurden in den Längsschnittanalysen das Alter und das Geschlecht kontrolliert und Veränderungen in der abhängigen Variable vorhergesagt. Während gemeinsame Methodenfehler, wie Antworttendenzen, die Erhebung der Variable an sich betreffen, sind Veränderungsmessungen weniger durch diesen Bias beeinflussbar. Um Beeinflussungen durch Antworttendenzen oder Einflüsse durch eine Drittvariable (personenbezogene oder Umweltfaktoren wie zu Beispiel unterschiedliche Fachkulturen) in Bezug auf die Tagebuchdaten auszuschließen, wurden diese am Personenmittelwert zentriert. Um jedoch verzerrte Ergebnisse aufgrund geteilter Methodenvarianz zu vermeiden, sollten zukünftige Studien verschiedene Erhebungsarten für die abhängigen und unabhängigen Variablen wählen. Die Beobachtung oder Fremdeinschätzung von sozi-

alen Belastungen, Zeitdruck, aber auch sozialer Ressourcen und Handlungs-
spieltraum wäre eine Möglichkeit.

9.4 Implikation für zukünftige Forschung und praktische Implikationen

Meine Dissertation impliziert verschiedene Aspekte für zukünftige Forschungsarbeiten. Diese betreffen neben methodischen Gesichtspunkten, inhaltliche Fragen und Erweiterungen im Sinne des Modellrahmens. So habe ich zum Beispiel
nicht alle Postulate des JD-R Modells oder Merkmale der Arbeitstätigkeit von
Hochschulwissenschaftlern beachtet. Mit Blick auf die Praxis werden Gesichts-
punkte genannt, die die Verhinderung von Burnout, aber auch die Förderung von
Arbeitsengagement betreffen.

Erstens sollten zukünftige Studien untersuchen, wie sich Burnout und Arbeitsengagement auf die Qualität der Lehre, aber auch auf die Güte der Forschungsarbeit eines Universitätsangestellten auswirken. Das JD-R Modell setzt voraus –
dies wurde in verschiedenen Berufsgruppen längst nachgewiesen – , dass der
Gesundheitsbeeinträchtigungsprozess hinsichtlich Burnout zu Gesundheitsbeschwerden und einer Abnahme der Arbeitsleistung sowie Zunahme der Fehlzeiten führt (Bakker et al., 2003; Hakanen et al., 2006). Der Motivationsprozess
wird durch das Vorhandensein von Ressourcen gesteuert. Arbeitsengagement
nimmt hier eine Schlüsselposition ein und fördert Kreativität, proaktives Verhalten und Eigeninitiative sowie die Arbeitsleistung (Bakker, Hakanen et al., 2007;
Bakker & Leiter, 2010). Zukünftige Untersuchungen sollten daher auf der einen
Seite klären, inwiefern Burnout eine Ursache für schlechte Lehre und wenig
Forschungsoutput (z. B. Drittmitteleinwerbung, Anzahl an Veröffentlichungen)
ist. Auf der anderen Seite sollte die Frage beantwortet werden, ob sich ein höheres Arbeitsengagement in der Qualität der Lehre und Forschung widerspiegelt.
Dies könnte sich unter anderem in der Nutzung kreativer Lehr- und Forschungsansätze, in einem überdurchschnittlichen Engagement außerhalb des Curriculums oder in interdisziplinären Forschungsprojekten äußern. Um methodische

Probleme eines common method bias zu vermeiden, sollten die unabhängigen und abhängigen Variablen durch unterschiedliche Methoden erhoben werden. Während Burnout und Arbeitsengagement eher ein subjektives Erleben darstellen und am besten über Selbstauskünfte erhoben werden sollten, können die Arbeitsleistung und grad der Kreativität auch durch objektive Methoden oder externe Beobachter eingeschätzt werden. Zur Einschätzung der Qualität der Lehrveranstaltungen könnten zum Beispiel Bewertungen von Studierenden herangezogen werden. Ebenso können die Studierenden, aber auch Arbeitskollegen und Vorgesetzte das Engagement außerhalb des Curriculums bewerten. Die Güte der Forschungsarbeit kann durch andere Fachvertreter in Peer-Reviews evaluiert werden. Objektive Zahlen zur Anzahl der Veröffentlichungen, aber auch zum Erwerb von Drittmittel lassen sich leicht quantifizieren. Insofern scheint hier ein weites Feld weiterer Forschungstätigkeit offen zu stehen.

Zweitens, ist die Frage offen, wie die situativen Belastungen mit kurzfristigen psycho-physiologischen Stressreaktionen zusammenhängen. Dudenhöffer (2011) konnte in einer Laborstudie nachweisen, dass kundenbezogene soziale Stressoren mit einer erhöhten Herzschlagrate einhergehen. Rohrmann, Bechtoldt, Hopp, Hodapp und Zapf (2011) fanden heraus, dass Call-Center-Mitarbeiter mit einer erhöhten Herzschlagrate und einem erhöhten diastolischen Blutdruck reagieren, wenn sie auf ein negatives Kundenverhalten freundlich reagieren mussten. Ebenso gehen akute Rollenkonflikte kurzfristig mit einem erhöhten Puls und Blutdruck sowie Veränderungen in anderen physiologischen Prozessen einher (Manning, 1981). Langfristig führt zum Beispiel der Rollenkonflikt zwischen Familie und Arbeit zu verstärkt auftretendem Bluthochdruck (Frone, Russell & Cooper, 1997). Es lassen sich demnach für die in meiner Arbeit untersuchten Stressoren Hinweise finden, dass diese auf physiologischer Ebene zu Gesundheitsbeeinträchtigungen führen. In diesem Zusammenhang können Feld- und Laborstudien hilfreich sein, um die körperlichen Stressreaktionen zu untersuchen. Neben kurzfristigen psycho-physiologischen Stressreaktionen sollte aber auch eine dauerhafte allostatische Aktivierung als Resultat chronischen Stresses betrachtet werden, da diese das Risiko für psychische und Herz-Kreislauf-Erkrankungen, aber auch Erkrankungen des Muskel-Skelett-Systems, sowie des Stoffwechsels und des Immunsystems erhöhen (Chrousos, 2009; Leka & Jain, 2010). In der Annahme, dass kurzfristig auftretende Stressreaktionen die Entwicklung von mittel- und langfristigen Konsequenzen mediieren (Lazarus, 1990), ist es also wichtig, dass zukünftige Forschungsarbeiten diesen Mediationseffekt in Bezug auf psycho-physiologische aber auch psychische Belastungsreaktionen betrachten. Meine Arbeit stellt in diesem Zusammenhang eine erste Vorarbeit bereit, indem sie kurzfristige (wöchentliche) und mittelfristige (drei Monate) Stressreaktionen gemeinsam untersuchte. In einem ähnlichen Design, aber in Verbindung mit der Messung von psycho-physiologischen Stressreaktionen können weiterführende Aussagen über die Beziehung von kurz- und mittelfristigen Reaktionen gemacht werden.

Drittens, neben den Kernaufgaben Forschung und Lehre, wurde in dieser Arbeit ein weiteres Aufgabenfeld der Hochschulwissenschaftler außer Acht gelassen. So ist gesetzlich fixiert, dass Hochschulmitarbeiter sich ebenfalls an Verwaltungsaufgaben beteiligen sollen. Dies betrifft die Mitarbeit in Gremien, Aufgaben der Qualitätssicherung, Beteiligung an der Studienreform und Studienberatung und vieles mehr. Nach Jakob und Teichler (2011) existiert die These, dass seit der Reformierung des Hochschulsystems die Verwaltungsaufgaben so umfangreich seien, dass die Kernaufgaben darüber zu kurz kämen. Die Ergebnisse ihrer Umfrage weisen darauf hin, dass „die Professoren an den deutschen Universitäten jetzt besonders viel Zeit für Aufgaben außerhalb von Forschung und Lehre verwenden und dass dies zu Lasten des zeitlichen Aufwandes für die Lehre geht" (S. 189). Somit stellen Verwaltungsaufgaben eine zusätzlich Quelle der Belastung dar, deren Auswirkungen bisher sehr selten untersucht wurden. Inwiefern es belastende und damit gesundheitsbeeinträchtigende Konflikte zwischen der Erfüllung von Verwaltungsaufgaben auf der einen und Lehre- oder Forschungsaufgaben auf der anderen Seite gibt, ist bisher ebenfalls kaum eruiert worden. Auch dieses Desiderat sollte nicht bestehen bleiben.

Neben den genannten Implikationen für zukünftige Forschung können aus meiner Arbeit auch Implikationen für die Praxis abgeleitet werden. Die hier studienrelevanten Belastungen Zeitdruck, soziale studentische Stressoren und die Unvereinbarkeit von Lehr- und Forschungsaufgaben haben vor allem kurzfristig, aber auch mittelfristig negative Auswirkungen auf das arbeitsbezogene Wohlbefinden der Hochschulwissenschaftler. Da Burnout und ein gemindertes Arbeitsengagement sich des Weiteren negativ auf die psychische und körperliche Gesundheit, aber auch auf die Arbeitsleistung auswirken, sollten die untersuchten Belastungen minimiert werden. Zeitdruck und die Unvereinbarkeit von Lehr- und Forschungsaufgaben könnten verringert werden, indem die Kernaufgaben der Universitätsmitarbeiter beispielsweise durch die Einführung reiner Forschungs- und Lehrprofessuren getrennt werden. Die Last der Aufgaben wird so auf mehrere Personen verteilt. Auch ohne Aufteilung der Aufgaben scheint an dieser Stelle eine Minderung der Last durch Forschung und Lehre sinnvoll, damit beide Arbeitsaufgaben möglichst konfliktfrei erfüllt werden können.

Das Verhalten der Studierenden ist auf direktem Wege schwer zu verändern. Jedoch kann indirekt Einfluss auf die studentischen Stressoren genommen werden. Die Universität kann zum Beispiel die Arbeitsumgebungen so einrichten, dass zufriedenstellende Interaktionen zwischen Dozierenden und Studierenden möglich sind. Etwa können positive Rahmenbedingungen für Sprechstunden geschaffen werden, in denen die Dozierenden mehr Zeit für die Studierenden nehmen können, das Gespräch ungestört ist und in angemessenen Räumlichkeiten stattfindet. Ungestörte Interaktionen zwischen den Dozierenden und Studierenden können Frustrationen und Stress verringern, da insgesamt angemessene Umgebungen für Interaktionen wichtige Faktoren stressfreier Interaktionen darstellen (Bitner, 1992). Des Weiteren können Hochschulen ihre Prozessvorgaben, Richtlinien und Regeln möglichst transparent, fair und verständlich gestalten, so dass Missverständnissen, Ärger und Frustrationen seitens der Studierenden vorgebeugt wird.

Auch die Dozierenden können durch Transparenz, Verständlichkeit und Fairness zum Beispiel der Bewertungsregeln von Hausarbeiten einem negativen Verhalten der Studierenden vorbeugen. Zudem können sie unfreundliche und verbal aggressive Studierende indirekt beeinflussen, indem sie ihnen freundlich und serviceorientiert begegnen. Dies entspricht einer persönlichen Dienstleistungsorientierung, die sich auf den individuellen Wunsch, die Kunden zufrieden zu stellen und auf den Willen bzw. die Anstrengungsbereitschaft, dementsprechend zu handeln, bezieht (Dormann et al., 2003). Hiervon kann die organisationale Dienstleistungsorientierung abgegrenzt werden. Dies sind die Wahrnehmung von Gewohnheiten, Vorgehensweisen und Routinen im Umgang mit Kunden und das erwartete, geförderte und belohnte Arbeitsverhalten hinsichtlich der Erbringung von hochwertigen Dienstleistungen am Kunden. Beides kann durch organisationale Dienstleistungsgrundlagen beeinflusst werden (Schneider et al., 1998). Im Wesentlichen geht es dabei um Merkmale, die den Beschäftigten und ihrer Arbeitsausführung dienlich sind (concern for employees; Mitarbeiterorientierung) und darüber vermittelt auch dem Kunden nützen. In diesem Sinne kann, wie bereits oben angedeutet die Organisation indirekt Einfluss auf die studentischen aber auch andere soziale Stressoren nehmen.

Trotz der eben beschriebenen Maßnahmen lassen sich soziale Stressoren nicht gänzlich verhindern. Um ihnen besser begegnen zu können, sollten bestimmte Ressourcen gefördert werden. Hier zeigen meine Ergebnisse jedoch, dass nicht jede Art von Arbeitsressource dazu geeignet ist, jede Art von Belastung ab zu puffern. Wichtig ist dabei die Passung der Arbeitsressource (kognitiv, emotional oder physisch) zur Beschaffenheit der Arbeitsbelastung (ebenfalls kognitiv, emotional oder physisch), um eine puffernde Wirkung auf ein entsprechendes Belastungserleben (ebenfalls kognitiv, emotional oder physisch) zu haben (Chrisopoulos et al., 2010). Daher scheint es notwendig diejenigen Arbeitsbelastungen, die zu Burnout oder einer Minderung des Arbeitsengagements führen, genau zu kennen, um mit Förderung der entsprechenden Ressourcen das bestmögliche Arbeitsergebnis zu erzielen. Gleichzeitig haben die Arbeitsressourcen aber einen direkten, positiven Effekt auf das Arbeitsengagement und die Minderung von

Burnout. Die Ergebnisse meiner Studie deuten an, dass die Maximierung von Ressourcen wie Handlungsspielraum und Unterstützung durch die Universität prioritär bedacht werden sollten, wenn es um die Prävention von Burnout und die Förderung von Arbeitsengagement geht.

Dieses Kapitel abschließend sei als letzte Maßnahme zur Minderung von Burnout und Förderung von Arbeitsengagement die Stärkung von Coping-Strategien genannt, um besser mit vorhandenen Belastungen umgehen und Ressourcen optimal nutzen zu können. So kann die Universität zum Beispiel Schulungen und Workshops anbieten, in denen die Hochschullehrenden geschult werden mit negativem Studierendenverhalten umzugehen. Dabei kann vertiefend auf ein effektives Verhalten zur Vermeidung von Eskalation und zur Stärkung von Selbstregulationsstrategien eingegangen werden. Letzteres kann der Regulation der negativen Emotionen der Dozierenden dienen, um so akute Stressreaktionen zu minimieren. Durch die Regulation des eigenen negativen Effekts kann zudem eine negative Gegenreaktion der Studierenden und der Beginn eines Eskalationszirkels vermieden werden.

9.5   Generelle Schlussfolgerung

Meine Dissertation erweitert das Wissen um die Arbeitsbelastungen, aber auch Ressourcen von Universitätslehrenden und wie sich diese auf das Burnout und Arbeitsengagement auswirken. Dabei zeigte sich, dass Burnout und Arbeitsengagement durchaus relevante Themen mit Hochschulbereich sind, die negativ durch Belastungen in der Arbeit der Hochschullehrenden beeinflusst werden. Da Hochschulen nicht länger belastungsarme Arbeitsumgebungen sind und Hochschulwissenschaftler komplexe Aufgaben in Wissenschaft und Lehre unter zunehmend belastenden Arbeitsbedingungen erfüllen müssen, ist es wichtig die Mechanismen zu kennen, inwiefern Belastungen zu einem schlechten Wohlbefinden führen und wie dem effektiv entgegengewirkt werden kann. Gleichzeitig ist aber auch die Erkenntnis wichtig, dass die Arbeitsbedingungen in Hochschulen anregend und motivierend sein können und nicht per se zu Burnout führen.

Ferner besitzt das Wissen um die interagierenden Effekte von Arbeitsbelastungen und -ressourcen ebenfalls eine große Relevanz, wenn es um die Entwicklung von Interventions- und Förderprogrammen geht.

10. Anhang

10.1 Bezug der wöchentlichen Kennwerte zur allgemeinen Erhebung

Tabelle 28 gibt einen Überblick zu den erfassten Konstrukten der wöchentlichen Befragungen. Um eine Einordnung der wöchentlichen Kennwerte in den Rahmen der allgemeinen Befragungen zu ermöglichen, wurden verschiedene statistische Parameter herangezogen. Dies waren der Mittelwert und die Reichweite der internen Konsistenz (Cronbachs α), die für jede der fünf wöchentlichen Erhebungen ermittelt wurden (Reichweite α_w (M); siehe Spalte 3 in Tabelle 28). Neben dieser Berechnung wurde die interne Konsistenz der Erhebungen über alle fünf Wochen berechnet (α_{Mw}; siehe Spalte 4 in Tabelle 28). Des Weiteren wurde die interne Konsistenz der über die fünf Wochen aggregierten Items bestimmt ($\alpha_{aggItemw}$; siehe Spalte 5 in Tabelle 28). Zudem wurde die Korrelation des Mittelwerts aller fünf wöchentlichen Messwerte mit dem Skalenwert zu t1 berechnet ($r(Skala_{aggw}/Skala_{t1})$; siehe Spalte 6 in Tabelle 28). Weitere Kennwerte bildeten der Mittelwert und die Reichweite der Korrelationen der fünf wöchentlichen Messwerte mit dem Skalenwert zu t1 (Reichweite $r(Skala_w/Skala_{t1})$ (M); siehe Spalte 7 in Tabelle 28). Letztlich wird auch die Korrelation des gewählten Einzelitems bzw. der gekürzten Skalen zu t1 mit der Gesamtskala zu t1 berichtet ($r(Item_{t1}/Skala_{t1})$; siehe Spalte 8 in Tabelle 28).

Zeitdruck

Der aggregierte Wert der wöchentlich erhobenen Daten korrelierte zu $r = 0,36$ ($p < 0,01$) signifikant mit dem Skalenwert, der zum Zeitpunkt t1 erhoben wurde. Dabei wurde zu t1 das davorliegende Semester (vorlesungsfreie Zeit und Vorlesungszeit zusammengenommen) bewertet. Betrachtet man die allgemeine Bewertung des Zeitdrucks für den Vorlesungszeitrahmen, in dem auch die Tagebuchstudie stattfand (Messung zu T2), so zeigte sich eine signifikante Korrelation von $r = 0,61$ ($p < 0,01$). Die geringere Korrelation zur Skala, gemessen zu t1, könnte demnach auf unterschiedliche Belastungen in den zwei verschiedenen Zeiträumen zurückgeführt werden. Insgesamt weisen die bedeutsamen Zusammenhänge zwischen den Einschätzungen des allgemeinen und des wöchentlichen Zeitdrucks und die ähnlichen Beziehungsmuster zu den abhängigen Variablen (siehe Tabelle 5) für den allgemeinen und wöchentlichen Zeitdruck darauf hin, dass die Messung des wöchentlichen Zeitdrucks valide war (vgl. hierzu Ohly et al., 2010, S. 86). Die differenzierte Betrachtung der Zusammenhänge zwischen dem Skalenwert zu t1 und den wöchentlich erhobenen Daten zeigte geringere, aber überwiegend signifikante Korrelationen. Im Mittel betrugen diese $r = 0,28$. Dabei lag die geringste Korrelation bei $r = 0,18$ ($p > 0,05$), die höchste bei $r = 0,38$ ($p < 0,01$). Diese Unterschiede können durch eine Schwankung des wöchentlichen Zeitdrucks erklärt werden. So wurde zum Zeitpunkt t1 ein durchschnittliches Niveau an Zeitdruck eingeschätzt. Dabei könnten Zeitpunkte mit mehr oder weniger Belastung negiert worden sein. Diese könnten jedoch wiederum wöchentlich auftreten und daher zu einer anderen Bewertung des wöchentlichen Zeitdruckniveaus als dem durchschnittlichen Zeitdruck führen.

Studentische soziale Stressoren

Um das wöchentliche Niveau an studentischen sozialen Stressoren zu messen, wurden drei Items der angepassten KSS-Skalen genutzt. Die drei Items wurden zu einem Index zusammengefasst. Cronbachs α reichte über die fünf Wochen von 0,69 zu 0,82 ($M = 0,77$). Wurden die drei Items über alle fünf Wochen aggregiert und daraufhin die Reliabilität bestimmt, so betrug Cronbachs $\alpha = 0,85$. Die interne Konsistenz, berechnet über alle fünf Wochen, lag bei Cronbachs $\alpha = 0,86$. Die Korrelation dieser Drei-Item-Subskala zu t1 mit der Gesamtskala zu t1 betrug $r(\text{Item}_{t1}/\text{Skala}_{t1}) = 0,80$ ($p < 0,01$; siehe Spalte 8 in Tabelle 28). Sowohl die signifikanten Korrelationen des aggregierten wöchentlichen Niveaus an studentischen sozialen Stressoren (t1: $r = 0,63$, p $< 0,01$), als auch die ähnlichen Beziehungsmuster zu den abhängigen Variablen (siehe Tabelle 5) weisen darauf hin, dass die Messung des wöchentlichen Niveaus valide war (vgl. hierzu Ohly et al., 2010, S. 86). Unterschiede in den Zusammenhängen zwischen dem Skalenwert zu t1 und den in der Tagebuchstudie erhobenen Werten könnten ebenfalls durch eine Schwankung des wöchentlichen Stressor-Niveaus erklärt werden, die im Gegensatz zur Einschätzung des durchschnittlichen Niveaus zu t1 stehen.

Tabelle 28 Erfasste Konstrukte der wöchentlichen Befragungen

Konstrukt	Anzahl der Items	Reichweite α_w (M)	α_{Mr}	$\alpha_{aggItemw}$	$r(\text{Skala}_{aggw}/\text{Skala}_{t1})$	Reichweite $r(\text{Skala}_w/\text{Skala}_{t1})$ (M)	$r(\text{Item}_{t1}/\text{Skala}_{t1})$
Zeitdruck	1	---	0,84	---	0,36**	0,18/0,36** (0,28)	0,84**
Soziale studentische Stressoren	3	0,69/0,82 (0,77)	0,86	0,85	0,63**	0,47**/0,57** (0,51)	0,80**
Forschung-Lehre-Konflikt	1	---	0,88	---	0,50**	0,29*/0,54** (0,38)	0,86**
Lehre-Forschung-Konflikt	1	---	0,89	---	0,54**	0,31*/0,57** (0,44)	0,96**
Arbeitsengagement							
Vitalität	3	0,68/0,88 (0,80)	0,92	0,84	0,72**	0,53**/0,70** (0,62)	---
Hingabe	3	0,69/0,90 (0,85)	0,91	0,92	0,79**	0,59**/0,79** (0,69)	---
Absorption	3	0,81/0,87 (0,84)	0,92	0,90	0,72**	0,62**/0,66** (0,63)	---
Burnout							
Emotionale Erschöpfung	9	0,84/0,91 (0,88)	0,96	0,90	0,80**	0,65**/0,78** (0,73)	---
Depersonalisation	5	0,77/0,84 (0,79)	0,95	0,84	0,68**	0,50**/0,62** (0,56)	---

Anmerkungen:　Erklärung der Abkürzungen siehe Text. **$p < 0{,}01$.

Unvereinbarkeit von Forschung und Lehre

In den wöchentlichen Erhebungen wurde nur jeweils ein Item der Selbstbeurteilungsskalen „Beruf-Familie-Konflikt" und „Familien-Beruf-Konflikt" nach Netemeyer et al. (1996) verwendet. Das für die FLK-Skala gilt: Die Vorlage dieses Items, wie es zu t1 eingesetzt wurde, korrelierte mit dem Skalenwert, erhoben zum Zeitpunkt t1 zu $r(Item_{t1}/Skala_{t1})= 0,96$ (p < 0,01). Der Mittelwert dieses Items, errechnet aus allen fünf Wochen, korrelierte zu $r(Skala_{w}/Skala_{t1})= 0,50$ (p < 0,01) mit dem Skalenwert aus t1. Die Zusammenhänge zwischen den jeweiligen wöchentlichen Werten und dem Skalenwert zu t1 reichten von $r = 0,29$ (p < 0,05) zu $r = 0,54$ (p < 0,01). Die Reliabilität über die fünf Wochen hinweg betrug Cronbachs $\alpha = 0,88$. Zur Erfassung des wöchentlichen LFK wurde das Item „In der letzten Woche hat der Zeitumfang meiner Lehraufgaben es schwierig gemacht, meine Verpflichtungen in Forschungsprojekten zu erfüllen" genutzt. Das Item und die Skala gemessen zu t1 korrelierten zu $r(Item_{t1}/Skala_{t1}) = 0,86$ (p < 0,01). Der Mittelwert dieses Items, errechnet aus allen fünf Wochen, korrelierte zu $r(Skala_{w}/Skala_{t1})= 0,54$ (p < 0,01) mit dem Skalenwert aus t1. Die Zusammenhänge zwischen den jeweiligen wöchentlichen Werten und dem Skalenwert zu t1 reichten hier von $r = 0,31$ (p < 0,05) zu $r = 0,57$ (p < 0,01). Die Reliabilität über die fünf Wochen hinweg betrug Cronbachs $\alpha = 0,89$. Unterschiede in den Korrelationen der wöchentlichen Werte mit den Werten t1 könnten, wie auch im Falle des FLK, durch eine Schwankung des wöchentlichen Stressor-Niveaus erklärt werden. In beiden Fällen wird aufgrund der bedeutsamen Zusammenhänge und den vergleichbaren Korrelationsmustern mit den abhängigen Variablen (vgl. Tabelle 17) von einer validen Messung ausgegangen.

Burnout

Zur Erhebung der wöchentlichen Levels an emotionaler Erschöpfung und Depersonalisation wurden ebenfalls die Items des Maslach-Burnout-Inventars genutzt. Für emotionale Erschöpfung lag Cronbachs α zwischen 0,84 und 0,91 ($M =$ 0,88). Für Depersonalisation reichte Cronbachs α von 0,77 zu 0,84 ($M = 0,79$) für die fünf Erhebungszeitpunkte. Wurden die Items über alle Wochen aggregiert und im Anschluss Cronbachs α berechnet, ergaben sich für emotionale Erschöpfung Cronbachs $\alpha = 0,90$ und für Depersonalisation Cronbachs $\alpha = 0,84$. Die Reliabilität über die fünf Wochen hinweg betrug Cronbachs $\alpha = 0,96$ für emotionale Erschöpfung und Cronbachs $\alpha = 0,95$ für Depersonalisation. Für beide Subskalen fanden sich signifikante Zusammenhänge zwischen den aggregierten

Werten der wöchentlichen Skalenwerte und dem Skalenwert zu t1 (r(Skala$_{aggw}$/Skala$_{t1}$)= 0,80; $p < 0,01$ für emotionale Erschöpfung; r (Skala$_{aggw}$ /Skala$_{t1}$)= 0,68; $p < 0,01$ für Depersonalisation). Gleichzeitig fanden sich signifikante Korrelationen zwischen den wöchentlich erhobenen Subskalenwerten und dem Skalenwert zu t1 (r(Skala$_w$/Skala$_{t1}$) = 0,50 bis 0,78, ($p < 0,01$); siehe Tabelle 28). Dies und die ähnlichen Beziehungsmuster zu den unabhängigen Variablen (siehe Tabelle 5 und Tabelle 17) weisen darauf hin, dass die Messung des wöchentlichen Niveaus valide war (vgl. hierzu Ohly et al., 2010, S. 86).

Arbeitsengagement

Die wöchentlichen Befragungen erfassten, wie engagiert sich die Lehrenden in der letzten Woche erlebten. Dabei wurden alle neun Aussagen der zu t1 und t2 genutzten Skala in den Fragebogen aufgenommen. Für die Vitalität reichte Cronbachs α von 0,68 zu 0,88 ($M = 0,80$). Für die Hingabe lag Cronbachs α zwischen 0,69 und 0,90 ($M = 0,85$). Cronbachs α für Absorption betrug im Minimum 0,81 und maximal 0,87 ($M = 0,84$). Die Reliabilität der fünf Wochen war sehr hoch. Sie lag zwischen Cronbachs $\alpha = 0,91$ und 0,92. Wurden die einzelnen Items über alle fünf Wochen gemittelt und die Reliabilität der Subskalen gemessen, so ergaben sich Werte zwischen Cronbachs $\alpha = 0,84$ und 0,92. Die über alle fünf Wochen aggregierten Mittelwerte der Subskala korrelierten hoch mit dem allgemein erhobenen Niveau zu t1 (r (Skala$_{aggw}$/Skala$_{t1}$) = 0,72 bis 0,79 ($p < 0,01$); siehe Tabelle 28). Die wöchentlich erhobenen Subskalenwerte hingen signifikant mit den Skalenwerten zu t1 zusammen (r(Skala$_w$/Skala$_{t1}$) = 0,53 bis 0,79 ($p < 0,01$); siehe Tabelle 28). Dies und die ähnlichen Beziehungsmuster zu den unabhängigen Variablen (siehe Tabelle 5 und Tabelle 17) weisen darauf hin, dass die Messung des wöchentlichen Niveaus valide war (vgl. hierzu Ohly et al., 2010, S. 86).

Literaturverzeichnis

Abouserie, R. (1996). Stress, Coping Strategies and Job Satisfaction in University Academic Staff. *Educational Psychology, 16*(1), 49–56.

Ahola, K. (2007). *Occupational burnout and health. People and work : research reports: Vol. 81*. Helsinki, Finland: Finnish Institute of Occupational Health.

Aiken, L. S. & West, S. G. (1991). *Multiple regression: Testing and interpreting interactions* (1st ed.). Newbury Park, Calif: Sage.

Alarcon, G. M. (2011). A meta-analysis of burnout with job demands, resources, and attitudes. *Journal of Vocational Behavior, 79*(2), 549–562.

Alexander, R. A. & DeShon, R. P. (1994). Effect of error variance heterogeneity on the power of tests for regression slope differences. *Psychological Bulletin, 115*(2), 308–314.

Alzyoud, A. A. Y., Othman, S. Z. & Isa, M. F. M. (2014). Examining the Role of Job Resources on Work Engagement in the Academic Setting. *Asian Social Science, 11*(3).

Anbar, A. & Eker, M. (2008). Work Related Factors that Affect Burnout Among Accounting and Finance Academicians. *Journal of Industrial Relations and Human Resources, 10*(4), 110–137.

Archibong, I. A., Bassey, A. O. & Effiom, D. O. (2010). Occupational stress sources among university academic staff. *European Journal of Educational Studies, 2*(3), 217–225.

Arias Galicia, F. (2008). A structural model of professional burnout in high school and collegue professors. *International Journal of Psychology, 43*(3-4), 60.

Armon, G., Melamed, S., Shirom, A. & Shapira, I. (2010). Elevated burnout predicts the onset of musculoskeletal pain among apparently healthy employees. *Journal of Occupational Health Psychology, 15*(4), 399–408.

Avargues Navarro, M. L. & Borda Mas, M. (2010). Job stress and burnout syndrome at university: A descriptive analysis of the current situation and review of the principal lines of research. *Annuary of Clinical and Health Psychology, 6,* 67–72.

Avargues Navarro, M. L., Borda Mas, M. & López Jiménez, A. M. (2010). Working conditions, burnout and stress symptoms in university professors: validating a structural model of the mediating effect of perceived personal competence. *Spanish Journal of Psychology, 13*(1), 284–296.

Azeem, S. M. & Nazir, N. A. (2008). A Study of Job Burnout among University Teachers. *Psychology & Developing Societies, 20*(1), 51–64.

Backhaus, K. (2011). *Multivariate Analysemethoden: Eine anwendungsorientierte Einführung* (13., überarb. Aufl). *Springer-Lehrbuch.* Berlin [u.a.]: Springer.

Bakker, A. B. (2011). An Evidence-Based Model of Work Engagement. *Current Directions in Psychological Science, 20*(4), 265–269.

Bakker, A. B. & Bal, M. P. (2010). Weekly work engagement and performance: A study among starting teachers. *Journal of Occupational and Organizational Psychology, 83*(1), 189–206.

Bakker, A. B. & Demerouti, E. (2007). The Job Demands-Resources model: state of the art. *Journal of Managerial Psychology, 22*(3), 309–328.

Bakker, A. B. & Demerouti, E. (2008). Towards a model of work engagement. *Career Development International, 13*(3), 209–223.

Bakker, A. B. & Demerouti, E. (2014). Job Demands-Resources Theory. In P. Y. Chen & C. L. Cooper (Hrsg.) *Wellbeing : a complete reference guide: volume III. Work and wellbeing* (S. 37–64). West Sussex: John Wiley & Sons, Ltd.

Bakker, A. B., Demerouti, E. & Euwema, M. C. (2005). Job Resources Buffer the Impact of Job Demands on Burnout. *Journal of Occupational Health Psychology, 10*(2), 170–180.

Bakker, A. B., Demerouti, E. & Sanz Vergel, A. I. (2014). Burnout and Work Engagement: The JD–R Approach. *Annual Review of Organizational Psychology and Organizational Behavior, 1*(1), 389–411.

Bakker, A. B., Demerouti, E. & Schaufeli, W. B. (2003). Dual processes at work in a call centre: An application of the job demands–resources model. *European Journal of Work and Organizational Psychology, 12*(4), 393–417.

Bakker, A. B., Demerouti, E. & Ten Brummelhuis, L. L. (2012). Work engagement, performance, and active learning: The role of conscientiousness. *Journal of Vocational Behavior, 80*(2), 555–564.

Bakker, A. B., Demerouti, E. & Verbeke, W. (2004). Using the job demands-resources model to predict burnout and performance. *Human Resource Management, 43*(1), 83–104.

Bakker, A. B., Hakanen, J. J., Demerouti, E. & Xanthopoulou, D. (2007). Job resources boost work engagement, particularly when job demands are high. *Journal of Educational Psychology, 99*(2), 274–284.

Bakker, A. B. & Leiter, M. P. (2010). Where to go from here: Integration and future research on work engagement. In A. B. Bakker & M. P. Leiter (Hrsg.) *Work engagement. A handbook of essential theory and research* (1st ed., S. 181–196). New York: Psychology Press.

Bakker, A. B., & Leiter, M. P. (Eds.). (2010). *Work engagement. A handbook of essential theory and research* (1st ed.). New York: Psychology Press.

Bakker, A. B. & Sanz Vergel, A. I. (2013). Weekly work engagement and flourishing: The role of hindrance and challenge job demands. *Journal of Vocational Behavior, 83*(3), 397–409.

Bakker, A. B., Schaufeli, W. B., Sixma, H. J., Bosveld, W. & Dierendonck, D. van. (2000). Patient demands, lack of reciprocity, and burnout: A five-year longitudinal study among general practitioners. *Journal of Organizational Behavior, 21*(4), 425–441.

Bakker, A. B. & Xanthopoulou, D. (2013). Creativity and charisma among female leaders: the role of resources and work engagement. *International Journal of Human Resource Management, 24*(14), 2760–2779.

Balducci, C., Fraccaroli, F. & Schaufeli, W. B. (2010). Psychometric Properties of the Italian Version of the Utrecht Work Engagement Scale (UWES-9). *European Journal of Psychological Assessment, 26*(2), 143–149.

Baltes-Götz, B. (2014). *Lineare Regressionsanalyse mit SPSS.* Zuletzt gesehen am 13.04.2016. Abgerufen von https://www.uni-trier.de/fileadmin/urt/doku/linreg/linreg.pdf

Bandura, A. (1986). *Social foundations of thought and action: A social cognitive theory. Prentice-Hall series in social learning theory.* Englewood Cliffs, NJ: Prentice-Hall.

Barkhuizen, N., Rothmann, S. & van de Vijver, F. R. (2014). Burnout and Work Engagement of Academics in Higher Education Institutions: Effects of Dispositional Optimism. *Stress and Health, 30*(4), 322–332.

Baron, R. A. & Neuman, J. H. (1996). Workplace violence and workplace aggression: Evidence on their relative frequency and potential causes. *Aggressive Behavior, 22*(3), 161–173.

Barraca Mairal, J. (2010). Emociones negativas en el profesorado universitario: Burnout, estrés laboral y mobbing. [Negative emotions in the university faculty: Burnout, work stress, and mobbing.]. *EduPsykhé: Revista de Psicología y Educación, 9*(1), 85–100.

Baumeister, R. F. & Leary, M. R. (1995). The need to belong: desire for interpersonal attachments as a fundamental human motivation. *Psychological Bulletin, 117,* 497–529.

Bayram, N., Gursakal, S. & Bilgel, N. (2010). Burnout, Vigor and Job Satisfaction Among Academic Staff. *European Journal of Social Science, 17*(1), 41–53.

Becker, G. S. (1991). *A treatise on the family.* Cambridge, MA: Harvard University Press.

Becker, G. S. (1993). *Human capital theory.* Chicago, IL: Chicago University Press.

Beehr, T. A. (1976). Perceived situational moderators of the relationship between subjective role ambiguity and role strain. *Journal of Applied Psychology, 61*(1), 35–40.

Ben-Zur, H. & Yagil, D. (2005). The relationship between empowerment, aggressive behaviours of customers, coping, and burnout. *European Journal of Work and Organizational Psychology, 14*(1), 81–99.

Bezuidenhout, A. & Cilliers, F. V. (2010). Burnout, work engagement and sense of coherence in female academics in higher-education institutions in South Africa. *SA Journal of Industrial Psychology, 36*(1).

Bilge, F. (2006). Examining the burnout of academics in relation to job satisfaction and other factors. *Social Behavior and Personality: an international journal, 34*(9), 1151–1160.

Bilici, M., Mete, F., Soylu, C., Bakaroğlu, M. & Kavakçi, Ö. (1998). Bir grup akademisyende depresyon ve tükenme düzeyleri. [The levels of burnout and depression in a group of academics.]. *Türk Psikiyatri Dergisi, 9*(3), 181–189.

Bitner, M. J. (1992). Servicescapes: The Impact of Physical Surroundings on Customers and Employees. *Journal of Marketing, 56*(2), 57.

Bitner, M. J., Booms, B. H. & Mohr, L. A. (1994). Critical Service Encounters: The Employee's Viewpoint. *Journal of Marketing, 58*(4), 95–106.

Blix, A. G., Cruise, R. J., Mitchell, B. M. & Blix, G. G. (1994). Occupational stress among university teachers. *Educational Research, 36*(2), 157–169.

Bolger, N. & Amarel, D. (2007). Effects of social support visibility on adjustment to stress: experimental evidence. *Journal of Personality and Social Psychology, 92*(3), 458–475.

Bolger, N., Davis, A. & Rafaeli, E. (2003). Diary Methods: Capturing Life as it is Lived: Annual Review of Psychology. *Annual Review of Psychology, 54*(1), 579–616.

Bollenbeck, G. (Ed.). (2007). *Forum Synchron. Der Bologna-Prozess und die Veränderung der Hochschullandschaft: [Beiträge zum Symposium "Der Bologna-Prozess und die Veränderungen in der Hochschullandschaft", das am 2. und 3. Dezember 2005 an der Universität Siegen stattgefunden hat].* Heidelberg: Synchron, Wiss.-Verl. der Autoren.

Borritz, M., Rugulies, R., Christensen, K. B., Villadsen, E. & Kristensen, T. S. (2006). Burnout as a predictor of self-reported sickness absence among human service workers: prospective findings from three year follow up of the PUMA study. *Occupational and environmental medicine, 63*(2), 98–106.

Bortz, J. (2005). *Statistik für Human- und Sozialwissenschaftler* (6., vollst. überarb. und aktualisierte Aufl). Heidelberg: Springer.

Bortz, J. & Schuster, C. (2010). *Statistik für Human- und Sozialwissenschaftler* (7., vollständig überarbeitete und erweiterte Auflage). Berlin: Springer.

Boyd, C. M., Bakker, A. B., Pignata, S., Winefield, A. H., Gillespie, N. A. & Stough, C. (2011). A Longitudinal Test of the Job Demands-Resources Model among Australian University Academics. *Applied Psychology, 60*(1), 112–140.

Bradley, G. L., McColl-Kennedy, J. R., Sparks, B. A., Jimmieson, N. L. & Zapf, D. (2010). Service encounter needs theory: A dyadic, psychosocial approach to understanding service encounters. In W. J. Zerbe, Härtel, Charmine E. J. & N. M. Ashkanasy (Hrsg.) *Research on emotion in organizations: v. 6. Emotions and organizational dynamism* (S. 221–258). Bingley, UK: Emerald.

Bradley, J. & Eachus, P. (1995). Occupational stress within a U.K. higher education institution. *International Journal of Stress Management, 2*(3), 145-158.

Breevaart, K., Bakker, A. B. & Demerouti, E. (2014). Daily self-management and employee work engagement. *Journal of Vocational Behavior, 84*(1), 31–38.

Brewer, E. W. & Shapard, L. (2004). Employee Burnout: A Meta-Analysis of the Relationship Between Age or Years of Experience. *Human Resource Development Review, 3*(2), 102–123.

Brosius, F. (2004). *SPSS 12.* (1. Aufl). Bonn: Mitp.

Buessing, A. & Perrar, K.-M. (1992). Die Messung von Burnout. Untersuchung einer deutschen Fassung des Maslach Burnout Inventory (MBI-D). [Measurement of burnout. Study of a German version of the Maslach Burnout Inventory (MBI-D)]. *Diagnostica, 38*(4), 328–353.

Bühner, M. & Ziegler, M. (2010). *Statistik für Psychologen und Sozialwissenschaftler* ([Nachdr.]). München u.a: Pearson Studium.

Burisch, M. (2014). *Das Burnout-Syndrom: Theorie der inneren Erschöpfung - Zahlreiche Fallbeispiele - Hilfen zur Selbsthilfe* (5., überarb. Aufl.). Heidelberg: Springer.

Buunk, B. P., Jonge, J. de, Ybema, J. F. & Wolff, C. J. de. (1998). Psychosocial aspects of occupational stress. In P. J. D. Drenth, H. Thierry & C. J. de Wolff (Hrsg.) *Introduction to work and organizational psychology* (2nd ed., S. 145–182). Hove (East Sussex): Psychology.

Byrne, B. M. (1991). Burnout: Investigating the impact of background variables for elementary, intermediate, secondary, and university educators. *Teaching and Teacher Education, 7*(2), 197–209.

Byrne, B. M. (1992). The Maslach Burnout Inventory: Validating factorial structure and invariance across intermediate, secondary, and university educators. *Multivariate Behavioral Research, 26*(4), 583–605.

Cavanaugh, M. A., Boswell, W. R., Roehling, M. V. & Boudreau, J. W. (2000). An empirical examination of self-reported work stress among U.S. managers. *Journal of Applied Psychology, 85*(1), 65–74.

Chalmers, A. & Boyd, S. (1998). *Workload and stress in New Zealand universities in 1998: A follow-up to the 1994 study*. Wellington, N.Z: New Zealand Council for Educational Research; Association of University Staff of New Zealand.

Chand, P. & Monga, O. P. (2006). A study of the job stress and burnout. *Indian Journal of Community Psychology, 2*(1), 42–52.

Chrisopoulos, S., Dollard, M. F., Winefield, A. H. & Dormann, C. (2010). Increasing the probability of finding an interaction in work stress research: A two-wave longitudinal test of the triple-match principle. *Journal of Occupational and Organizational Psychology, 83*(1), 17–37.

Christian, M. S., Garza, A. S. & Slaughter, J. E. (2011). Work Engagement: A Quantitative Review and Test of its Relations with Task and Contextual Performance. *Personnel Psychology, 64*(1), 89–136.

Chrousos, G. P. (2009). Stress and disorders of the stress system. *Nature reviews. Endocrinology, 5*(7), 374–381.

Clarkson, J. J., Hirt, E. R., Jia, L. & Alexander, M. B. (2010). When perception is more than reality: The effects of perceived versus actual resource depletion on self-regulatory behavior. *Journal of Personality and Social Psychology, 98*(1), 29–46.

Cohen, J., Cohen, P., West, S. G. & Aiken, L. S. (2003). *Applied multiple regression, correlation analysis for the behavioral sciences* (3. ed., rev. ed). Mahwah, NJ: Erlbaum.

Cohen, S., Sherrod, D. R. & Clark, M. S. (1986). Social skills and the stress-protective role of social support. *Journal of Personality and Social Psychology, 50*(5), 963–973.

Cohen, S. & Wills, T. A. (1985). Stress, social support, and the buffering hypothesis. *Psychological Bulletin, 98*(2), 310–357.

Converso, D., Loera, B., Viotti, S. & Martini, M. (2015). Do positive relations with patients play a protective role for healthcare employees? Effects of patients' gratitude and support on nurses' burnout. *Frontiers in Psychology, 6.*

Cordes, C. L. & Dougherty, T. W. (1993). A review and an integration of research on job burnout. *The Academy of Management Review, 18*(4), 621–656.

Crawford, E. R., LePine, J. A. & Rich, B. L. (2010). Linking job demands and resources to employee engagement and burnout: A theoretical extension and meta-analytic test. *Journal of Applied Psychology, 95*(5), 834–848.

Cronbach, L. J. (1951). Coefficient alpha and the internal structure of tests. *Psychometrika, 16,* 297–334.

Crosmer, J. L. (2009). *Professional burnout among U.S. full-time university faculty: Implications for worksite health promotion* (Dissertation). Texas Woman's University, Texas, USA.

Csikszentmihalyi, M. (1990). *Flow: The psychology of optimal experience.* New York: Harper & Row.

Daniels, K. & Guppy, A. (1992). Control, information-seeking preferences, occupational stressors and psychological well-being: Work & Stress. *Work & Stress, 6*(4), 347–353.

de Lange, A. H., Taris, T. W., Kompier, M. A. J., Houtman, I. L. D. & Bongers, P. M. (2005). Different mechanisms to explain the reversed effects of mental health on work characteristics. *Scandinavian Journal of Work, Environment & Health, 31*(1), 3–14.

DeCharms, R. (1968). *Personal Causation.* Hillsdale, NJ: Lawrence Erlbaum Associates.

Deci, E. L. & Ryan, R. M. (2000). The "What" and "Why" of Goal Pursuits: Human Needs and the Self-Determination of Behavior: Psychological Inquiry. *Psychological Inquiry, 11*(4), 227–268.

Deelstra, J. T., Peeters, M. C. W., Zijlstra, F. R. H., Schaufeli, W. B., Stroebe, W. & van Doornen, L. J. P. (2003). Receiving instrumental support at work: When help is not welcome. *Journal of Applied Psychology, 88*(2), 324–331.

Deery, S., Iverson, R. & Walsh, J. (2002). Work Relationships in Telephone Call Centres: Understanding Emotional Exhaustion and Employee Withdrawal. *Journal of Management Studies, 39*(4), 471–496.

DeLongis, A., Folkman, S. & Lazarus, R. S. (1988). The impact of daily stress on health and mood: Psychological and social resources as mediators. *Journal of Personality and Social Psychology, 54*(3), 486–495.

Demerouti, E., Bakker, A. B. & Bulters, A. J. (2004). The loss spiral of work pressure, work-home interference and exhaustion: Reciprocal relations in a three-wave study. *Journal of Vocational Behavior, 64*(1), 131–149.

Demerouti, E., Bakker, A. B., Jonge, J. de, Janssen, P. P. M. & Schaufeli, W. B. (2001). Burnout and engagement at work as a function of demands and control. *Scandinavian Journal of Work, Environment & Health, 27*(4), 279–286.

Demerouti, E., Bakker, A. B., Nachreiner, F. & Schaufeli, W. B. (2001). The job demands-resources model of burnout. *Journal of Applied Psychology, 86*(3), 499–512.

Demerouti, E., Bakker, A. B., Sonnentag, S. & Fullagar, C. J. (2012). Work-related flow and energy at work and at home: A study on the role of daily recovery. *Journal of Organizational Behavior, 33*(2), 276–295.

Demerouti, E. & Nachreiner, F. (1996). Reliabilitaet und Validitaet des Maslach Burnout Inventory (MBI): eine kritische Betrachtung. [Reliability and validity of the Maslach Burnout Inventory (MBI): A critical analysis]. *Zeitschrift fuer Arbeitswissenschaft, 50*(1), 32–38.

Derks, D. & Bakker, A. B. (2014). Smartphone Use, Work-Home Interference, and Burnout: A Diary Study on the Role of Recovery. *Applied Psychology, 63*(3), 411–440.

Derks, D., van Mierlo, H. & Schmitz, E. B. (2014). A Diary Study on Work-Related Smartphone Use, Psychological Detachment and Exhaustion: Examining the Role of the Perceived Segmentation Norm. *Journal of Occupational Health Psychology, 19*(1), 74–84.

Desjardins, C. & Zapf, D. (2003). *Designing customer-oriented job control and increasing customer satisfaction in the service sector.* Frankfurt am Main.

Diener, E. & Fujita, F. (1995). Resources, personal strivings, and subjective well-being: A nomothetic and idiographic approach. *Journal of Personality and Social Psychology, 68*(5), 926–935.

Donovan, M. A., Dragow, F. & Munson, L. J. (1998). The Perceptions of Fair Interpersonal Treatment scale: Development and validation of a measure of interpersonal treatment in the workplace. *Journal of Applied Psychology, 83*(5), 683–692.

Dormann, C., Spethmann, K., Weser, D. & Zapf, D. (2003). Organisationale und persönliche Dienstleistungsorientierung und das Konzept des kundenorientierten Handlungsspielraums. *Zeitschrift für Arbeits- und Organisationspsychologie, 47*(4), 194–207.

Dormann, C. & Zapf, D. (2002). Social stressors at work, irritation, and depressive symptoms: Accounting for unmeasured third variables in a multi-wave study. *Journal of Occupational and Organizational Psychology, 75*(1), 33–58.

Dormann, C. & Zapf, D. (2004). Customer-Related Social Stressors and Burnout. *Journal of Occupational Health Psychology, 9*(1), 61–82.

Doyle, C. & Hind, P. (1998). Occupational Stress, Burnout and Job Status in Female Academics. *Gender, Work & Organization, 5*(2), 67–82.

Dua, J. K. (1994). Job Stressors and Their Effects on Physical Health, Emotional Health and Job Satisfaction in a University. *Journal of Educational Administration, 32*(1), 59–78.

Dudenhöffer, S. (2011). *Customers - gracious kings or petty tyrants? A generalized perspective of customer-related social stressors and their consequences for service providers' health and well-being* (Dissertation). Johannes Gutenberg-Universität, Mainz.

Dudenhöffer, S. & Dormann, C. (2013). Customer-related social stressors and service providers' affective reactions. *Journal of Organizational Behavior, 34*(4), 520–539.

Durbin, J. & Watson, G. S. (1950). Testing for serial correlation in least squares regression. I. *Biometrika, 37*(3-4), 409–428.

Durbin, J. & Watson, G. S. (1951). Testing for serial correlation in least squares regression. II. *Biometrika, 38*(1-2), 159–179.

Edwards, J. R. & Rothbard, N. P. (2000). Mechanisms Linking Work and Family: Clarifying the Relationship between Work and Family Constructs. *The Academy of Management Review, 25*(1), 178–199.

Eid, M. (2003). Veränderungsmessung und Kausalanalyse. In M. Jerusalem & H. Weber (Hrsg.) *Psychologische Gesundheitsförderung. Diagnostik und Prävention* (S. 105–120). Göttingen: Hogrefe.

Eisenberger, R., Huntington, R., Hutchison, S. & Sowa, D. (1986). Perceived organizational support. *Journal of Applied Psychology, 71*(3), 500–507.

Enders, J. & Teichler, U. (1995). *Berufsbild der Lehrenden und Forschenden an Hochschulen: Ergebnisse einer Befragung des wissenschaftlichen Personals an westdeutschen Hochschulen.* Bonn: Bundesministerium für Bildung, Wissenschaft Forschung und Technologie.

Evers, W., Tomic, W. & Brouwers, A. (2002). Aggressive behavior and burnout among staff of homes for eldery. *International Journal of Mental Health Nursing, 11,* 2–9.

Fong, T. C. & Ng, S. M. (2012). Measuring engagement at work: validation of the chinese version of the utrecht work engagement scale. *International Journal of Behavioral Medicine, 19*(3), 391–397.

Frese, M. (1999). Social support as a moderator of the relationship between work stressors and psychological dysfunctioning: A longitudinal study with objective measures. *Journal of Occupational Health Psychology, 4*(3), 179–192.

Frese, M. & Zapf, D. (1988). Methodological issues in the study of work stress: Objective vs subjective measurement of work stress and the question of longitudinal studies. In C. L. Cooper & R. Payne (Hrsg.) *Wiley series on studies in occupational stress. Causes, coping, and consequences of stress at work* (S. 375–411). Chichester, New York: Wiley.

Frese, M. & Zapf, D. (1994). Action as the core of work psychology: A German Approach. In H. C. Triandis, M. D. Dunnette & L. M. Hough (Hrsg.) *Handbook of industrial and organizational psychology* (2nd ed., S. 271–340). Palo Alto, Calif: Consulting Psychologists Press.

Frone, M. R., Russell, M. & Cooper, M. L. (1997). Relation of work-family conflict to health outcomes: A four-year longitudinal study of employed parents. *Journal of Occupational and Organizational Psychology, 70*(4), 325–335.

Fullerton, R. A. & Punj, G. (2004). Repercussions of promoting an ideology of consumption: consumer misbehavior. *Journal of Business Research, 57*(11), 1239–1249.

Galton, F. (1889). *Natural inheritance*. London: Macmillian.

Geurts, S. A. E., Kompier, M. A. J., Roxburgh, S. & Houtman, I. L. D. (2003). Does Work–Home Interference mediate the relationship between workload and well-being? *Journal of Vocational Behavior, 63*(3), 532–559.

Ghorpade, J., Lackritz, J. & Singh, G. (2007). Burnout and Personality: Evidence From Academia. *Journal of Career Assessment, 15*(2), 240–256.

Gillespie, N. A., Walsh, M., Winefield, A. H., Dua, J. K. & Stough, C. (2001). Occupational stress in universities: Staff perceptions of the causes, consequences and moderators of stress: Work & Stress. *Work & Stress, 15*(1), 53–72.

Gmelch, W. H., Lovrich, N. P., Jr. & Wilke, P. K. (1984). Sources of stress in academe: A national perspective: Research in Higher Education, *20*(4), 477-490.

Gmelch, W. H., Wilke, P. K. & Lovrich, N. P., Jr. (1986). Dimensions of stress among university faculty: Factor-analytic results from a national study. *Research in Higher Education, 24*(3), 266-286.

Grandey, A. A., Dickter, D. N. & Sin, H. P. (2004). The costumer ist not always right: Customer aggression and emotion regulation of service employees. *Journal of Organizational Behavior, 25*, 397–418.

Greenberg, J. (1990). Organizational Justice: Yesterday, Today, and Tomorrow. *Journal of Management, 16*(2), 399–432.

Haar, J., Roche, M. & Ten Brummelhuis, L. L. (2011). *A daily diary study of work-life balance: Utilizing a daily process model.* Proceedings of the 25th ANZAM Conference. The Future of Work and Organisations., Wellington, New Zealand.

Haber, M. G., Cohen, J. L., Lucas, T. & Baltes, B. B. (2007). The relationship between self-reported received and perceived social support: a meta-analytic review. *American journal of community psychology, 39*(1-2), 133–144.

Hackman, J. R. & Oldham, G. R. (1980). *Work redesign.* Reading, Mass: Addison-Wesley.

Hakanen, J. J. (2002). Työuupumuksesta työn imuun - positiivisen työhyvinvointikäsitteen ja-menetelmän suomalaisen version validointi opetusalan organisaatiossa. *Työ ja Ihminen, 16,* 42–58.

Hakanen, J. J., Bakker, A. B. & Demerouti, E. (2005). How dentists cope with their job demands and stay engaged: the moderating role of job resources. *European Journal of Oral Sciences, 113*(6), 479–487.

Hakanen, J. J., Bakker, A. B. & Schaufeli, W. B. (2006). Burnout and work engagement among teachers. *Journal of School Psychology, 43*(6), 495–513.

Hakanen, J. J., Schaufeli, W. B. & Ahola, K. (2008). The Job Demands-Resources model: A three-year cross-lagged study of burnout, depression, commitment, and work engagement. *Work & Stress, 22*(3), 224–241.

Halbesleben, J. R. B. (2010). A meta-analysis of work engagement: Relationships with burnout, demands, resources and consequences. In A. B. Bakker & M. P. Leiter (Hrsg.) *Work engagement. A handbook of essential theory and research* (1st ed., S. 102–117). New York: Psychology Press.

Halbesleben, J. R. B. & Buckley, M. R. (2004). Burnout in Organizational Life. *Journal of Management, 30*(6), 859–879.

Hallberg, U. E. & Schaufeli, W. B. (2006). "Same same" but different? Can work engagement be discriminated from job involvement and organizational commitment? *European Psychologist, 11*(2), 119–127.

Harris, L. C. & Reynolds, K. L. (2004). Jaycustomer behavior: an exploration of types and motives in the hospitality industrynull. *Journal of Services Marketing, 18*(5), 339–357.

Herder-Dorneich, P. & Kötz, W. (1972). *Zur Dienstleistungsökonomik: Systemanalyse und Systempolitik der Krankenhauspflegedienste. Nicht-Markt-Ökonomik: Vol. 2.* Berlin: Duncker & Humblot.

Hobfoll, S. E. (1989). Conservation of resources: A new attempt at conceptualizing stress. *American Psychologist, 44*(3), 513–524.

Hobfoll, S. E. (2002). Social and Psychological Resources and Adaptation. *Review of General Psychology, 6*(4), 307–324.

Hobfoll, S. E. & Buchwald, P. (2004). Die Theorie der Ressourcenerhaltung und das multiaxiale Copingmodell – eine innovative Stresstheorie. In P. Buchwald, S. E. Hobfoll & C. Schwarzer (Hrsg.) *Stress gemeinsam bewältigen. Ressourcenmanagement und multiaxiales Coping* (S. 11–26). Göttingen [u.a.]: Hogrefe.

Hobfoll, S. E. & Shirom, A. (2000). Conservation of resources theory: Applications to stress and management in the workplace. In R. T. Golembiewski (Hrsg.) *Handbook of organizational behavior* (2nd ed., S. 57–81). New York: Marcel Dekker.

Hockey, G. R. J. (1995). Cognitive-energetical control mechanisms in the management of work demands and psychological health. In A. D. Baddeley (Hrsg.) *Attention. Selection, awareness, and control ; a tribute to Donald Broadbent* (1st ed., S. 328–345). Oxford [u.a.]: Clarendon Press.

Hockey, G. R. J. (1997). Compensatory control in the regulation of human performance under stress and high workload: A cognitive-energetical framework: Mental Resources: Intensive and Selective Aspects. *Biological Psychology, 45*(1–3), 73–93.

Hofmann, D. A. & Gavin, M. B. (1998). Centering Decisions in Hierarchical Linear Models: Implications for Research in Organizations. *Journal of Management, 24*(5), 623–641.

Hogan, J. M., Carlson, J. G. & Dua, J. K. (2002). Stressors and Stress Reactions Among University Personnel. *International Journal of Stress Management, 9*(4), 289-310.

Holt-Lunstad, J., Smith, T. B. & Layton, J. B. (2010). Social relationships and mortality risk: a meta-analytic review. *PLoS medicine, 7*(7), e1000316.

House, J. S. (1983). *Work stress and social support* (2nd ed.). *Addison-Wesley series on occupational stress: Vol. 4.* Reading, Mass: Addison-Wesley.

Houston, D., Meyer, L. H. & Paewai, S. (2006). Academic Staff Workloads and Job Satisfaction: Expectations and values in academe. *Journal of Higher Education Policy and Management, 28*(1), 17–30.

Hox, J. J. (1998). Multilevel modeling: When and why. In I. Balderjahn, R. Mathar & M. Schader (Hrsg.) *Studies in Classification, Data Analysis, and Knowledge Organization. Classification, Data Analysis, and Data Highways. Proceedings of the 21st Annual Conference of the Gesellschaft für Klassifikation e.V., University of Potsdam, March 12-14, 1997* (S. 147–154). Berlin, Heidelberg: Springer.

Hox, J. J. (2010). *Applied multilevel analysis: techniques and applications.* Mahwah, NJ: Erlbaum.

Ilies, R., Schwind, K. M. & Heller, D. (2007). Employee well-being: A multilevel model linking work and nonwork domains. *European Journal of Work and Organizational Psychology, 16*(3), 326–341.

Jacobs, J. A. & Winslow, S. E. (2004). Overworked Faculty: Job Stresses and Family Demands. *The ANNALS of the American Academy of Political and Social Science, 596*(1), 104–129.

Jakob, A. K. & Teichler, U. (2011). *Der Wandel des Hochschullehrerberufs im internationalen Vergleich: Ergebnisse einer Befragung in den Jahren 2007/08.* Bonn: Bundesministerium für Bildung, Wissenschaft Forschung und Technologie.

James, L. R. (1982). Aggregation bias in estimates of perceptual agreement. *Journal of Applied Psychology, 67*(2), 219–229.

Johnson, J. V. & Hall, E. M. (1988). Job Strain, Work Place Social Support, and Cardiovascular Disease: A Cross-Sectional Study of a Random Sample of the Swedish Working Population. *American Journal of Public Health, 78*(10), 1336–1342. Abgerufen von http://search.ebscohost.com/login.aspx?direct=true&db=buh&AN=4691854&site=ehost-live

Johnson, T. (1989). *A Study of Full-Time Faculty Burnout at Evergreen Valley College* (Dissertation). Evergreen Valley College, San Jose. Abgerufen von http://www.eric.ed.gov/ERICWebPortal/detail?accno=ED308905

Jonge, J. de & Dormann, C. (2002). The DISC model: Demand-induced strain compensation mechanisms in job stress. In M. F. Dollard, H. R. Winefield & A. H. Winefield (Hrsg.) *Occupational stress in the service professions* (S. 43–74). London: Taylor & Francis.

Jonge, J. de & Dormann, C. (2006). Stressors, resources, and strain at work: A longitudinal test of the triple-match principle. *Journal of Applied Psychology, 91*(6), 1359–1374.

Jonge, J. de, Dormann, C. & van den Tooren, M. (2008). The Demand-Induced Strain Compensation Model: Renewed theoretical considerations and empirical evidence. In K. Naswall, J. Hellgren & M. Sverke (Hrsg.) *The Individual in the Changing Working Life* (S. 67–87). Oxford: Cambridge University Press.

Jonge, J. de & Schaufeli, W. B. (1998). Job characteristics and employee well-being: a test of Warr's Vitamin Model in health care workers using structural equation modelling. *Journal of Organizational Behavior, 19*(4), 387–407.

Kalliath, T. J. (2000). A test of the Maslach Burnout Inventory in three samples of healthcare professionals. *Work & Stress, 14*, 35–51.

Kanungo, R. N. (1982). Measurement of job and work involvement. *Journal of Applied Psychology, 67*(3), 341–349.

Karabıyık, L., Eker, M. & Anbar, A. (2008). Determining the Factors that Affect Burnout Among Acedemicians. *Ankara Üniversitesi SBF Dergisi, 63*(2), 91–115.

Karasek, R. A. (1979). Job Demands, Job Decision Latitude, and Mental Strain: Implications for Job Redesign. *Administrative Science Quarterly, 24*(2), 285–308.

Katz, D. & Kahn, R. L. (1978). *The social psychology of organizations* (2d ed). New York: Wiley.

Kaufmann, G. M. & Beehr, T. A. (1989). Occupational Stressors, Individual Strains, and Social Supports among Police Officers. *Human Relations, 42*(2), 185–197.

Keijsers, G. J., Schaufeli, W. B., Le Blanc, P. M., Zwerts, C. & Miranda, D. R. (1995). Performance and burnout in intensive care units. *Work & Stress, 9*(4), 513–527.

Khan, F., Yusoff, R. M. D. & Khan, A. (2014). Job demands, burnout and resources in teaching a conceptual review. *World Applied Sciences Journal, 30*(1), 20–28.

Kinicki, A. J. & Vecchio, R. P. (1994). Influences on the quality of supervisor–subordinate relations: The role of time-pressure, organizational commitment, and locus of control. *Journal of Organizational Behavior, 15*(1), 75–82.

Kinman, G. (2001). Pressure Points: A review of research on stressors and strains in UK academics. *Educational Psychology, 21*(4), 473–492.

Kinman, G. & Jones, F. (2003). 'Running Up the Down Escalator': Stressors and strains in UK academics. *Quality in Higher Education, 9*(1), 21–38.

Kleiber, D. & Enzmann, D. (1990). *Burnout: Eine internationale Bibliographie.* Göttingen [u.a.]: Hogrefe.

Kreft, I. G. G. (1996). *Are multilevel techniques necessary? An overview, including simulation studies.*, California State University, Los Angeles, CA.

Kreft, I. G. G., Leeuw, J. de & Aiken, L. S. (1995). The Effect of Different Forms of Centering in Hierarchical Linear Models. *Multivariate Behavioral Research, 30*(1), 1–21.

Krimmer, H., Stallmann, F., Behr, M. & Zimmer, A. (2003). *Karrierewege von ProfessorInnen an Hochschulen in Deutschland.* Münster. Retrieved from Insitut für Politikwissenschaft, Universität Münster website: http://csn.uni-muenster.de/WiKa/wika_broschuere.pdf

Kuehnel, J., Sonnentag, S. & Bledow, R. (2012). Resources and time pressure as day-level antecedents of work engagement., Ressourcen und Zeitdruck als Tagesniveau-Antezedentien von Arbeitsengagement. *Journal of Occupational and Organizational Psychology, 85*(1), 181–198.

Kurtessis, J. N., Eisenberger, R., Ford, M. T., Buffardi, L. C., Stewart, K. A. & Adis, C. S. (2015). Perceived Organizational Support: A Meta-Analytic Evaluation of Organizational Support Theory. *Journal of Management, 41.*

Lackritz, J. R. (2004). Exploring burnout among university faculty: incidence, performance, and demographic issues. *Teaching and Teacher Education, 20*(7), 713–729.

LaRocco, J. M., House, J. S. & French, J. R. P. (1980). Social support occupational stress and health. *Journal of Health and Social Behavior, 202–218.*

Lawler, E. E. & Hall, D. T. (1970). Relationship of job characteristics to job involvement, satisfaction, and intrinsic motivation. *Journal of Applied Psychology, 54*(4), 305–312.

Lazarus, R. S. (1990). Theory-based stress measurement. *Psychological Inquiry, 1,* 3–13.

Lease, S. H. (1999). Occupational role stressors, coping, support, and hardiness as predictors of strain in academic faculty: An emphasis on new and female faculty. *Research in Higher Education, 40*(3), 285–307.

Lee, R. T. & Ashforth, B. E. (1996). A meta-analytic examination of the correlates of the three dimensions of job burnout. *Journal of Applied Psychology, 81*(2), 123–133.

Leidenfrost, B., Strassnig, B., Schabmann, A. & Carbon, C.-C. (2009). Verbesserung der Studiensituation für StudienanfängerInnen durch Cascaded Blended Mentoring. *Psychologische Rundschau, 60*(2), 99–106.

Leiter, M. P. (1993). Burnout as a developmental process: Considerations of models. In W. B. Schaufeli, C. Maslach & T. Marek (Hrsg.) *Professional burnout. Recent developments in theory and research* (S. 237–250). Washington DC: Taylor & Francis.

Leiter, M. P. & Maslach, C. (1999). Six areas of worklife: A model of the organizational context of burnout. *Journal of Health and Human Resources Administration, 21,* 479–489.

Leiter, M. P. & Maslach, C. (2008). Burnout. In A. P. Kahn & J. Fawcett (Hrsg.) *The encyclopedia of mental health* (3rd ed., S. 358–362). New York: Facts On File.

Leka, S. & Jain, A. (2010). *Health Impact of Psychosocial Hazards at Work: An Overview.* Genf: WHO.

LePine, J. A., Podsakoff, N. P. & LePine, M. A. (2005). A Meta-Analytic Test of the Challenge Stressor-Hindrance Stressor Framework: An Explanation for Inconsistent Relationships among Stressors and Performance. *The Academy of Management Journal, 48*(5), 764–775.

Llorens, S., Schaufeli, W. B., Bakker, A. B. & Salanova, M. (2007). Does a positive gain spiral of resources, efficacy beliefs and engagement exist? *Computers in Human Behavior, 23*(1), 825–841.

Locke, E. A. & Latham, G. P. (2002). Building a practically useful theory of goal setting and task motivation. *American Psychologist, 57*(9), 705–717.

Lovelock, C. H. (1994). *Product plus: How product + service = competitive advantage.* New York: McGraw-Hill.

Lovelock, C. H. & Wirtz, J. (2011). *Services marketing: People, technology, strategy* (7th ed). Boston: Prentice Hall.

Lübeck, D. (2009). *Lehransätze in der Hochschullehre* (Dissertation). Freie Universität Berlin, Berlin. Abgerufen von http://www.diss.fu-ber-lin.de/diss/servlets/MCRFileNodeServlet/FUDISS_derivate_000000005893/01_Dissertationsschrift_DietrunLuebeck.pdf?hosts=

Luhmann, N. (1987). Zwischen Gesellschaft und Organisation. Zur Situation der Universitäten. In N. Luhmann (Hrsg.) *Beiträge zur funktionalen Differenzierung der Gesellschaft* (S. 202–211). Opladen: Westdeutscher Verlag.

Mäkikangas, A., Kinnunen, S., Rantanen, J., Mauno, S., Tolvanen, A. & Bakker, A. B. (2014). Association between vigor and exhaustion during the workweek: a person-centered approach to daily assessments. *Anxiety, Stress, and Coping, 27*(5), 555–575.

Manning, M. R. (1981). Effects Of Role Conflict On Selected Physiological, Affective, And Performance Variables: A Laboratory Simulation. *Multivariate Behavioral Research, 16*(1), 125–141.

Maslach, C. & Jackson, S. E. (1981). The measurement of experienced burnout. *Journal of Organizational Behavior, 2*(2), 99–113.

Maslach, C. & Jackson, S. E. (1986). *MBI: Maslach Burnout Inventory; Manual Research Edition*. Palo Alto, CA: Consulting Psychologists Press.

Maslach, C., Jackson, S. E., & Leiter, M. P. (Eds.). (1996). *Maslach Burnout Inventory Manual (3rd ed.)*. Palo Alto, CA: Consulting Psychologists Press.

Maslach, C. & Schaufeli, W. B. (1993). Historical and conceptual development of burnout. In W. B. Schaufeli, C. Maslach & T. Marek (Hrsg.) *Professional burnout. Recent developments in theory and research* (S. 1–16). Washington DC: Taylor & Francis.

Maslach, C., Schaufeli, W. B. & Leiter, M. P. (2001). Job burnout. *Annual Review of Psychology, 52*, 397–422.

Mauno, S., Kinnunen, U. & Ruokolainen, M. (2007). Job demands and resources as antecedents of work engagement: A longitudinal study. *Journal of Vocational Behavior, 70*(1), 149–171.

McClenahan, C. A., Giles, M. L. & Mallett, J. (2007). The importance of context specificity in work stress research: A test of the Demand-Control-Support model in academics. *Work & Stress, 21*(1), 85–95.

Meijman, T. & Mulder, G. (1998). Psychological aspects of workload. In P. J. D. Drenth, H. Thierry & C. J. de Wolff (Hrsg.) *Introduction to work and organizational psychology* (2nd ed., S. 5–33). Hove (East Sussex): Psychology.

Nahrgang, J. D., Morgeson, F. P. & Hofmann, D. A. (2011). Safety at work: A meta-analytic investigation of the link between job demands, job resources, burnout, engagement, and safety outcomes. *Journal of Applied Psychology, 96*(1), 71–94.

Naudé, J. L. P. (2003). *Occupational stress, coping, burnout and work engagement of emergency workers in Gauteng* (Dissertation). North-West University, Potchefstroom.

Nerstad, C. G. L., Richardsen, A. M. & Martinussen, M. (2010). Factorial validity of the Utrecht Work Engagement Scale (UWES) across occupational groups in Norway. *Scandinavian Journal of Psychology, 51*(4), 326–333.

Netemeyer, R. G., Boles, J. S. & McMurrian, R. (1996). Development and validation of work–family conflict and family–work conflict scales. *Journal of Applied Psychology, 81*(4), 400–410.

Nezlek, J. B., Schröder-Abé, M. & Schütz, A. (2006). Mehrebenenanalysen in der psychologischen Forschung. *Psychologische Rundschau, 57*(4), 213–223.

Nickel, S. (2011). Zwischen Kritik und Empirie – Wie wirksam ist der Bologna-Prozess? In S. Nickel (Hrsg.) *CHE Arbeitspapier: Vol. 148. Der Bologna-Prozess aus Sicht der Hochschulforschung. Analysen und Impulse für die Praxis* (1st ed., S. 8–20). Gütersloh: Centrum für Hochschulentwicklung gGmbH.

Norušis, M. J. (2006). *SPSS 15.0 guide to data analysis.* Upper Saddle River, N.J.: Prentice Hall.

Ohly, S., Sonnentag, S., Niessen, C. & Zapf, D. (2010). Diary Studies in Organizational Research. *Journal of Personnel Psychology, 9*(2), 79–93.

Otero-López, J. M., Mariño, M. J. S. & Bolaño, C. C. (2008). An integrating approach to the study of burnout in University Professors. *Psicothema, 20*(4), 766–772.

Ozdemir, K., Coskun, A., Ozdemir, D. & Cinar, Z. (1999). Dishekimligi fakultesi ogretim elemanlarında mesleki tukenmislik olceginin degerlendirilmesi. *Journal of Cumhuriyet University Dentistry Faculty, 2*(2), 98–104.

Paccagnella, O. (2006). Centering or Not Centering in Multilevel Models? The Role of the Group Mean and the Assessment of Group Effects. *Evaluation Review, 30*(1), 66–85.

Paine, W. S. (1982). The burnout syndrome in context. In J. W. Jones (Hrsg.) *The Burnout Syndrome. Current Research, Theory, Interventions* (S. 1–29). Park Ridge: London House Press.

Pandey, R. & Tripathi, S. (2001). Occupational stress and burnout in engineering college teachers. *Journal of the Indian Academy of Applied Psychology, 27*(1-2), 67–73.

Parasuraman, A., Zeithaml, V. A. & Berry, L. L. (1985). Conceptual model of service quality and its implications for future research. *Journal of Management, 49*(4), 41–50.

Pedhauzer, E. J. (1982). *Multiple regression in behavioral research.* New York: Holt, Rinehart & Winston.

Peterson, U., Bergström, G., Demerouti, E., Gustavsson, P., Åsberg, M. & Nygren, Å. (2011). Burnout Levels and Self-Rated Health Prospectively Predict Future Long-Term Sickness Absence. *Journal of Occupational and Environmental Medicine, 53*(7), 788–793.

Podsakoff, P. M., MacKenzie, S. B., Lee, J.-Y. & Podsakoff, N. P. (2003). Common method biases in behavioral research: A critical review of the literature and recommended remedies. *The Journal of Applied Psychology, 88,* 879–903.

Pohlenz, P. (2008). *Datenqualität als Schlüsselfrage der Qualitätssicherung an Hochschulen* ([Online-Ausg.]). *Potsdamer Beiträge zur Lehrevaluation: Vol. 3*. Potsdam: Univ.-Verl.

Purvanova, R. K. & Muros, J. P. (2010). Gender differences in burnout: A meta-analysis. *Journal of Vocational Behavior, 77*(2), 168–185.

Raudenbush, S. W. & Bryk, A. S. (2002). *Hierarchical linear models: Applications and data analysis methods* (2nd ed.). *Advanced quantitative techniques in the social sciences: Vol. 1*. Thousand Oaks: Sage.

Reis, H. T. & Gable, S. L. (2000). Event-sampling and other methods for studying everyday experience. In H. T. Reis & C. M. Judd (Hrsg.) *Handbook of research methods in social and personality psychology* (S. 190–222). New York: Cambridge University Press.

Rhoades, L. & Eisenberger, R. (2002). Perceived organizational support: A review of the literature. *Journal of Applied Psychology, 87*(4), 698–714.

Richard, G. V. & Krieshok, T. S. (1989). Occupational stress, strain, and coping in university faculty. *Journal of Vocational Behavior, 34*(1), 117–132.

Richter, T. & Naumann, J. (2002). Mehrebenenanalysen mit hierarchisch-linearen Modellen. *Zeitschrift für Medienpsychologie, 14*(4), 155–159.

Riggle, R. J., Edmondson, D. R. & Hansen, J. D. (2009). A meta-analysis of the relationship between perceived organizational support and job outcomes: 20 years of research. *Journal of Business Research, 62*(10), 1027–1030.

Rodriguez-Munoz, A., Sanz Vergel, A. I., Demerouti, E. & Bakker, A. B. (2014). Engaged at Work and Happy at Home: A Spillover-Crossover Model. *Journal of Happiness Studies, 15*(2), 271–283.

Rohrmann, S., Bechtoldt, M. N., Hopp, H., Hodapp, V. & Zapf, D. (2011). Psychophysiological effects of emotional display rules and the moderating role of trait anger in a simulated call center. *Anxiety, Stress, and Coping, 24*(4), 421–438.

Rook, M. (1998). *Theorie und Empirie in der Burnout-Forschung: Eine wissen-schaftstheoretische und inhaltliche Standortsbestimmung.* Hamburg: Verlag Dr. Kovac.

Rothmann, S. & Jordaan, G. M. E. (2006). Job demands, job resources and work engagement of academic staff in South African higher education institutions. *SA Journal of Industrial Psychology, 32*(4).

Salanova, M., Bakker, A. B. & Llorens, S. (2006). Flow at Work: Evidence for an Upward Spiral of Personal and Organizational Resources. *Journal of Happiness Studies, 7*(1), 1–22.

Sarason, B. R., Sarason, I. G. & Pierce, G. R. (1990). *Social support: An interactional view. Wiley series on personality processes.* New York: J. Wiley & Sons.

Schaufeli, W. B. & van Dierendonck, D. (1995). A cautionary note about the cross-national and clinical validity of cut-off points for the Maslach Burnout Inventory. *Psychological Reports, 76*(3 Pt 2), 1083–1090.

Schaufeli, W. B. (2013). What is engagement? In C. Truss, R. Delbridge, K. Alfes, A. Shantz & E. Soane (Hrsg.) *Employee engagement in theory and practice* (S. 15–35).

Schaufeli, W. B. & Bakker, A. B. (2003). *The Utrecht Work Engagement Scale: Preliminary Manual.* Abgerufen von http://www.beanmanaged.com/doc/pdf/arnoldbakker/articles/articles_arnold_bakker_87.pdf

Schaufeli, W. B. & Bakker, A. B. (2004). Job demands, job resources, and their relationship with burnout and engagement: a multi-sample study. *Journal of Organizational Behavior, 25*(3), 293–315.

Schaufeli, W. B., Bakker, A. B., Hoogduin, K., Schaap, C. & Kladler, A. (2001). On the clinical validity of the Maslach Burnout Inventory and the Burnout Measure. *Psychology & Health, 16*(5), 565–582.

Schaufeli, W. B., Bakker, A. B. & Salanova, M. (2006). The measurement of work engagement with a short questionnaire - A cross-national study. *Educational and Psychological Measurement, 66*(4), 701–716.

Schaufeli, W. B., Bakker, A. B. & van Rhenen, W. (2009). How changes in job demands and resources predict burnout, work engagement, and sickness absenteeism. *Journal of Organizational Behavior, 30*(7), 893–917.

Schaufeli, W. B. & Buunk, B. P. (2003). Burnout: An overview of 25 years of research and theorizing. In M. J. Schabracq, J. A. M. Winnubst & C. L. Cooper (Hrsg.) *The handbook of work and health psychology* (2nd ed., S. 383–425). Chichester: John Wiley & Sons, Ltd.

Schaufeli, W. B. & Enzmann, D. (1998). *The burnout companion to study and practice: A critical analysis. Issues in occupational health.* London: Taylor & Francis.

Schaufeli, W. B., Enzmann, D. & Girault, N. (1993). Measurement of Burnout: A Review. In W. B. Schaufeli, C. Maslach & T. Marek (Hrsg.) *Professional burnout. Recent developments in theory and research* (S. 199–215). Washington DC: Taylor & Francis.

Schaufeli, W. B., Leiter, M. P., Maslach, C. & Jackson, S. E. (1996). Maslach Burnout Inventory – General Survey (MBI-GS). In C. Maslach, S. E. Jackson & M. P. Leiter (Hrsg.) *Maslach Burnout Inventory Manual (3rd ed.)* . Palo Alto, CA: Consulting Psychologists Press.

Schaufeli, W. B., Martínez, I. M., Marques Pinto, A., Salanova, M. & Bakker, A. B. (2002). Burnout and engagement in university students - A cross-national study. *Journal of Cross-Cultural Psychology, 33*(5), 464–481.

Schaufeli, W. B. & Salanova, M. (2007). Efficacy or inefficacy, that's the question: Burnout and work engagement, and their relationships with efficacy beliefs. *Anxiety, Stress, and Coping, 20*(2), 177–196.

Schaufeli, W. B., Salanova, M., González-Romá, V. & Bakker, A. B. (2002). The Measurement of Engagement and Burnout: A Two Sample Confirmatory Factor Analytic Approach. *Journal of Happiness Studies, 3*(1), 71–92.

Schaufeli, W. B. & Taris, T. W. (2005). The conceptualization and measurement of burnout: Common ground and worlds apart. *Work & Stress, 19*(3), 256–262.

Schaufeli, W. B. & van Rhenen, W. (2006). Over de rol van positieve en negatieve emoties bij het welbevinden van managers: Een studie met de Job-related Affective Well-being Scale (JAWS) [About the role of positive and negative emotions in managers' well-being: A study using the Job-related AffectiveWell-being Scale (JAWS)]. *Gedrag & Organisatie, 19*(4), 323–344.

Schimank, U. (2010). Humboldt in Bologna – falscher Mann am falschen Ort? In Hochschul-Informations-System GmbH (Hrsg.) *Perspektive Studienqualität. Themen und Forschungsergebnisse der HIS-Fachtagung "Studienqualität"* (S. 44–61). Bielefeld: Bertelsmann.

Schneider, B. & Bowen, D. E. (1985). Employee and customer perceptions of service in banks: Replication and extension. *Journal of Applied Psychology, 70*(3), 423–433.

Schneider, B., White, S. S. & Paul, M. C. (1998). Linking service climate and customer perceptions of service quality: Tests of a causal model. *Journal of Applied Psychology, 83*(2), 150–163.

Schonfeld, I. S. (1992). A longitudinal study of occupational stressors and depressive symptoms in first-year female teachers. *Teaching and Teacher Education, 8*(2), 151–158.

Literaturverzeichnis

Schutte, N., Toppinen-Tanner, S., Kalimo, R. & Schaufeli, W. B. (2000). The factorial validity of the Maslach Burnout Inventory-General Survey (MBI-GS) across occupational groups and nations. *Journal of Occupational and Organizational Psychology, 73*(1), 53–66.

Semmer, N. K., Zapf, D. & Dunckel, H. (1999). Instrument zur stressbezogenen Tätigkeitsanalyse (ISTA). In H. Dunckel (Hrsg.) *Mensch, Technik, Organisation: Vol. 14. Handbuch psychologischer Arbeitsanalyseverfahren* (S. 179–204). Zürich: vdf, Hochschulverl. an der ETH Zürich.

Seppälä, P., Mauno, S., Kinnunen, M.-L., Feldt, T., Juuti, T., Tolvanen, A. & Rusko, H. (2012). Is work engagement related to healthy cardiac autonomic activity? Evidence from a field study among Finnish women workers. *Journal of Positive Psychology, 7*(2), 95–106.

Shirom, A. (2003). Job-related burnout: A review. In J. C. Quick & L. E. Tetrick (Hrsg.) *Handbook of occupational health psychology* (1st ed., S. 245–264). Washington, DC: American Psychological Association.

Siegall, M. & McDonald, T. (2004). Person-organization value congruence, burnout and diversion of resources. *Personnel Review, 33*(3), 291–301.

Silman, F. (2014). Work-related basic need satisfaction as a predictor of work engagement among academic staff in Turkey. *South African Journal of Education, 34*(3), 1–5.

Simbula, S. (2010). Daily fluctuations in teachers' well-being: a diary study using the Job Demands-Resources model. *Anxiety, Stress, and Coping, 23*(5), 563–584.

Singh, J., Goolsby, J. R. & Rhoads, G. K. (1994). Behavioral and Psychological Consequences of Boundary Spanning Burnout for Customer Service Representatives. *Journal of Marketing Research, 31*(4), 558–569. Abgerufen von http://www.jstor.org/stable/3151883

Singh, S. N., Mishra, S. & Kim, D. W. (1998). Research-related burnout among faculty in higher education. *Psychological Reports, 83*(1), 463–473.

Snijders, T. A. B. & Bosker, R. J. (2012). *Multilevel analysis: An introduction to basic and advanced multilevel modeling* (2nd ed.). London: Sage.

Sonnenschein, M., Sorbi, M. J., Verbraak, M. J. P. M., Schaufeli, W. B., Maas, C. J. M. & van Doornen, L. J. P. (2008). Influence of sleep on symptom improvement and return to work in clinical burnout. *Scandinavian Journal of Work, Environment & Health, 34*(1), 23–32.

Sonnentag, S. (2003). Recovery, work engagement, and proactive behavior: A new look at the interface between nonwork and work. *Journal of Applied Psychology, 88*(3), 518–528.

Sonnentag, S., Dormann, C. & Demerouti, E. (2010). Not all days are created equal: The concept of state work engagement. In A. B. Bakker & M. P. Leiter (Hrsg.) *Work engagement. A handbook of essential theory and research* (1st ed., S. 25–38). New York: Psychology Press.

Sonnentag, S. & Frese, M. (2003). Stress in Organizations. In I. B. Weiner (Hrsg.) *Handbook of Psychology* (S. 453–491). Hoboken, NJ, USA: John Wiley & Sons, Inc.

Sonnentag, S., Mojza, E. J., Demerouti, E. & Bakker, A. B. (2012). Reciprocal relations between recovery and work engagement: the moderating role of job stressors. *Journal of Applied Psychology, 97*(4), 842–853.

Sonnentag, S. & Zijlstra, F. R. H. (2006). Job characteristics and off-job activities as predictors of need for recovery, well-being, and fatigue. *Journal of Applied Psychology, 91*(2), 330–350. d

Steinhage, N. & Blossfeld, H.-P. (1999). *Zur Problematik von Querschnittsdaten : methodisch-statistische Beschränkungen von Querschnittstudien bei der empirischen Überprüfung von Theorien* (SFB 186 Statuspassagen und Risikolagen im Lebensverlauf No. 62 (Arbeitspapier)). Bremen.

Stone-Romero, E. F. & Anderson, L. E. (1994). Relative power of moderated multiple regression and the comparison of subgroup correlation coefficients for detecting moderating effects. *Journal of Applied Psychology, 79*(3), 354–359.

Stroebe, W. (2011). *Social psychology and health* (3rd ed.). Maidenhead: Open Univ. Press.

Suchanek, J., Pietzonka, M., Künzel, R. & Futterer, T. (2012). *Bologna (aus)gewertet: Eine empirische Analyse der Studienstrukturreform. Gesellschaft - Wirtschaft - Medien - Band 003*. Göttingen: V & R unipress.

Takawira, N., Coetzee, M. & Schreuder, D. (2014). Job embeddedness, work engagement and turnover intention of staff in a higher education institution: An exploratory study. *SA Journal of Human Resource Management, 12*(1).

Taris, T. W. (2006). Is there a relationship between burnout and objektiv performance? A critical review of 16 studies. *Work & Stress, 20,* 316–334.

Taris, T. W., Schreurs, P. J. G. & Schaufeli, W. B. (1999). Construct validity of the Maslach Burnout Inventory-General Survey: a two-sample examination of its factor structure and correlates. *Work & Stress, 13*(3), 223–237.

Taris, T. W., Schreurs, P. J. G. & Van Iersel-Van Silfhout, I. J. (2001). Job stress, job strain, and psychological withdrawal among Dutch university staff: Towards a dualprocess model for the effects of occupational stress. *Work & Stress, 15*(4), 283–296.

Ten Brummelhuis, L. L., Bakker, A. B., Hetland, J. & Keulemans, L. (2012). Do new ways of working foster work engagement? *Psicothema, 24*(1), 113–120.

Todd-Mancillas, W. R. & Johnson, P. (1987). *Academic Burnout: One Perspective*. Abgerufen von http://files.eric.ed.gov/fulltext/ED282495.pdf

Toker, B. (2011). Burnout Among University Academicians: an Empirical Study on the Universities of Turkey. *Doğuş Üniversitesi Dergisi, 12*(1), 114–127.

Tytherleigh, M. Y., Webb, C., Cooper, C. L. & Ricketts, C. (2005). Occupational stress in UK higher education institutions: a comparative study of all staff categories. *Higher Education Research & Development, 24*(1), 41–61.

Uchino, B. N. (2004). *Social support and physical health: Understanding the health consequences of relationships*. New Haven: Yale University Press.

Uchino, B. N. (2009). Understanding the Links Between Social Support and Physical Health: A Life-Span Perspective With Emphasis on the Separability of Perceived and Received Support. *Perspectives on psychological science : a journal of the Association for Psychological Science, 4*(3), 236–255.

Uchino, B. N., Bowen, K., Carlisle, M. & Birmingham, W. (2012). Psychological pathways linking social support to health outcomes: a visit with the "ghosts" of research past, present, and future. *Social science & medicine (1982), 74*(7), 949–957.

Urban, D. & Mayerl, J. (2011). *Regressionsanalyse: Theorie, Technik und Anwendung [Elektronische Ressource]* (4., überabeitete und erweiterte Auflage). Wiesbaden: VS Verlag für Sozialwissenschaften.

van den Broeck, A., Vansteenkiste, M., Witte, H. de & Lens, W. (2008). Explaining the relationships between job characteristics, burnout, and engagement: The role of basic psychological need satisfaction: Work & Stress. *Work & Stress, 22*(3), 277–294.

van der Doef, M. & Maes, S. (1999). The Job Demand-Control (-Support) Model and psychological well-being: A review of 20 years of empirical research. *Work & Stress, 13*(2), 87–114. Abgerufen von

http://www.informaworld.com/10.1080/026783799296084

van Emmerik, I. H. (2002). Gender differences in the effects of coping assistance on the reduction of burnout in academic staff. *Work & Stress, 16*(3), 251–263.

Vera, M., Salanova, M. & Martin, B. (2010). University faculty and work-related well-being: The importance of the triple work profile. *Electronic Journal of Research in Educational Psychology, 8*(2), 581–602.

Voswinkel, S. & Korzekwa, A. (2005). *Welche kundenorientierung?: Anerkennung in der dienstleistungsarbeit. Forschung aus der Hans-Böckler-Stiftung: Vol. 59.* [Berlin]: Edition sigma.

Watts, J. & Robertson, N. (2011). Burnout in university teaching staff: A systematic literature review. *Educational Research, 53*(1), 33–50.

Weede, E. (1977). *Hypothesen, Gleichungen und Daten.* Kronberg: Athenum.

Wethington, E. & Kessler, R. C. (1986). Perceived Support, Received Support, and Adjustment to Stressful Life Events. *Journal of Health and Social Behavior, 27*(1), 78–89.

White, R. (1959). Motivation reconsidered: the concept of competence. *Psychological Review, 66,* 297–333.

Wilson, A., Zeithaml, V. A., Bitner, M. J. & Gremler, D. D. (2012). *Services marketing: Integrating customer focus across the firm* (Second European edition). Maidenhead, Berkshire: McGraw-Hill Higher Education.

Winefield, A. H. (2000). Stress in academe: Some recent research findings. In D. T. Kenny, J. G. Carlson, F. J. McGuigan & J. L. Sheppard (Hrsg.) *Stress and health: Research and clinical applications* (S. 437–446). Amsterdam, Netherlands: Harwood Academic Publishers.

Winefield, A. H. & Jarrett, R. (2001). Occupational Stress in University Staff. *International Journal of Stress Management, 8*(4), 285-298.

Winnubst, J. A. M., Marcelissen, F. H. G. & Kleber, R. J. (1982). Effects of social support in the stressor-strain relationship: A Dutch sample. *Social Science and Medicine*, (16), 1–17.

Winstanley, S. & Whittington, R. (2002). Anxiety, burnout and coping styles in genereal hospital staff exposed to workplace aggression: a cyclical model of burnout and vulnerability to agression. *Work & Stress, 16*, 302–315.

Xanthopoulou, D., Bakker, A. B., Demerouti, E. & Schaufeli, W. B. (2009). Work engagement and financial returns: A diary study on the role of job and personal resources. *Journal of Occupational and Organizational Psychology, 82*(1), 183–200.

Xanthopoulou, D., Bakker, A. B., Dollard, M. F., Demerouti, E., Schaufeli, W. B., Taris, T. W. & Schreurs, P. J. G. (2007). When do job demands particularly predict burnout? *Journal of Managerial Psychology, 22*(8), 766–786.

Xanthopoulou, D., Bakker, A. B., Heuven, E., Demerouti, E. & Schaufeli, W. B. (2008). Working in the Sky: A Diary Study on Work Engagement Among Flight Attendants. *Journal of Occupational Health Psychology, 13*(4), 345–356.

Xanthopoulou, D., Bakker, A. B., Kantas, A. & Demerouti, E. (2012). Measuring burnout and work engagement: Factor structure, invariance, and latent mean differences across Greece and the Netherlands. *International Journal of Business Science and Applied Management, 7*(2), 40–52.

Zapf, D., Dormann, C. & Frese, M. (1996). Longitudinal studies in organizational stress research: A review of the literature with reference to methodological issues. *Journal of Occupational Health Psychology, 1*(2), 145–169.

Zemke, R. & Anderson, K. (1990). Customers from hell. *Training, 27,* 25–33.

Zhong, J., You, J., Gan, Y., Zhang, Y., Lu, C. & Wang, H. (2009). Job stress, burnout, depression symptoms, and physical health among Chinese university teachers. *Psychological Reports, 105*(3, Pt2), 1248–1254.

Zimmermann, B. K., Dormann, C. & Dollard, M. F. (2011). On the positive aspects of customers: Customer-initiated support and affective crossover in employee–customer dyads. *Journal of Occupational and Organizational Psychology, 84*(1), 31–57.

Druck

Canon Deutschland Business Services GmbH
Ferdinand-Jühlke-Str. 7
99095 Erfurt